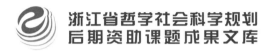浙江省哲学社会科学规划
后期资助课题成果文库

中国注册会计师制度思想与制度变迁研究：1918-1949

Zhongguo Zhuce Kuaijishi Zhidu Sixiang Yu
Zhidu Bianqian Yanjiu:1918-1949

喻 梅 著

中国社会科学出版社

图书在版编目（CIP）数据

中国注册会计师制度思想与制度变迁研究：1918—1949 / 喻梅著 . —北京：中国社会科学出版社，2016.6

ISBN 978 – 7 – 5161 – 8518 – 6

Ⅰ.①中… Ⅱ.①喻… Ⅲ.①会计师 – 会计制度 – 研究 – 中国 – 1918—1949 Ⅳ.①F233.2

中国版本图书馆 CIP 数据核字（2016）第 148299 号

出 版 人	赵剑英
责任编辑	宫京蕾
责任校对	秦 婵
责任印制	何 艳

出　　版	中国社会科学出版社
社　　址	北京鼓楼西大街甲 158 号
邮　　编	100720
网　　址	http://www.csspw.cn
发 行 部	010 – 84083685
门 市 部	010 – 84029450
经　　销	新华书店及其他书店

印刷装订	北京市兴怀印刷厂
版　　次	2016 年 6 月第 1 版
印　　次	2016 年 6 月第 1 次印刷

开　　本	710 × 1000　1/16
印　　张	18.75
插　　页	2
字　　数	308 千字
定　　价	72.00 元

序　一

　　现代意义上的"会计"或"会计师"是伴随着近现代企业组织的产业和发展而形成的一种职业身份。企业组织理论用交易成本这一分析工具解释了企业的产生（企业替代市场），这一理论同样沿着交易成本这一线索论述了企业制度从古典到现代的演变。区分古典企业和现代企业的一个最基本、最直观的标志就是企业的规模。由于企业规模不同，它所涉及的信息处理和监督管理成本也不同。为了节约监督管理成本，规模不同的企业要有不同的产权结构安排，因而也就产生了不同的企业制度。现代企业组织的一个特征是在委托代理产权结构中形成了"管理层级制"，这是一种决策及内部控制体系。在企业的内部控制体系中，注册会计师及审计制度提供了一种企业治理的制衡机制，这一机制保证了企业及其他社会组织的财务信息的可靠性和透明度，是解决代理问题的重要装置。

　　根据喻梅博士的研究可知，1918年6月，谢霖向北洋政府农商部、财政部分别呈文，要求建立会计师制度，并申请在北京设立会计师事务所。当月，农商部和财政部分别批文，同意其成立事务所并向其颁发第一号会计师证书，标志着中国第一位注册会计师的产生。同年7月谢霖在《银行周报》58号为事务所刊登广告，标志着中国第一家会计师事务所的诞生。同年9月7日，农商部根据谢霖起草的方案颁布了《会计师暂行章程》，该章程的颁布标志着注册会计师制度在中国初步确立。注册会计师制度从20世纪初引入中国，不仅适应了中国近代工商业发展的需要，也是当时社会公共生活及社会管理的需要。注册会计师制度的重要职能是对商业活动的一种法律规范，用独立第三方机制来保障工商活动的财务信息及信用信息的公开透明，约束企业的经营管理合乎规则。从社会管理而论，注册会计师制度可以维护商业秩序，降低市场交易成本。另外，注册会计师、律师等中介性服务业的兴起，也适应了现代社会发展的需要，是社会进步的表现。

喻梅博士以 1918—1949 年为时间界定，研究了这一时期中国注册会计师制度思想及制度变迁，以中国注册会计师制度思想的来源、引进、思想流的初步形成、注册会计师制度的初步确立，以及制度思想的演进为线索，系统整理了 20 世纪上半叶中国注册会计师制度思想的产生和发展过程，并对这一制度的特点和外部性展开分析。从经济思想史研究领域考察，这项研究是一种新的角度，即从社会中介组织制度思想的发展演变来反映经济思想某一方面的发展状况，进而揭示经济思想与经济社会发展的内在联系。经济思想史是一个开放的结构，应该可以从多角度、多侧面、多层次进行考察、观照、研究，如此才能构筑起宏大的学术和学科框架。

赵晓雷

2015 年 4 月于上海财经大学

序　二

在喻梅的博士论文即将作为专著问世之际，我受邀为之作序，欣然引以为荣。

喻梅和我本来素昧平生。2008 年秋冬之间我在美国意外地收到她从上海财经大学的来信，请我担任她博士论文的共同指导人，因为她申请到了中国国家留学基金委员会的资助，有机会以接受博士生联合培养的方式出国进修。我的研究领域是民国历史，对民国时期的会计师和其他自由职业者群体做过研究。喻梅读了我的中文版《民国时期的国家与社会》一书后，希望得到我的指导。看了她的材料以后，我觉得她的研究课题具有潜力。我的妻子是会计学教授，她在去上海探亲时，代我对喻梅进行了面试。与喻梅在上海财经大学的博士生导师赵晓雷教授沟通以后，我同意参与指导她的博士论文。2009—2010 学年我受聘去英国的杜伦大学教学，因此喻梅申请去杜伦大学进修而成行。

"喻梅在杜伦大学进修期间，抓紧时间学习，为利用这里的学术环境投入了最大的努力，包括阅读大量英文学术文献，修改博士论文，写作工作论文，旁听相关课程，因而取得了很大成果，积累了宝贵的经验。经过多次修改，她的博士论文的质量有了显著提高，已经非常接近成书出版的水平，并达到了相关课题的国际学术前沿。这主要是她独立学习和工作的结果。我对她博士论文的指导只是从理论框架、结构安排和注解资料来源方面提供参考意见，具体的修改写作是她自己在阅读文献、认真思考、融会贯通理论与史料的基础上完成的。除了博士论文以外，喻梅还写作了六篇相关的工作论文，并初次尝试用英文写作其中的一篇，这是值得称赞和鼓励的。总的来说，我认为喻梅这次到杜伦大学来进修达到了预期的目的，完成了预定的任务，没有辜负国家留学基金委员会的资助。我相信这一留学经历将对她今后的学术发展和教学生涯起到长远的积极的作用。"

以上这段话是喻梅在杜伦大学的进修快要结束时，我为喻梅递交给中国国家留学基金委员会的汇报表上写的评语。这些评语反映了真实情况，没有夸张拔高之意。令人感到高兴的是，我当时的预言没有落空。喻梅取得博士学位以后，走上了大学教学岗位。在繁忙的教学工作、研究任务、家庭负担交相压力之下，继续修改博士论文，追求学术研究与写作的严谨和准确，终于功到事成。这种专业态度在当今物欲横流、急功近利的社会氛围里是十分可贵的。

关于喻梅这本书的内容，读者（特别是学术界同行们）自然会得出各自的理解和评价，也许或多或少可以从中汲取学术营养。据我个人对国际上中国研究领域的了解，喻梅的著作已经达到了该课题的国际学术前沿，并在引用资料方面符合国际学术规范，可以为国际上能够阅读中文的学者所借鉴。喻梅的专业是中国经济思想史，但这本书是从思想史出发而归结于制度史，并通过中外会计师职业之建立和发展的历史比较来加以考察，可以说是立意高远或视野广阔。在杜伦大学期间，我跟喻梅提起过，中国史学界和西方史学界的一个不同之处是，西方学者的专题研究大多偏向于小课题，短时段，以从小见大为功（当然也还是有集大成的宏观著作）；而中国学者的研究专著，常常选择大课题，长时段，构思宏大，但是也容易流于空泛。我当时觉得她的课题有点偏大，希望她的研究结果能避免失之于空泛。现在看来，她坚持自己的选题是有主见的，当然也是对上海财经大学和国家留学基金委员会信守承诺。更重要的是，她认真投入地进行了该课题之纵向而多维的涵盖面所要求的广泛阅读和深入研究，使用丰富的研究资料来充实她的课题的内涵，并融会贯通中外学术界有关的理论和见解，批评地加以运用，对新发掘的和已有的史料做出清晰的梳理和突破前人的解释，从而写成这部扎实而有见地的专著。我觉得，她的著作在史料和解释两方面都超越了我在十多年前对民国时期会计师群体的研究，尽管我们的专业方向和研究角度有所不同。她的书不仅是对关于会计师职业之思想史和制度史的一个恰当总结，更是对相关现实的一个有益启示。它将久立于学术之林，见证中国会计事业和会计师职业的继续发展。

徐小群
2015 年夏
美国弗吉尼亚州切什比克市

目　　录

第一章

导　论

第一节　重要概念的界定

一　研究对象的界定

（一）注册会计师与会计师概念的辨析

1979 年，五届全国人大二次会议通过的《中外合资经营企业法》在时隔 23 年后首次提出"公正会计师"（即注册会计师）的概念，随后将恢复后的中国注册会计师职业定名为"注册会计师"，与之相区别，企业内部会计人员被称为"会计师"，这是与 20 世纪上半期的"会计师"容易相混淆的地方，因此本书有必要澄清并界定相关概念。

注册会计师是注册公共会计师的简称，是"由政府批准，受当事人委托，办理会计查账验证业务和会计咨询业务的人员"[①]。因其为社会信用体系而不是为个别企事业单位服务，所以它具有公共性和独立性的特征。

而会计师是为受雇企事业单位服务的一种会计人员的中级职务，根据我国 1985 年《会计专业职务试行条例》，将会计职务分为四个等级：高级会计师、会计师、助理会计师、会计员。其中将会计师定义为"应较系统地掌握财务会计基础理论和专业知识，并能正确贯彻执行有关的财经方针、政策和财务会计法规、制度，具有一定的财务会计工作经验，能担负一个企业或管理一个地区、一个部门、一个系统某个方面的财务会计工作"[②]。因此，如今"会计师"一词在中国大部分情况下指代一个职称而

---

①　郭道扬：《会计百科全书》，辽宁人民出版社 1989 年版，第 161 页。

②　俞文青：《会计辞典》，立信会计出版社 1997 年版，第 64—65 页。

不是职业名称，而"注册会计师"则专指注册公共会计师这个职业。

但在 20 世纪上半期的中国，这两个概念相同，中国注册会计师被称为"会计师"，甚至英国在华注册会计师也用中文"会计师"自称。笔者提出这样的观点是有充分历史根据的。

首先，"会计师"一词是谢霖先生在倡导中国建立注册会计师制度时，为避免外国注册会计师在中国多从事破产清算和审理经济案件的业务，而被国人误解注册会计师为不祥之物，因此他吸取经验，力图减少推行注册会计师制度的阻力，将中国注册会计师定名为"会计师"①。

其次，当时被企业聘任担任记账工作的会计人员被称为："账房先生""司账"或"簿记员"。1921 年顾宗林发表的《说会计师》一文中就对两者做了区别："簿记员之职在造账，会计师之职在查账。所谓会计师者，即公共之查账员也。有时会计师亦为人造平准表（即资产负债表）或盈亏账（即损益表），不过是代簿记者之劳，非会计师之本职。"② 因而 20 世纪上半期中国的"账房先生""司账"以及"簿记员"对应现代意义的企业会计人员，而会计师对应现代意义的注册会计师。

再次，当时会计师与簿记员虽然有区分但界限不十分清晰。20 世纪初期中国注册会计师制度思想还未成熟且十分缺少运用西式会计理论为企业做账的人才，所以并未注意到注册会计师兼职问题，很多中外注册会计师被企业聘用负责记账工作。

最后，从规范注册会计师注册资格以及行为的法规名称来看，中国最早颁布的法规为《会计师暂行章程》（1918 年颁）后经多次修正和重版，如《会计师注册章程》（1927 年颁）、《会计师章程》（1929 年颁）、《会计师条例》（1930 年颁）。直到 1945 年国民政府仍以《会计师法》命名，说明 20 世纪上半期中国注册会计师职业在当时确实被称为"会计师"而不是"注册会计师"。因此在本书中"会计师"和"注册会计师"两个概念相同。

(二) 注册会计师制度概念

理论界对"会计师制度"界定一直十分模糊，总体而言可以划分为

---

① 郭道扬：《中国会计史稿》下册，中国财政经济出版社 1988 年版，第 423 页。

② 顾宗林：《说会计师》，《银行周报》，1921 年 5 卷 2 号，第 32 页。括号内注解为笔者所加内容。

广义和狭义两种观点。狭义的观点又有以下两种：大部分学者认为会计师制度就是会计师法律制度。如中国会计师制度的开拓者徐永祚认为会计师制度就是政府颁布的关于管理和规范会计师行业的各项规章；当代学者孟焰也认为："如果以注册会计师相关法律制度的建立作为一种划分（注册会计师制度）标准，1862 年英国公司法第一次提出由注册会计师承担公司审计的概念，标志着注册会计师制度的建立。"① 另一部分学者将会计师制度等同于会计师事业和会计师业务。持这种观点的人有王澹如、潘序伦和奚玉书。潘序伦认为：

> 夫会计师制度，实为经济进化后之产物。际此工商业勃兴，企业组织，日益复杂之秋，举凡创始之设计，平时之检查，以及收束之清理，胥有赖乎会计师，为之整理擘划。方诸律师医师，其社会相需之切，未为多让。而又处于超然地位，本其独立不倚之精神，证明财界诸般之真相，以坚社会之信用，而供投资之参证，其影响所及，正不独直接之利害关系人而止，此美国所以有公共会计师之称也。②

潘序伦基本上从会计师从事的业务来论证会计师制度的重要性，但对会计师制度的认识仍然十分模糊。

奚玉书也从会计师业务范围定义会计师制度，他认为："会计师制度者，即会计师以超然独立之地位，接受外界之委托，综理一切会计事务以取得相当报酬也。至此种制度之作用，则在于辅导工商业之发达，与夫保障社会各般之利益。"③

而广义的观点认为注册会计师制度不仅包括注册会计师相关的法规、规章和规范，还包括与注册会计师相关的管理体制。④ 具体又可以细分为以下三个层次：（1）注册会计师制度本身的形成机制；（2）注册会计师与委托人、审计对象的关系；（3）注册会计师与第三人的关系。

---

① 孟焰教授在为曾铁兵所著《注册会计师职业问题的多视角研究初探》一书的序中提出这种观点，见该书序言第 1 页。

② 潘序伦：《中国之会计师职业》，《立信会计季刊》1933 年 2 卷 1 期，第 3 页。

③ 奚玉书：《论会计师事业》，《公信会计月刊》1938 年 1 卷 2 期，第 33 页。

④ 白晓红：《试论注册会计师制度的三层框架》，《中国注册会计师》，2005（1），第 57—59 页。

　　我们认为狭义的观点都有失偏颇，他们分别从政府或职业群体角度出发考察各自在制度变迁中的作用，而不是从两者的关系出发进行整体研究。因此本书采用广义的会计师制度观点，集中分析第一和第三两个层次，即主要研究注册会计师制度本身的形成机制和注册会计师与政府之间的关系，在分析会计师的职业道德产生和发展时简要述及第二层次。结合上述观点，本书对注册会计师制度的定义是政府和注册会计师职业团体对行业各方面的规范约束及两者之间的关系，具体包括：

　　（1）以规则和条令形式建立一套约束注册会计师行为的机制，如制定行业准入规则、确定执业范围、规定服务价格。

　　（2）设计一套发现违反和保证遵守规则、条令的程序，如政府法规和会计师公会章程中的惩戒条款、监督机构的设立。

　　（3）明确一套能降低交易费用的职业道德规范。

　　（4）会计师职业团体与政府管理部门的关系。

　　（三）注册会计师制度思想

　　注册会计师制度思想从狭义上讲即会计师法律制度思想，即由政府建立的规范、约束会计师行为的法规条例以及相应的保证遵守规范的惩罚条例中体现出的监管思想。从广义上讲，还包括由会计师职业团体制定的章程中体现出的自我约束思想以及会计师个人对会计师制度如何变迁提出的观点和建议。本书将会计师职业团体及其个人追求职业化过程中对于会计师制度如何变迁的种种思想归纳为职业化思想。更全面地说，会计师制度思想还包括政府监管思想与会计师职业团体、会计师个人的职业化思想的互动。因而本书围绕着（二）中定义的注册会计师制度，对监管思想和职业化思想的互动展开分析论述，全书主体部分的谋篇布局也力求体现这一特点。而本书所指的互动是在20世纪上半期中国的政治经济环境下注册会计师职业与政府之间通过斗争和妥协而不断界定彼此之间的关系以及它们相互重叠和不断变化的边界。①

　　注册会计师职业团体萌发职业化思想并以此影响政策法规，体现出当时职业团体具有较高的自治特性和独立地位。这是因为随着洋务运动和私营资本主义的发展，清末民初时中国一度出现过市民社会的雏形，会计师

―――――――――――――

　　①　华人学者徐小群教授在《民国时期的国家与社会》一书第313页提出"共生动态"分析框架，概括国家与自由职业团体之间的动态互动关系。

公会就是其中的一种行业组织。但随着政府对社会经济的控制力逐渐增强，会计师职业团体的自治特性和独立地位随之被削弱。所以在制度变迁的过程中会计师职业化思想和政府监管思想交替占据主导地位。北洋政府时期，政府控制力较弱且对新兴的会计师行业知之甚少，因此该时期职业化思想占主导作用。而随着国民政府对社会经济控制力的加强以及监管思想的逐渐成熟，监管思想在会计师制度变迁中渐渐占据上风。虽然会计师职业团体在政府的监管下其自治特性和独立性受到一定程度的损害，但仍保持着较强的与政府讨价还价的能力。本书力图清晰地勾勒会计师职业化思想和政府监管思想在推进会计师制度发展完善过程中的互动，即中国注册会计师制度如何在政府监管思想与会计师职业化思想共生动态过程中发展和逐步完善的。

二　研究时间的界定

1918 年 6 月谢霖向北洋政府农商部、财政部分别呈文，要求建立会计师制度。他在呈文中提出应仿效欧美各国会计师制度建立中国会计师制度并力陈建立该制度的必要性，并申请在北京设立会计师事务所。当月农商部和财政部分别批文，同意其成立事务所并向其颁发第一号会计师证书，标志着中国注册会计师的诞生。同年 7 月谢霖在《银行周报》58 号封底为事务所刊登广告，标志着中国第一家会计师事务所的诞生。同年 9 月 7 日农商部根据谢霖起草的方案颁布了《会计师暂行章程》，该章程的颁布标志着注册会计师制度在中国的初步确立。因此本书研究以 1918 年为起点。

会计师章程在随后几经变动，尤其是国民政府时期会计师行业主管机关经历了财政部、工商部、实业部、经济部的变动，几乎每次主管机关的变动都伴随着章程的修订或重颁。直到 1945 年 6 月 30 日国民政府公布《会计师法》才意味着中国会计师制度的法治化，该法一直沿用到新中国成立前，因此本书的研究从 1918 年开始到 1949 年中国共产党执政前。

第二节　选题意义

一　理论意义

注册会计师是依法取得证书并能接受委托从事审计和会计咨询、会计服务的会计人员。当社会生产由封建小农经济发展到资本主义时期，所有权和经营权逐步分离，由此产生了顺应两权分离需要，能够不受任何方面的干涉，独立检查验证企业经济活动和财务状况的注册会计师制度。中国注册会计师制度也是随着资本主义工商业的发展应运而生的。

1918年，曾留学日本时任中国银行总司账的谢霖，向北洋政府呈文并附草拟章程，要求建立会计师制度。政府遂即根据谢氏的草案颁布了《会计师暂行章程》，在中国初步确立了会计师制度。随后活跃在会计师舞台上的著名人物有：徐永祚、潘序伦、奚玉书、王海帆、安绍芸、江万平、贝祖翼等等，他们或毕业于国内新式学校或从国外名校留学归来，接受了较为系统的西方会计或商业理论的训练，成为当时中国注册会计师职业界的中坚力量，奠定了我国注册会计师制度发展的路径，即在追求职业化的过程中，积极仿照西方推动中国注册会计师制度逐步发展完善。另一方面，为了尽快摆脱公众对于注册会计师职业的种种误解，中国注册会计师十分强调他们和传统社会中账房先生的区别，在制度初创期，注册会计师积极地寻求政府对该职业的承认；在制度的发展期，密切地联系政府以期拓宽执业范围。

而对于政府，会计师服务是其行使现代国家职能所需要的，尤其是国民政府在初掌政权时就强烈地意识到会计师服务对掌握北洋政府财政收支情况和规划未来财政业务的重要性。同时在以党治国的方略下，国民政府为了保障会计师能为其所用，加强了对会计师的控制：如在其颁布的《会计师注册章程》中明文规定申请注册会计师必须是国民党党员，以及根据自身偏好修改会计师准入规则。政府的做法引起了会计师对相关法规持续不断地提出修改建议。可以说会计师与政府始终处在一种胶着状态，会计师既依靠政府确立社会地位、拓宽生存空间，又排斥政府对其超然独立地位和专业性的损害。而政府既希望会计师能发挥专业特长为其规划财政、帮助推行新税制，又希望该行业能完全在其控制之下。

从国家与社会的关系角度看，会计师职业群体与政府之间的互动关系构成了20世纪上半期国家与社会的关系其中的一维，与西方历史经验不同，"（民国时期的）职业群体并不总是全力抵制国家权力介入行业事务，有时出于促进自身利益的目的，职业群体经常寻求政府的介入"[1]。而这

---

① 徐小群：《民国时期的国家与社会——自由职业团体在上海的兴起，1912—1937》，新星出版社2007年版，第16页。

种互动关系并不是一成不变的，而是受到多种因素的制约和影响，两者的力量对比关系在变化着的政治和经济环境下也呈动态变化态势，主要表现为：在两者力量对比较悬殊的情况下，互动不仅少而且互动结果主要由主导方意愿控制；在两者力量势均力敌的情况下，能够进行富有成效的广泛互动，同时这种互动有助于克服国家监管和职业团体自治各自固有的弊端。

而将这种变化着的互动关系投射到制度层面，则两者在互动中的力量对比关系导致了会计师制度变迁模式的演化。因而能够利用新制度经济学理论对其进行分析：当职业团体主导互动时，会计师制度发展模式呈现出强制性变迁对诱致性变迁正向交替的模式；当职业团体就行业事务表达观点以及施行管理的权力与政府势均力敌，或者至少可以说政府并未完全扼杀职业团体表达观点以及施行行业自治的权力时，制度演进呈现出强制性变迁对诱致性变迁的逆行交替模式①；当政府完全主导互动时，制度变迁模式则演化为强制性变迁模式。

因此，本书尝试着利用国家与社会关系分析框架对 20 世纪上半期中国会计师及其职业团体与政府的互动格局进行分期研究，同时并不局限于实证研究两者的互动关系，而是通过进一步分析互动中主导力量的动态变化，运用制度变迁理论进行制度层面分析。从互动主导力量的变化引申出制度创新主体的动态演化，从而将研究从行业微观管理拓展到制度变迁模式的演进分析。

二 实践意义

近代中国和现代中国同样面临着经济体制转轨的问题，只是前者从封建经济转型到资本主义市场经济而后者是从计划经济转型到社会主义市场经济，在转型过程中如何看待行业协会的自治力以及如何处理政府与职业团体的关系摆在了决策者的面前，所幸 20 世纪上半期中国会计师制度发展为我们提供了很多可资借鉴的历史经验。注册会计师审计服务能够维持社会信用，是保障市场经济健康发展的重要条件之一。对于当前的中国来说，注册会计师制度变迁中出现了大量的问题：注册会计师服务市场秩序

---

① 有关制度变迁的正向交替以及逆行交替模式是杜恂诚教授在《金融制度变迁史中的中外比较》一书中提出的，其具体定义及其应用分别见第三章第一节和第五节。

混乱，接二连三的审计失败案件以及审计质量问题长期未能有效解决。

探讨解决这些问题成为当前理论界热衷研究的焦点问题以及政府决策部门十分关注的课题。多年来，理论界对于这些问题做了大量的研究和理论探讨。但是这些研究和探讨，主要是从国外的注册会计师制度中寻找理论根据以及进行制度借鉴。这种研究方法无疑十分必要，有助于为当前的注册会计师制度改革提供横向比较的借鉴资料，但是，除此而外，我们认为从历史的角度，对中国近代关于建立注册会计师制度思想进行研究，也是十分必要的。这种研究不仅有助于揭示中国注册会计师制度发展演变的轨迹，更在于能够从现实需要出发对历史进行反思，总结出许多过去被人忽略但能够为今天进行的注册会计师制度改革提供纵向比较的历史经验。因此这是一个颇具新意的研究课题。

第三节　中外文献研究现状

当注册会计师职业兴起时，社会历史环境以及意识形态的差异，导致中西注册会计师制度演进路径显著不同，即西方政府在注册会计师制度形成中基本起间接推动作用，而民国政府起着直接推动作用。因此西方注册会计师行业发展初期基本上处于行业自律状态，协会和著名会计师对于该制度起主要推动作用，而中国会计师行业始终处于政府监管环境中。由此，外国学者在研究该制度时，主要集中研究会计师如何在协会的监管、引导下追求职业化的过程，而这其中又以研究西方社会，尤其是英美、澳大利亚的注册会计师居多，如：Previts & Merino（1979）①、Macdonald（1995）②、Chua & Poullaos（1993③；1998④）、

①　Previts，G. J.，Merino，B. D.，*A history of accounting in America：an historical interprtation of cultureal significance of accounting*，New York：Wiley，1979.

②　Macdonald，K. M.，*The sociology of the professions*，London：Sage，1995.

③　Chua，W. F.，Poullaos，C.，*Rethinking the profession-state dynamic：the case of the Victorican charter attempt，1885—1906*. Accounting，Organization and Society，1993，18（7/8），pp. 691 – 728.

④　Chua，W. F.，Poullaos，C.，*The dynamics of " closure" amidst the construction of market，profession，empire and nationhood：an historical analysis of an Australian accounting association，1886—1903*. Accounting，Organizations and Society，1998，23（2），pp. 155 – 187.

Walker（2004）① 等等。近期开始注重非英语国家的会计师职业化过程研究，因此改革开放以来中国注册会计师职业以及制度的发展得到了比较密切的关注，如：Gao（1992）②，Hao（1999）③，Mo et al.（1995）④ 以及Yee（2006⑤；2007⑥），Tang（2000）⑦，Cooper et al.（2002）⑧。与国外研究类似，国内对于改革开放后中国注册会计师制度的研究比较丰富，但对民国时期注册会计师职业及其制度演进，要么言之不详要么一笔带过，还缺乏系统的研究；而利用根植于西方的理论试图分析中国问题时其解释力并不十分乐观。因此回顾现有文献不仅能够帮助我们全面了解当前对这一问题的研究现状，更能借此分析出研究中存在的不足以及日后努力的方向。下文分别从会计审计史角度、自由职业群体角度、国家与社会角度、制度比较以及职业道德五个部分进行文献回顾。

一　从会计审计史角度进行的研究

由于学界对近代中国注册会计师制度变迁路径尚不明了，因此多数研究还停留在叙述史料厘清历史的阶段。中国大陆会计史研究泰斗郭道扬先生在其著作《中国会计史稿》上、下册系统梳理了自原始社会到中华民

---

① Walker, S. P., *The genesis of professional organization in English accountancy*. Accounting, Organization and Society, 2004, 29, pp. 127 – 156.

② Gao, S., *The Accounting Profession in the People's Republic of China*. Pacioli Journal, 1992, October, pp. 15 – 18.

③ Hao, Z. P., *Regulation and Organization of Accountants in PRC*. Accounting, Auditing & Accountability Journal, 1999, 12 (3), pp. 286 – 302.

④ Mo, P. L. L., Tam, W. H., Liu, M. C. G., Shum, C. M. Y., *China's CPA Examination: Preparing for the Expanding Profession*, Perspectives on Accounting and Finance in China. Blake, J. & Gao, S. London: Routledge, 1995, pp. 287 – 298.

⑤ Yee, H., *Professionalisation and Accounting in China: A Historical Comparative Review*. http://www.caerdydd.ac.uk/carbs/news_events/events/past/conferences/ipa/ipa_papers/00197.pdf, 2006 – 04.

⑥ Yee, H., *The Re-emergence of the Public Accounting Profession in China: A hegemonic analysis*. Critical perspectives on Accounting, doi: 10. 1016/j. cpa. 2007. 03. 008.

⑦ Tang, Y. W., *Bumpy Road Leading to Internationalization: A Review of Accounting Development in China*. Accounting Horizons, 2000, 14 (1), pp. 93 – 102.

⑧ Cooper, B. J., Chow, L., Tang, Y. W., *The Development of Auditing Standard and the Certified Public Accounting Profession in China*. Managerial Auditing Journal, 2002, 17 (7), pp. 383 – 389.

国时期中式会计的演变历史，但对民国时期兴起的注册会计师制度着墨甚少，寥寥数十页概括了该制度在近代中国 31 年的发展历程。文中通过注册会计师法律地位的取得、事务所的发展、公会与学术组织的发展三方面展开研究，得出中国注册会计师业在逆境中仍取得了一定发展的结论。[①] 郭道扬比较客观地评价了这一时期中国注册会计师职业取得的历史成就，也是中国大陆为数不多对此有较高评价的学者。但受史料和研究视角的限制，其对民国时期中国注册会计师制度的研究还只是粗线条勾勒。而赵友良（1996）[②] 辟出一节研究近代中国民间审计的特点。书中比较详细地梳理了会计师注册资格法律条款的变迁，其研究虽较前者细致，但尚处于教科书式的知识普及阶段。杨时展（1995a[③]，1995b[④]，1995c[⑤]）则回顾了我国注册会计师从 1918 年产生至 1995 年的变迁过程，但文章约 2/3 的部分着力于介绍改革开放后至作者成文时期我国注册会计师法规的演变且对1949 年之前注册会计师制度的研究疏漏甚多。

　　上述研究成果主要采用了史料叙述的方法，同时由于相关史料整理工作尚未有效展开，因而研究方法的陈旧和史料发掘的不足，阻碍了研究的深入。部分学者注意到当前史料发掘存在的问题，如李金华（2004）[⑥] 和方宝璋（2006）[⑦] 都侧重发掘法令规范等官方资料，力图从政府审计法令的演变角度回溯西周至民国时期以国家审计形态存在的审计史，其间稍有论及民间审计法规的演变，但受其研究视野的局限，两本著作都只探讨了政府在会计师法规条文变迁中起到的主导作用，完全忽略了制度变迁中职业界通过评价法规条文与政府展开良性互动的可能性。

　　为了克服上述研究仅注重发掘政府法规资料的不足，有学者开始利用

---

　　① 郭道扬：《中国会计史稿》，中国财政经济出版社 1988 年版，第 606 页。

　　② 赵友良：《中国近代会计审计史》，上海财经大学出版社 1996 年版。

　　③ 杨时展：《中国注册会计师制度的沿革与发展（一）》，《财会通讯》1995 年第 1 期，第11—13 页。

　　④ 杨时展：《中国注册会计师制度的沿革与发展（二）》，《财会通讯》1995 年第 2 期，第21—23 页。

　　⑤ 杨时展：《中国注册会计师制度的沿革与发展（三）》，《财会通讯》1995 年第 3 期，第14—16 页。

　　⑥ 李金华：《中国审计史》第二卷，中国时代经济出版社 2004 年版。

　　⑦ 方宝璋：《中国审计史稿》，福建人民出版社 2006 年版。

行业公会及会计师事务所档案资料或民国期刊进行研究，并尝试研究视角及方法的创新。杜恂诚（2008）考察了近代中国会计师行业的兴起以及上海会计师公会会员的留学背景，指出为了在狭窄的生存空间中生存和发展，中国会计师行业具有向公权力靠拢的倾向这一特征。① 笔者认为通过更细致地考察民国注册会计师行业的发展，即可看出不只是存在会计师职业界向政府靠拢的单项路径，正如有学者指出："民国时期国家与社会都努力在与对方的相互关系中界定自身，伴随着各自的相互重叠和不断变化的边界"②，因而从政府与职业界互动的双向路径展开研究，有助于全面分析由互动中主导力量的变革引致的中国会计师制度变迁。喻梅（2011a）则利用制度变迁理论分析史料，归纳出中国注册会计师制度变迁的总体趋势，即随着政府对行业控制力的不断增强，注册会计师制度经历了由诱致性制度与强制性制度的正向交替向两者发生逆行交替的转变过程，到改革开放最终形成了政府完全主导的强制性变迁模式。③ 该研究注意到制度变迁中存在职业界和政府这两股推动力，但限于研究方法的使用，尚未从微观角度探讨两者的互动。而魏文享（2011）④ 搜集并汇编了民国时期学者和会计师在期刊中发表的关于注册会计师制度的文章编纂成资料集，有助于后续学者从职业界角度研究民国时期注册会计师制度思想演进脉络。近期，范存遥（2014）⑤ 和范存遥、宋小明（2014）⑥ 利用中国会计博物馆藏民国期刊资料也进行了相关研究，其中范存遥（2014）关注到中国注册会计师行业初建及新中国成立初该行业的停滞，对这两个时期的注册会计师发展史进行了简单的叙述。而范存遥、宋小明（2014）较为详细地罗列了民国时期注册会计师法规的变迁及行业建设，但都未关

---

① 杜恂诚：《近代中国的注册会计师》，《史林》2008 年第 2 期，第 4 页。

② 徐小群：《民国时期的国家与社会——自由职业团体在上海的兴起，1927—1937》，第 18 页。

③ 喻梅：《中国注册会计师行业管理模式的历史比较》，《生产力研究》2011 年第 6 期，第 201—202 页。

④ 魏文享：《民国时期之专业会计师论会计师事业（资料汇编）》，湖北人民出版社 2011 年版。

⑤ 范存遥：《中国会计师职业的早期发展与中辍：基于中国会计博物馆藏资料的史料分析》，《新会计》2014 年第 8 期，第 73—75 页。

⑥ 范存遥、宋小明：《中国会计师制度建设早期史事考略》，《石家庄经济学院学报》2014 年第 8 期，第 113—116 页。

注到法规变迁和行业建设中职业团体与政府的互动关系，因此现有对于民国时期注册会计师制度及行业的研究绝大多数还处于厘清历史的阶段。

二　从自由职业者视角的研究

职业化理论是西方学者研究自由职业群体时普遍采用的分析方法，主要研究职业团体如何通过各种方式使自愿加入者学习和掌握专业知识、技能与规范，形成自觉遵守和维护职业秩序的价值观念和行为方式的过程。徐小群和许音（Xu&Xu）（2003）从职业化角度研究了上海会计师如何应对历史条件并努力取得自由职业地位的过程，作者认为尽管当时中国会计师所处的历史条件与西方同行十分不同，但两者的职业化路径非常相近，中国会计师也运用着"封闭排他性战略"来区分业内和非业内人士。[①]

而 Yee（2006）则利用职业化（professionalisation）理论对中国注册会计师职业发展做了纵向历史回顾，将其划分为五个阶段：出现及形成期（1918—1948）、停滞时期（1949—1977）、重建确立期（1978—1985）、稳步发展期（1986—1992）和巩固期（1993—2003）。文章侧重研究改革开放后中国注册会计师制度，但没有对民国时期和改革开放后的注册会计师行业加以区分，笼统地认为中国注册会计师职业团体并不具备与政府的独立性，因而韦伯的"封闭排他性"（closure）理论并不适用于分析中国问题。[②] Yee 指出中国注册会计师职业界并不专注于形成职业封闭排他性以及提高社会地位，而是专注于会计传统观念的演变和政府行动的变化。Yee（2006）既没有实证研究中国的注册会计师是否曾经采取过封闭排他战略，也没有分析注册会计师职业在中国的职业化程度。虽然提出了封闭排他性理论在分析中国问题时的不适用性，但也没有运用其他理论进行分析，因此该义仅停留在叙述和比较会计师职业发展史，且对民国时期注册会计师职业化路径研究及取得成就的评价也是有待商榷的。Yee（2007）则克服了前文中的部分缺陷，利用葛兰西（Gramsci）的领导权（hegemony）理论研究我国改革开放后注册会计师行业的重建，她认为当前中国政

①　Xu, Y., Xu, X. Q., *Becoming Professional：Chinese Accountants in Early 20th Century Shanghai*, The Accounting Historical Jounrnal, 2003, 30 (1), p. 151.

②　Yee, H., *Professionalisation and Accounting in China：A Historical Comparative Review*, p. 19.

府与注册会计职业界的关系是一种包含着儒家五伦观念的"父子关系"①，这一结论比较富有创建性。笔者认为这一"父子关系"或多或少地也存在于民国时期的政府与注册会计师职业之间，因此似乎可以尝试运用领导权理论进行研究方法的创新。

而魏文享（2006）和杜艳娜（2008）都主要从会计师建立的自由职业团体——会计师公会展开研究。魏文享（2006）认为上海会计师公会在提高会计师法律与社会地位、积极参与会计法规及会计师制度的建设、推进会计知识的普及和中式簿记的改良、大力拓展职业空间、实施行业自律方面都表现出不可小觑的推动作用。② 杜艳娜（2008）在前者的基础上进一步发掘档案资料，对上海公会实施的会计师行业自我管理以及拓展职场空间方面进行了比较细致的研究。③ 魏文享（2013）则深入研究了就职于立信会计师事务所的会计师们如何积极推进所得税改革以拓展职业空间。

魏文享（2007）对近代会计师群体与商界的良性互动关系展开了研究，指出公司制的建立与完善是会计师职业发展的主要市场动力，同时会计师行业的发展也推动公司监管及财务制度走向完备。④ 而魏文享（2012）提出近代中国注册会计师职业形成是市场、知识与制度进化的结果⑤，但忽略了注册会计师职业建立及发展的重要推动力——民国时期政府，因此其研究不能客观地反映和评价近代中国注册会计师职业及其制度发展的特点。而傅瑞盛（2008）则主要研究了职业团体在会计师业务的形成、业务的"立法推广"以及"知识推广"方面进行的努力。⑥ 并注意到会计师推广执业范围时与政府进行的互动合作，但是受其论文选题与掌

---

① Yee，H.，*The Re-emergence of the Public Accounting Profession in China：A hegemonic analysis*，p. 19.

② 魏文享：《近代上海职业会计师群体的兴起——以上海会计师公会为中心》，《江苏社会科学》2006 年第 4 期，第 204 页。

③ 杜艳娜：《民国时期上海会计师公会研究（1925—1937）》，华中师范大学硕士学位论文，2008。

④ 魏文享：《"昭股东之信任"：近代职业会计师与公司制度》，《华中师范大学学报》（人文社会科学版），2007 年第 7 期，第 74—83 页。

⑤ 魏文享：《市场、知识与制度：晚清民初职业会计师群体的兴起》，《华中师范大学学报》2012 年第 2 期，第 75—86 页。

⑥ 傅瑞盛：《民国时期会计师业务的形成与推广（1918—1941）》，复旦大学硕士学位论文，2008。

握史料的限制，该文对两者的互动合作关系研究尚不深入。

与上述研究注重近代注册会计师职业整体研究不同，宋雅仙（2008）则对近代中国注册会计师群体中的精英如潘序伦，展开了个案研究，通过系统梳理潘序伦的会计师业务实践及其执业思想，认为潘序伦在促进中国会计师职业演进中起到了积极的导向作用。①

总体而言，利用自由职业者视角进行的研究容易忽略中国会计师行业的特殊性，即易于喧宾夺主地强调公会以及精英分子在推动中国近代会计师职业兴起及制度发展中的主导作用，而忽略制度发展过程中自始至终存在的一股重要推动力即政府的力量，因此未来研究似乎可以从创新研究方法着手，将存在于政府与职业群体间的复杂关系进行整合分析。利用国家与社会的关系理论展开的研究能够部分克服上述研究中存在的问题。

三　从国家与社会的关系角度

与大陆学者不同，西方及台湾地区的学者往往从社会学中汲取养分创新研究方法，国家与社会分析框架就是其中之一。但学者们注意到如果将这一基于西方社会历史经验构建分析框架不加修正地运用到中国史的分析中其解释力十分有限，因此提出以"国家与社会的共生动态关系"来概括自由职业者与民国政府之间的互动，华人学者徐小群在大陆出版的题为《民国时期的国家与社会》的著作就是这方面的代表作。书中对民国时期中国会计师职业进行了比较深入的研究，提出国家与自由职业者不仅相互依赖以维护自身的合法性，同时两者权利边界在不断调整并重新界定②，最终形成互相制衡。

继徐小群之后，台湾学者林美莉女士也注意到国家与注册会计师职业的互动关系③，就目前笔者所能收集到全文的《专业与政治：上海会计师

---

① 宋雅仙：《潘序伦与近代会计师专业的演进》，华中师范大学硕士学位论文，2008，第44页。

② 徐小群：《民国时期的国家与社会：自由职业团体在上海的兴起，1912—1937》，第313页。

③ 由于目前与台湾地区的学术交流仍然十分有限，笔者仅能搜集到林美莉众多研究中的一篇论文，其他如《国民政府直接税改革中的上海会计师活动》（2003），《1930年代上海会计师的兼职问题》（2005），《1950年代上海会计师的沉浮》（2005）以及《近代中国本土会计师的业务与城市工商业界的互动——以立信会计师事务所的活动为例，1927—1945》（2007），《企业营运与会计师的业务合作——以美亚织绸厂的经验为例，1927—1937》（2007）无法检索到具体内容。

公会与国民政府的互动，1927—1931》来说，林从新的视角——现代专业知识与专业社群如何在近代中国的移植与发展，分析在北洋政府与国民政府政权转移这一短暂历史期间内，注册会计师如何利用国民政府进行税制改革的关键时刻与时势变化，向政权争取建立职业地位的诉求。文中发掘了大量台湾"中研院"近代史研究所收藏的档案资料，厘清了部分民国时期会计师职业史。文章指出政府与会计师职业群体的互动表现在国民政府初掌政权时如何取得会计师公会这样的民间组织的协助，同时会计师如何利用税制改革契机扩展其社会影响力。[①] 林比较全面地分析了民国时期会计师制度变迁过程中的两股力量，对政权交替时期国家与会计师的互动分析得比较精准。

但上述成果都属于片段式研究。如徐小群并未将其互动分析延展到1937 年抗日战争爆发之后，尚不能对民国时期中国注册会计师职业化路径与制度演进做出总体评价。而林美莉的研究仅仅分析了国民政府在与北洋政府政权交接时政府与会计师职业的互动，也未做长时期动态考察。而在前述研究的基础上，喻梅（2011b）对政府与会计师职业界的互动进行了长时期动态考察，并选取了注册会计师入行资格变迁这一视角，对南京国民政府时期政府与注册会计师职业团体在行业微观管理层面呈现出的既相互斗争又相互妥协的共生关系展开研究，文章指出政府与职业团体的互动的数量及激烈程度并不是始终如一的，而是呈现出由盛及衰的阶段性发展特点。[②] 而本书则试图利用共生动态分析框架，对 20 世纪上半期中国注册会计师制度变迁进行较为系统的考察，研究认为政府和职业界的互动还表现在：会计师兼职问题、行业监管机构及服务定价等问题的探讨[③]，因此本书的研究部分克服了上述学者研究中存在的不足。

四 中外会计师制度比较

对于该问题最早进行研究的著作是李孝林等（1996），书中辟专章从以下四个方面将中国与英美的注册会计师制度展开比较，分别涉及：产生

---

① 林美莉：《专业与政治：上海会计师公会与国民政府的互动，1927—1931》，收录于朱荫贵、戴鞍钢《近代中国：经济与社会研究》，复旦大学出版社 2006 年版，第 515 页。

② 喻梅：《南京国民政府时期会计师入行资格变迁研究——以监管思想和职业化思想的互动为视角》，《贵州财经学院学报》2011 年第 2 期，第 23 页。

③ 见本书第三章第一节至第四节内容。

背景；考试、注册制度；执业范围和规则；注册会计师组织。作者认为中外注册会计师制度的产生背景、基本程序大致相同，但我国注册会计师业务范围历来较广泛；中外注册会计师执业原则大体相仿，但我国注册会计师"独立性"尚不具备成为"自由职业者"的条件；关于行业管理体制，作者认为我国注册会计师管理一直都没有真正和政府职能部门脱钩，与外国由行业协会自我管理不同。① 而喻梅（2011a）的研究恰恰说明民国时期特别是北洋政府时期注册会计师行业较少受政府干预，因而当时注册会计师行业管理最接近自我管理模式。② 因此如果不区分近代与当代中国注册会计师制度，而将两者混为一谈地与国外相关制度展开比较，所得出的结论不能令人信服。

许家林（1997）则较李孝林（1996）扩展了比较对象，将我国与美国、英国、法国、加拿大和日本注册会计师发展史进行了横、纵向的条框式比较。③ 黄炘强（2003）则对英、美、德、法、日以及中国会计师职业兴起的历史做了简单介绍④，尚无分析可言。上述比较研究，总体质量不高，研究线条也较为粗糙，主要原因是中国注册会计师制度史和职业史研究明显不足。而造成该领域研究不足的原因之一是注册会计师制度史和职业史是一个交叉研究领域，不仅需要研究者具有跨学科知识背景，同时需要研究者花费大量时间查阅史料，属于吃力不讨好的冷门。同时这一领域的研究尚未引起学界和业界的重视，档次较高的期刊上难觅研究成果的踪影，降低了研究者的研究热情。而本书将在第二章第三节中比较20世纪初中国注册会计师制度的演进路径与英美模式和日本模式，指出由于市场经济发展程度及政治体制等因素共同的制约，形成了中国会计师制度变迁的独特路径，笔者认为就20世纪初中国所处的社会历史条件而言，当时中国只有采取政府主导的模式建立注册会计师制度。

其他的比较研究则将我国改革开放后的注册会计师制度与外国进行比较，其中间有涉及近代中国注册会计师制度。如王德元（1993）将日本1948年后的会计士制度与改革开放以后我国的注册会计师制度进行了比较研究，指出

① 李孝林等：《中外会计史比较研究》，科学技术出版社1996年版。

② 喻梅：《中国注册会计师行业管理模式的历史比较》，第202页。

③ 许家林：《中国注册会计制度演进的四个基本阶段回顾》，《注册会计师通讯》1997年第12期，第33—39页。

④ 黄炘强：《会计师的来历和演进》，《中国注册会计师》2003年第5期，第22—23页。

可资借鉴之处。① 此外还有邹云丽（1994）②、于波成（2002）③、遆艳霞（2001）④、王文彬、林钟高（1998）⑤ 和卢思竹（2007）。⑥ 这些研究成果一定程度上推动了中国注册会计师制度研究，但其研究素材都局限于政府颁布的注册会计师法规条文的演变，完全忽略了注册会计师及其职业团体的贡献。因而政府与职业团体在制度推进过程中丰富的互动也没有纳入研究视野，其突破点仍在于史料的进一步发掘以及研究方法的创新上。

五　职业道德研究

关于民国时期注册会计师职业道德的研究尚处于探索阶段，因而研究成果还远不丰富。魏文享（2002）一文认为近代中国会计师的诚信观完全摆脱了形式上的道德说教，已经具有了鲜明的职业内涵。⑦ 因此他对近代中国会计师职业道德思想评价很高，认为其诚信观是当时会计师制度得以完善的思想资源与道德动力之一。宋雅仙（2008）比较系统地梳理了潘序伦职业道德思想的发展，并认为其职业道德思想对当时会计师群体有积极的引导作用，加强了会计师行业的自律。⑧ 但以上作者研究时明显地存在模仿西方学者研究思路的痕迹，往往过于强调公会和精英分子的积极作用，忽视了国民政府在提高会计师职业道德，尤其是在限制会计师兼职过程中所起重要作用。限制兼职不仅是会计师职业化过程的必然趋势也是其职业道德的体现，这是因为兼任他职将严重损害会计师公平执业应有的超然独立地位。之后，学者们开始拓宽研究视野，宋丽智（2009）指

---

① 王德元：《日本公认会计士制度与我国注册会计师制度的比较》，《财务与会计》1993 年第 10 期，第 36—38 页。

② 邹云丽：《中美注册会计师制度比较及其启示》，《财会通讯》1994 年第 4 期，第 26—27 页。

③ 于波成：《中日注册会计师制度比较》，《中国审计》2002 年第 4 期，第 74—75 页。

④ 遆艳霞：《中美注册会计师制度变迁差异的经济学思考》，《四川会计》2001 年第 11 期，第 41—43 页。

⑤ 王文彬、林钟高：《注册会计师制度的中外比较》，《上海社会科学院学术季刊》1998 年第 1 期，第 23—30 页。

⑥ 卢思竹：《注册会计师制度的比较研究》，北方工业大学硕士学位论文，2007 年。

⑦ 魏文享：《近代职业会计师之诚信观》，《华中师范大学学报》（人文社会科学版），2002 年第 9 期，第 111—117 页。

⑧ 宋雅仙：《潘序伦与近代会计师专业的演进》，第 26 页。

出民国时期会计师职业道德体系是在会计师公会与政府的双重努力下建立起来的[1]，但并未注意到会计师兼职问题。而杜艳娜（2008）不仅对政府促进会计师职业道德发展起到的积极作用给予了关注，而且注意到就会计师兼职问题政府与上海公会进行的互动，认为两者的互动最终促成了政府放宽法规默认会计师兼职的结果。[2] 杜恂诚（2008）也注意到这一互动关系并利用经济学理论分析了会计师兼职的原因，评估了在当时的社会经济环境下会计师兼职的影响。杜恂诚指出当时会计师兼职十分严重的深层原因主要在于信用分割、资本市场发育水平低、交易费用高昂三方面，因此阻碍了注册会计师职业的专业化。同时他认为当时中国社会经济生活比较简单且注册会计师人数很少、引人注目，会计师的监督对象经理人尚未具有很大独立性，这些因素都制约着注册会计师在兼职时作假，因此兼职尚不至于损及注册会计师行业信誉。[3] 而本书第三章将在共生动态分析框架下对政府和职业团体如何互动，提升职业道德思想展开研究，指出除兼职问题外，政府和职业团体就注册会计师应具备的职业道德保持了思想上高度的一致，而在兼职问题中职业团体与政府的意见相左，极力地要求政府放松严格限制兼职，而通过分析指出造成当时注册会计师兼职严重的原因主要在于政府逐年降低注册会计师入行条件，导致注册会计师市场供大于求的局面，最终造成了不能专营注册会计师业务的结果。

总体而言，已有研究虽取得了一定的成果，但仍存在较多的空白和不足。首先相关史料的发掘工作有待于加强。由于史料研究的不足使得目前从史学和社会学角度进行的研究不能继续深入。接着研究视角比较狭窄。现有成果多从会计史及社会学展开研究，较少有经济学视角的成果，由此导致研究方法比较陈旧。现有文献较多地使用比较研究和史料叙述的方法，因此分析解释力十分有限，仅有个别研究者采用新制度经济学和产业经济学等理论展开分析；受研究视角的局限，已有文献中对政府与会计师职业群体的长时期互动关系明显关注不足。所幸近期学者们开始创新研究方法以进行多维度的分析，但史料收集工作的薄弱又阻碍了分析方法的有效运用。因此目前研究的瓶颈在于相关史料研究的欠缺，未来似乎应从发

---

① 宋丽智：《民国会计思想研究》，中南财经政法大学博士学位论文，2009。

② 杜艳娜：《民国时期上海会计师公会研究（1925—1937）》，第21页。

③ 杜恂诚：《近代中国的注册会计师》，第10页。

掘史料、多维化研究视角以及创新研究方法三个方面进行突破。同时本书认为已有研究成果多集中于探讨 20 世纪二三十年代到抗日战争爆发前注册会计师制度的发展，对抗日战争胜利后该制度如何继续发展尚未进行深入研究，而建立在片段式研究的基础上很难对 20 世纪上半期中国注册会计师职业及其制度演进的成就给予全面和准确的评价，更难总结其制度发展过程中的得失成败，因而未来有必要加强这一时期的研究，以便于系统地分析中国注册会计师制度演进路径和注册会计师职业发展史。

第四节　研究的思路、内容与创新点

一　研究思路与方法

通过对国内外相关文献以及史料的整理和研究，结合作者对 20 世纪上半期中国注册会计师制度的了解和分析，本书的研究思路为：政府监管思想与注册会计师职业化思想两条研究线索并行，研究两者如何互动推进注册会计师制度变迁的过程。注册会计师制度的演进中两者交替占据主导地位：以 1927 年为分水岭，在此之前会计师职业化思想占据主导地位；在此之后政府的监管思想逐渐居于主导作用，但很长一段时期注册会计师职业团体对注册会计师制度如何变革仍具有发言权，因此表现为两者共同推进注册会计师制度演进。

本书试图采用目前西方学者研究注册会计师制度时采用的"职业化"理论分析中国 20 世纪上半期的注册会计师行业，并以此概括注册会计师及其职业团体在注册会计师制度变迁过程中的种种思想。同时根据中国近代国家与社会存在着共生动态关系这一观点对政府和注册会计师职业团体的互动进行分析，并通过实证研究对这一观点的正确性给予了支持。接着根据互动格局的演变，本书使用新制度经济学中制度变迁理论分析 20 世纪上半期中国注册会计师制度变迁的特点。相关会计、审计理论被用来分析注册会计师关于制度变迁以及会计记账方法演变过程中各种观点和提议。本书适度地使用了博弈理论分析注册会计师要求政府放松对兼职问题进行监管这一提议的合理性。最后比较研究方法、规范与实证相结合的方法始终贯穿于行文中。本书试图通过这些分析方法的综合运用，比较真实而准确地阐述近代中国注册会计师制度思想发展演进的过程及其理论得失。

二　研究内容

本书研究大致从如下几个方面展开：首先从会计师公会和会计师事务所档案资料和民国会计杂志中提炼出注册会计师的职业化思想；接着从政府颁布和修正的会计师条例法规中提炼出政府的监管会计思想；以及在两者的互动下中国注册会计师制度的演进路径。同时本书也尝试跳出注册会计师制度本身，力图分析注册会计师制度的发展对相关制度变迁的影响。

全书共分为五个章节。

第一章为导论。先就容易混淆的概念进行了界定，接着介绍选题意义，对国内外与本选题相关的研究成果进行回顾和评价。简要概括研究思路、内容框架、研究方法和创新点。

第二章为"中国注册会计师制度思想来源和发展"。首先分析了20世纪初中国注册会计师制度思想产生的历史条件，并对中国建立注册会计师制度思想的来源进行了研究。最后对中国最早提出建立注册会计师制度的点滴思想进行评析，分析注册会计师制度思想流的形成。

第三章为"注册会计师制度中监管思想和职业化思想的互动分析"。首先陈述了用于分析的两个理论，即国家与社会的共生动态关系以及制度变迁理论，同时指出本书运用其分析时两个理论之间的关系。接着以时间为线索研究政府和注册会计师职业团体如何互动以共同推进注册会计师制度变革。然后根据各个时期互动的特点将其分为三个阶段，即初步发展期、深化发展期、衰退期。最后主要利用新制度经济学相关理论分析注册会计师制度演变的特点。

第四章为"中国注册会计师制度正外部性分析"。通过大量史料实证研究注册会计师制度的确立和发展对相关制度变革的推进，主要从以下三个方面展开：企业会计制度现代化、经济法规科学化、西方会计理论和会计教育的推广。

第五章为"20世纪上半期中国注册会计师制度思想的总考察"。归纳了注册会计师制度思想演进的特点，总结了20世纪上半期中国注册会计师制度变革的历史经验，以期对当前中国注册会计师制度变革有所启示。

三　研究目标与创新点

基于文献回顾，笔者认为目前对于注册会计师制度的研究大多停留在史料的叙述上，但是这些史料研究还停留在对制度的总体框架粗线条勾勒，并不能回答诸如民国时期注册会计师制度如何演变；会计师职业团体和政府对于该项制度的演进各自有何构思；两者是否存在互动；如果存在又是如何互动等问题。而从自由职业角度和职业道德角度进行的研究又忽略了政府在形成和推动注册会计师制度上的重要作用。

因此本书试图实现以下目标：

1. 力图较清晰、准确地勾勒会计师制度的演进脉络。

2. 利用"职业化"理论（professionalisation）概括注册会计师及其职业团体提出的关于注册会计师制度变迁的种种思想。

3. 在细致梳理史料的同时，提炼出注册会计师职业团体与政府各自关于注册会计师制度如何演变的经济思想，以及两种思想如何互动，共同推进注册会计师制度的发展。

4. 回答中国注册会计师最终是否达成了其职业化目标的问题。

而本著作的创新之处，首先是发掘了新的史料。无论是郭道扬的《中国会计史稿》还是赵友良的《中国近代会计审计史》抑或李金华的《中国审计史》、方宝璋的《中国审计史稿》，都十分侧重中国古近代国家审计史料的收集和整理，偶有涉及民间审计史料，既不系统也不详细。相对于中国古近代国家审计研究已经取得的较为系统的研究，本著作能够部分弥补上述著作在史料收集工作方面存在的缺陷，本著作不仅地毯式搜索了民国时期各本土会计师事务所及大专院校出版的会计期刊及各位注册会计师出版的相关著作，发掘了新的史料，而且与上述著作的最大不同表现在档案史料的运用上。本著作撰写前期不仅收集到上海会计师公会档案资料（1924—1949），还收集到诸如徐永祚会计师事务所档案（1924—1949）、立信会计师事务所档案（1929—1949）、正则会计师事务所档案（1930—1949）以及刘鸿生记账房档案（1926—1949）。力图从民间审计角度，系统地了解民国时期中国注册会计师职业及其制度思想变迁的轨迹。

接着是研究方法的创新。无论是上述研究成果，还是与本著作史料收集十分相近，由魏文享汇编的《民国时期之专业会计师论会计师事业（资料汇编）》的研究方法均局限于史料叙述，没有尝试利用相关理论对史料进行分析解释。而本著作不仅利用国家与社会的共生动态理论框架研究存在于中国本土注册会计师群体与民国政府之间的互动，同时根据其阶段性动态变化的特点，将两者在行业微观管理层面的动态变化投射到制度变迁层面，利用制度变迁理论分析解释 20 世纪上半期中国注册会计师制度变迁轨迹。最后本书利用"职业化"分析方法对中国 20 世纪上半期中国注册会计师的职业化程度进行了研究，并分析探讨了该职业并未取得完全职业化的原因。

　　最后是研究的内容更加系统全面。华人学者徐小群的题为《民国时期的国家与社会：自由职业团体在上海的兴起，1912—1937》的著作，是在修改其哥伦比亚大学博士学位论文基础上出版的，该书首次提出"国家与社会的共生动态关系"这一分析框架，并运用分析了各种自由职业团体，其中包括：律师、会计师、医师以及新闻记者和大学教授等职业如何在与政府的互动中兴衰。但受其研究视角和研究时限，甚至是史料收集的限制，其对于中国近代本土的注册会计师群体的研究远称不上系统。而本书在利用其研究方法的基础上，将其研究时间的下限从抗日战争爆发一直延续到新中国成立前夕。因而本著作的研究能够系统地展现中国注册会计师制度在 20 世纪上半期的变迁路径及其职业发展脉络，也更能利用分析工具全景地展现注册会计师与政府之间互动，呈现阶段性发展的动态过程。

　　总之，本著作的创新之处主要在于：大量一手民间审计史料的运用；利用制度变迁理论和国家与社会的共生动态理论对史料进行分析研究；系统研究了中国近代本土注册会计师制度变迁以及促成制度变迁的两种经济思想的共生互动，即政府的监管思想和注册会计师职业团体的职业化思想。

第二章

中国注册会计师制度思想
来源和发展

本章主要研究中国建立注册会计师制度思想的来源和发展情况。首先对注册会计师制度思想产生的历史条件进行了分析，接着对最早提出建立注册会计师制度的点滴思想进行了评析，最后对注册会计师制度思想如何从个别学者讨论到形成思想流的过程进行了分析评价，并通过比较归纳出早期中国注册会计师制度思想演进的特点。

第一节　中国建立注册会计师制度的思想来源

甲午战争以中国的失败而告终，痛定思痛的中国人开始向西方和日本学习。因此 20 世纪初出现了留学高潮，中国向欧美、日本派遣了大批学习经济学专业的留学生，其中以前往日本留学者居多。一方面日本与中国一衣带水，文化环境比较相近，因此中国政府希望派遣留学生学习日本经济法规以制定本国相关法规。另一方面，留学日本具有路近、费省、文同等优势，成为当时留学的首选。1905 年国内废除科举制度后，更出现了留日热潮。中国注册会计师制度的先驱和倡导人谢霖也是此时赴日，在明治大学攻读商科。留学期间，谢霖不仅研究簿记学说并出版了著作《银行簿记学》，而且留心考察日本注册会计师制度的发展，期望用所学知识改变中国落后的会计实务。

目前学界基本认为谢霖是中国最早引进注册会计师制度思想的人。但作者在整理史料时发现，早在谢霖 1918 年向政府建议设立注册会计师制度前，杨汝梅（予戒）1913 年就在其著作《最新商业簿记》，中率先介绍了英美的注册会计师制度。① 而杨汝梅于1903年赴东京高等商业学校留学8年期间学习了财政学、商业学和会计学。因而我们可以从这两位先驱的留学背景寻到中国注册会计师制度思想来源的蛛丝马迹，他们都曾留学日本，这并不是一种巧合。因为19世纪末20世纪初日本有识之士就开始倡导仿效英国实行注册会计师制度，并设立了事务所开展业务，而这一时期恰好是中国学生留日的高潮。这就使谢霖和杨汝梅有机会接触到注册会计师这一全新的职业。因此本节主要分析中国建立注册会计师制度思想的国外来源，在此基础上分析中国没有生发出本土注册会计师制度思想的原因。

一　注册会计师制度思想产生的历史条件

（一）民族工商业的发展萌发了对注册会计师的需求

清末民初，资本主义工商业的发展催生了股份制公司，公司所有权和经营权分离，财务信息对于外部投资者不对称，因此这些投资者产生了由第三方以独立身份提供中介审计服务的需要。而注册会计师提供的审计报告恰好可以将公司企业内部财务信息适度地外部化，以保障信息对称。

而民国初期政府规定公司成立时必须先行注册，并且因增资、减资、重估资产等，也要重新进行登记。而公司注册需要特定的经济法规和专业知识，因此需要有专业人员为企业办理注册登记服务。当时注册会计师和律师都具有承担该业务的能力和知识，但律师并没有承担该业务，而中国注册会计师在执业之初就为企业办理注册登记事务，于是企业主以为注册登记事务是会计师的职责，之后遇有该项事务时自然产生对注册会计师的需求。

随着大量外国企业抢滩中国各大城市和通商口岸，难免会与华商产生经济纠纷，最初中国没有本土注册会计师，因此在产生经济纠纷时，租界的会审公廨常指定外国在华注册会计师进行仲裁，而外国注册会计师在仲裁时常常偏袒外方，由此华商萌生了由本土会计师提供仲裁服务的最初愿望。这也是导致中国注册会计师制度建立的主要原因。注册会计师制度的奠基人谢霖曾在《中国之会计师制度》中这样陈述他呈请政府建立注册

---

① 徐永祚：《论会计师（续）》，《银行周报》1918年2卷32号，前言；杨汝梅：《新式商业簿记》，中华书局1922年版，序言。

会计师制度的动机："（由于外国会计师偏袒外方）国人含冤不白者，实属不可胜计"[①]，有辱国家尊严。

资本主义工商业的发展促使企业规模不断扩大，由此萌发了由会计专家指导账簿体系变革的需求。当时一些中国企业虽然引进了先进的生产设备但仍在使用不能适应机器化生产的单式记账体系，虽急于改进又苦于企业内部匮乏精通会计又能全盘规划的专家指导。而注册会计师认为其能够担负会计事务上"传道，授业，解惑"的重任，因此改进企业账簿体系的责任自然落到了注册会计师肩上。笔者在查阅会计师事务所档案资料时，发现不少本土会计师事务所在提供审计服务的同时帮助企业制定会计科目表、规划记账程序。

民族资本主义工商业的发展，既带来了市场和经济的繁荣，也同时带来了日益激烈的竞争和工商业危机，由此产生了由注册会计师提供破产清算业务的需要。公司破产成为当时严重的社会问题，它不仅严重威胁着公众投资利益，而且也严重威胁着政府财政税收。于是破产公证与清理企业资产成为注册会计师的另一项重要使命。

这种种对中国本土会计师的需求，虽然为数不多，但毕竟从无到有，迈出了前进的一步。但仅有需求，没有业务的供给仍然不能形成注册会计师服务市场，因此下文着重分析中国注册会计师职业是如何诞生的。

（二）西学东渐的社会背景下诞生了中国的注册会计师群体

西方经济思想的引入，冲击了中国传统经济思想中的"义利观"以及对待理财记账的看法，因此知识分子开始走出国门学习先进的记账方法和理财经验。

在留学生群体中，早期以留日学生为主，据孙大权（2006）研究"20世纪最初20年中国留日学生总数已超过6万，而在这当中以学习法政科为最多。当时的法政科包括政治、经济、法律等科，具体学习经济学专业虽无从统计，但可以基本推断为，留日学生学习了经济学课程者当在

---

① 谢霖：《中国之会计师制度》，转引自王建忠等著《中国会计简史》，经济科学出版社1989年版，第141页。注：谢霖所著的《中国之会计师制度》笔者遍寻国家图书馆、上海市图书馆、上海社会科学院图书馆以及复旦大学民国图书数据库均无记录，因此本书只有转引其他前辈学者的资料。

万人以上"[①]，而经济科中开设有簿记课程，因此学习经济学的留日学生是中国较早接触并系统学习西方复式记账法的一批人。而在 20 世纪初期，日本学者积极讨论仿照英美建立该国的注册会计师制度并取得了阶段性成果，不仅成立了会计师事务所，组成了职业团体并翻译了大量英美审计理论书籍，同时日本政府也积极鼓励学者调查研究英美注册会计师制度。这些都成为留日学生学习和研究注册会计师制度的途径，尤其是 20 世纪前20 年日本朝野上下热烈讨论，反复审议的《会计士法案》成为中国早期注册会计师制度实践的范本。留日学生中不仅诞生了第一位向中国介绍英美会计师制度的杨汝梅（予戒），其后成为政府审计官员，而且诞生了中国注册会计师制度的倡导者，也是中国第一位注册会计师谢霖。其他如陈日平、陈柏、秦开、曹颂平、李澄、杨学优、陈鸾清、李辟、唐在章等注册会计师都曾留学于日本。

　　20 世纪 20 年代前后，中国派往英美的经济学留学生开始大量归国。与留日学生相比，他们大多取得了较高的学历，如潘序伦取得了哥伦比亚大学博士学位，俞希稷、安绍芸取得了威斯康星大学的硕士学位，顾翊群取得了纽约大学硕士学位。由于英美留学生学历较高，留学时间相对较长，因此对于注册会计师制度理论与实践有更加准确的认识。他们归国后很快就成为中国注册会计师中的主流群体，不仅翻译出版了大量英美会计、审计理论书籍，而且针对当时已经仿照日本建立的中国注册会计师法规提出了很多的修改建议。

　　由于上海会计师公会成立最早、会员最多且在会计师公会中处于领头羊地位，因此本书认为选取该公会会员留学背景比较有代表性。1931 年上海会计师公会根据上海社会局训令对会员的留学情况进行了调查[②]，结果显示在 223[③] 名会员中，有留学背景的会员有 52 名，占总数的 23.3%，其中留日的会员有 22 人，占总数的近 10%，占有留学背景会员的42.3%。其余留学会员均留学欧美，其中留学英美的会员有 27 人，另有2 位留学比利时，1 位留学法国，欧美留学会员占总数的 13.45%，占留

　　① 孙大权：《中国经济学的成长：中国经济学社研究（1923—1953）》，上海三联书店 2006年版，第 3 页。

　　② 上海档案馆藏资料上海会计师公会资料，档号：S447 - 2 - 265。

　　③ 潘序伦：《中国之会计师职业》，第 5 页。

学会员的一多半。

　　除此之外，中国的新式学堂也培养出大批注册会计师。以清政府于1902年仿照日本制定了高等学堂章程，设立"商务科"为肇始，变革了会计教育方法。同年拟定的《钦定京师大学堂章程》在商科主修课程中设置"簿记学"①，但尚未设立会计学专业。1913年北洋政府教育部公布大学规章规定商科中所有方向必须设立商业簿记学课程，其中银行学方向还应设银行簿记学、会计学；保险学方向也应设会计学课程。20世纪初期我国大学层次的会计教育主要有两种类型：一是政府举办的国立大学商学院或法商学院中的会计系，二是社会名流私人集资举办的私立大学的商科或经济科。1917年复旦大学设立商学院，并于1921年左右在商学院中专设会计系。1917年，南京高等师范设立商科，后迁址上海成立上海商科大学（也是上海财经大学的前身），是中国教育史上最早的商科大学。除上述两所学校外，许多国立综合大学以及私立大学纷纷设立了会计系，如表2.1。

表2.1　　　　　　　20世纪上半期中国综合大学设置会计系科汇总表

校名	所属学院	系科名称	校名	所属学院	系科名称
复旦大学（国立）	商学院	会计学系	广州大学（私立）	商学院	会计系和会计专修科
南开大学（国立）	政经院	银行会计系	武昌中华大学（私立）	商学院	附设会计专修科甲、乙组
暨南大学（国立）	商学院	会计系	私立上海法学院	直接设系不分院	统计会计系
厦门大学（国立）	商学院	会计系	私立诚明大学	商学系	会计组
湖南大学（国立）	商学院	会计统计系	私立之江文理学院	商学院	会计系
重庆大学（国立）	商学院	会计统计系	新中国法商学院	商学院	银行会计系
兰州大学（国立）	法学院	银行会计系	私立福建学院	商科	银行会计系
广西大学（国立）	法商学院	会计银行系	私立天津工商学院	直接设系不分院	会计系

------

　　① 《钦定京师大学堂章程》第二章，第二节，转引自郭道扬《中国会计史稿》下册，第617页。

续表

校名	所属学院	系科名称	校名	所属学院	系科名称
台湾大学（国立）	法学院	会计银行专修科	私立南华学院	设系不分院	会计系
上海商学院	直接设系不分院	会计系	立信会计专科学院		会计科
湖南省立克强学院	直接设系不分院	会计统计系	私立华侨工商学院	商学院	会计系
广东省立商法学院	商科	会计系	私立天津达仁商学院	直接设系	会计系
光华大学（私立）	商学院	会计系	私立相辉文法学院	法科	银行会计系
大夏大学（私立）	商学院	会计系	四川省立会计专科学院	设会计一科	会计科
成华大学（私立）	商学院	会计系和会计专修科	陕西省立商业专科学校	直接设科不分系	会计统计系
沪江大学（私立）	商学院	会计系	私立重辉商业专科学校	直接设科不分系	会计科
东吴大学（私立）	法学院	会计系	中华工商专科学校	直接设科不分系	会计科
民国大学（私立）	商学院	会计系	私立南方专科学校	直接设系不分科	会计系
珠海大学（私立）	法商学院	会计银行系	私立西南商业专科学校	直接设科不分系	会计科
广东国民大学（私立）	法学院	会计系	私立光夏商业专科学校	会计银行科	会计组
大同大学（私立）	商学院	会计系			

资料来源：郭道扬《中国会计史稿》，第621—622页。

（三）西方注册会计师制度的传播提供了理论借鉴和发展依据

20世纪初，西方注册会计师制度尤其是英美两国已经取得了相当程度的发展，注册会计师不仅得到了政府对其法律地位的承认，而且成立了全国性的职业协会，形成了比较规范的职业道德和行业自律准则。伴随着英美公司在海外投资的加剧，英美会计师事务所也开始向全球化发展。

早期英美注册会计师制度在中国的传播途径有两条：一条以日本为中介的间接路径，另一条以外国在华会计师及其跨国会计师事务所为直接途径。而到20世纪20年代前后英美注册会计师制度在中国的传播途径有所改变，原因是此时中国派往英美经济学留学生大量归国，他们将英美注册会计师制度和审计理论直接引入中国而不再辗转取道于日本。

随着西方注册会计师制度的传播，中国人开始了解这一新兴职业，如对注册会计师职业的定义、注册会计师职业的独立性及其与工商业的关系等。早期制度的倡导者言必称"英美"，比如徐永祚早期撰文宣传注册会计师职业时说：

> 会计师在英国称曰 Chartered Accountant 译曰特许会计师，在美国称曰 Certified Public Accountant 译曰注册公共会计师。充其任者，自应备具会计上之知识技能与经验且须有商业经济法律等学之素养。英美各国……凡欲充任会计师者。必须经过严格之考试与一定期限之实习，方能取得政府或其他机关之许可。此特许（Certified）与注册（Chartered）之名所由来也。①

国人从中认识到英美注册会计师不仅具备会计知识而且具有查账经验，已经形成了比较完备的会计师考试选拔制度。因此中国注册会计师行业的先驱谢霖，也仿照英美在《暂行章程》规定必须同时具备学历与经验才能申请为注册会计师。② 虽然国民政府自始至终未单独制定注册会计师考试规则，但是早在 1923 年注册会计师界就萌发了考试选拔思想并持续不断地敦促政府实行考试选拔制度。

在谈到注册会计师职业与企业会计人员的最大区别时，徐永祚说：

> （会计师）业务之性质，表面上虽似商家所雇用之高级会计人员，但其所处之地位大不相同。不专为特定之个人商店或公司所雇用。乃系接受社会公众之委托，处于独立的地位，不为外界所拘束。虽属收受报酬而供给劳务者。但其自己之见解，以公平之态度，自由行使其

---

① 徐永祚：《会计师制度之调查及研究》，徐永祚会计师事务所 1923 年版，第 2 页。文中"特许"（Certified）与"注册"（Chartered）两词徐永祚的英译有误，可以看出早期的中国学者还不能准确区分"注册"与"特许"。

② 关于 1918 年《会计师暂行章程》中是否规定学历与经验并存这一问题，学界目前普遍认为当时规定两者具备其一即可。持这种观点的包括：郭道扬、王建忠、徐小群等中外学者，但笔者通过翻阅史料发现《暂行规定》已经规定必须具备两者才能充任会计师。具体章程参见附录 A，第一条。

职权，此公共（Public）之名所由来也。①

谈到会计师职业与工商业的密切关系时，徐氏指出：

> 现今英美各国之工商事业，几无不与会计师有密切关系。制造家非赖会计师之指导，以享悉其产品之正确成本，并了解其营业之真相，不能安心于其事业。商家之会计账簿，非得会计师之审查证明，不能取信于社会。银行家且以会计师出具之证明书，为放款贴现之标准也。若公司解散时之清算事务及破产时之管财事务，亦有委托会计师之必要。②

不言而喻，西方注册会计师职业迅速发展的大趋势，不仅为中国注册会计师制度的建立提供了可资借鉴的成规而且提供了技术指导，促使中国注册会计师萌发了职业化思想。结束了中国注册会计师制度思想产生的历史条件分析后，下文将顺流溯源详细探寻这种思想的来源。

二　中国注册会计师制度思想的来源分析

（一）注册会计师制度思想的日本来源

如上文所述 20 世纪 20 年代前中国注册会计师制度思想主要取道于日本，因此有必要回顾谢霖和杨汝梅留学期间至其归国后萌发建立中国注册会计师制度这一时间段内注册会计师制度在日本的发展状况，以便了解两位先驱进行制度创新时达到了怎样的知识存量。

首先日本学界在此期间不仅潜心研究西方注册会计师制度理论，而且部分学者已开始执行会计师业务。1906 年神户高等商科学校校长水岛铁也从欧美考察归来，对英国注册会计师制度大加赞赏并开始不遗余力地提倡。1907 年，曾任中等学校教师的森田熊太郎辞职，在大阪创设森田会计调查所③，成为日本注册会计师业的开山鼻祖。此后日本社会开始注意注册会计师职业，不少人在东京和大阪两地开设了私立簿记学校。一方面

---

① 　徐永祚：《中国会计师事业》，《会计杂志》1933 年 2 卷 1 期，第 144 页。

② 　徐永祚：《会计师制度之调查及研究》，第 2—3 页。

③ 　周杰名：《日本会计师事业之鸟瞰》，《会计杂志》1936 年 7 卷 1 期，第 120 页。

兼营注册会计师职业，另一方面招徕学生学习会计理论和实务。1909 年，大日本制糖株式会社破产，使得投资人之一时任英国驻日公使麦唐纳损失数千元，因而麦唐纳大加抨击日本缺乏注册会计师制度，使日本朝野上下十分难堪。由此掀起了日本学者研究注册会计师制度的热潮，其中佐佐木慎思郎和汲多野承五郎等组织委员会从事各国注册会计师制度调查，与此同时会田勘左卫不仅设立了监察协会执行会计师业务，并多方奔走拜访名士力陈建立注册会计师制度的重要性，还于 1911 年创办《企业及经营》杂志，发表了日本第一篇关于注册会计师的文章——《会计监查论》，更得到实业界援助建立了会计师养成图书馆。① 冈田博道也积极研究和调查英美注册会计师制度，后经日本农商务省协助于 1909 年出版了《公许会计士制度调查书》以备社会各界参考。

接着日本学界又致力于推动注册会计师法案的建立。于 1914 年 3 月 17 日第 31 届议会时，国民党员高木益太郎和石田仁太郎提出由宫原六郎起草的《会计监查士法案》，虽然最终被搁置，但该法案的提出引起了日本社会极大的波澜。1915 年第 36 届议会高木氏再次提出修改后的《会计监查士法案》，同时公友派的加藤彰廉和小林丑三郎提出由森田熊太郎起草的《会计士法案》，两案由众议院交特别委员会审查，不幸再次被搁置。1916 年 6 月，国民党和公友派分别再次提出法案，经特别委员会审议决定采用后者提出的《会计士法案》并提交议院，虽被众议院通过，但遭到贵族院的反对。此时日本国内对是否应该建立会计师制度展开了激烈辩论，主要有三种观点，第一种观点认为应迅速通过法案建立会计师制度以昭信于社会；第二种观点比较折中，认为应在尽量参酌各国制度，顾及工商界意见后再徐图建立；第三种观点则反对建立会计师制度。1919 年日本农商务省向各地方重要长官及商会征集建立会计师制度的意见，其中持第一种观点的人占 46.6%，持第二种观点的人占 37.5%，持第三种观点的占 13.3%。② 1917 年至 1919 年该法案不断被提出，均因遭到贵族院的反对始终未能通过。直到 1927 年鉴于社会对注册会计师职业的需要日益增加，日本贵、众两院不得已通过了政府自拟的注册会计师法案。③

---

①　周杰名：《日本会计师事业之鸟瞰》，第 121 页。

②　徐永祚：《英美会计师事业》附录，徐永祚会计师总事务所 1925 年版，第 264 页。

③　周杰名：《日本会计师事业之鸟瞰》，第 119—124 页。

　　日本朝野上下热烈讨论建立注册会计师制度的言论，谢霖和杨汝梅不可能充耳不闻。虽然在其留学期间日本政府尚未颁布注册会计师法案，但是日本已有为数不少的执业会计师，他们不仅建立起事务所而且成立了职业团体，并积极研究探讨如何建立注册会计师制度。这些都为杨汝梅了解英美注册会计师制度提供了机会，也为谢霖建立中国注册会计师制度思想积累了可以借鉴的宝贵经验。

　　就目前可得史料来看，最早向中国介绍英美会计师制度思想的著作是1913年杨汝梅编写的《最新商业簿记》一书，书中附录第二部分详细介绍了英美的注册会计师制度变革、职业资格及考试选拔制度。但杨汝梅没有以英国采用的"特许会计师"或美国使用的"公共注册会计师"来指代，而是采用日本通行的"会计士"。从这一名称来看，我国早期引入的注册会计师制度受日本影响较深，尽管从其内容而言完全是英美制度的翻版。可以说杨汝梅的作用是将日本学者的研究翻译成为中文介绍给中国读者。在这本书的卷首有日本学者佐野善作为其作序，由于原书现在已不可查①，不能确定是否杨汝梅翻译了佐野善作的研究，但至少可以说明早期中国引进的注册会计师制度思想与日本学者的研究有着千丝万缕的联系。据徐永祚研究，日本学者渡部义雄翻译的英格兰及威尔士会计师协会特许状及其细则关于会计师考试条款与杨汝梅的介绍十分相近。如，渡部义雄翻译英格兰及威尔士公会会计师考试科目有：簿记及会计，合伙会计在内；簿记及会计，遗言执行人之会计在内；清算人、信托人及管财人之权力与义务。② 杨汝梅介绍英国会计师最终考试科目有：簿记及会计；会计检查泛论；清算人、信托人、管财人的权利与义务。但当时中国还缺乏理解和吸收注册会计师制度思想的条件，因而该书出版后并未产生明显的影响。直到5年后，谢霖向北洋政府呈文要求建立会计师制度时才稍稍引起了会计学界和政府的有限关注。

　　将谢霖起草的中国第一部注册会计师法规《会计师暂行章程》与日

---

　　① 笔者经孙大权博士的指点查阅了《民国时期图书总目录》经济卷，上下两册，仅能对该书的出版年代和大致内容做一了解。虽然记载该书藏于国家图书馆，但是目前国家图书馆中已没有该书的记录信息。因此笔者在具体介绍该书内容时将杨氏1922年出版的《新式商业簿记》相关内容与徐永祚1918年在《论会计师》一文中转录杨汝梅早期书中内容相对照，在对比中剥离出杨氏介绍的内容，力求较大程度地还原《最新商业簿记》中"会计士论"的内容。

　　② 徐永祚：《英美会计师事业》，第88页。

本当时被反复提出但尚未通过的《会计士法草案》进行对比，便可以看出两者的相似程度。

首先从注册会计师业务范围来看。谢霖概括为：（会计师）应个人或官署公司、银行、商号之委托，办理左列各项事务，负相当之责任。检查账目，并出证明书；清算账目，并制报告书；规定会计规程，及账簿之组织；编制统计报告；答复关于会计之咨询。日本《会计士法草案》对注册会计师职业定义为：会计士受当事人、其他关系人或公务机关之嘱托，执行关于会计之职务。两者区别之处在于谢霖清楚界定了业务范围，而草案中对于注册会计师可办理的业务并未一一列举。出现这样的区别原因在于两国注册会计师制度演进步骤不同，日本注册会计师法规酝酿时已经存在两百多名本土会计师，因而日本社会对于该职业有一定了解；而中国在起草法规时尚无本土注册会计师，因而对于该职业十分陌生，只有少数华商在破产清算或经济诉讼时接触过外国注册会计师，但极易对该职业的业务范围产生误解，因而需要明确范围以利于该制度顺利推行。

其次从注册会计师资格的积极条件比较。谢霖起草的章程中会计师资格一款不仅参照了日本的《会计士法草案》，而且将《日本会计士公会章程》中《会员资格试验规则》和《实务修习规则》融会贯通，制定了比较严格的资格条款，即要求申请人必须兼备学历与实务经验。但两者的区别在于：日本注册会计师资格条件由公会规定而谢霖认为应该由中央政府规定。这是因为中国在创立会计师制度前尚未成立会计师职业团体，因此在这样的制度环境下只有政府越俎代庖地颁布注册会计师资格条款。

再次从注册会计师资格的消极条件来看。谢霖草拟的章程中规定有以下四种情况之一者不得申请：第一，受禁治产及准禁治产之宣告者；第二，受褫夺公权之处分者；第三，因损害公私财产受褫职或除名之处分者；第四，曾受五等以上之徒刑者。《日本会计士法草案》第五条规定有下列五种情况之一者不得为会计士：其一，曾受无期或6年以上之惩役或禁锢者，但国事犯已经复权者不在此限；其二，曾依刑法各章节[1]规定，受惩役或禁锢者，但国事犯已经复权者不在此限；其三，受破产或家资分散之宣告未复权者，或受身元保证之处分，不足偿清债务者；其四，曾受

---

① 原文为：依刑法第二编第一章、第五章、第七章至第十三章、第十六章至第二十三章、第二十六章、第三十二章、第三十三章、第三十五章至第四十章之规定。

褫职、免官或除名职惩戒处分者；其五，受禁治产或准禁治产之宣告者。两者的相似情况可见一斑，前者第一条仿照后者第五条制定，第二条仿照后者第四条制定，前者第三、四条仿照后者第一、二条制定。只是日本的草案对于受刑法惩戒的规定更加细致。

最后，谢霖草拟章程也模仿日本将行业监督机关定为农商部而非职业团体。其他无论是注册会计师的权利与义务条款，还是惩戒条款以及职业道德条款都存在明显的模仿日本《会计士法案》和《会计士公会章程》的痕迹。

因此说日本先行构建的制度及其思想决定了20世纪初期中国学者有关注册会计师制度的知识存量。中国最早介绍的注册会计师制度是经由日本传播来的二手理论，因而我们顺着日本注册会计师制度思想再往前追溯，自然追溯到英美，因此下文研究中国注册会计师制度思想的英美来源。

（二）注册会计师制度思想的英美来源

1840年以后，伴随着帝国主义大规模侵入，资本主义经济接踵而至，促使中国自然经济解体。1895年甲午战争后，帝国主义改变了对中国的经济侵略方式，由资本输出替代了商品输出。截至1914年，仅英、美、俄、德、日、法六国对华投资便高达22亿5570万美元。[1] 1901年在华外商共有1102家，到1913年发展到3805家，1920年时更是达到了7375家[2]，而这还不包括外商企业在华的分支机构。在这其中就有一大批世界性的托拉斯组织，如英美烟公司（1902年）、利华兄弟中国肥皂公司（1903年）、通用电器公司（1908年）、美孚公司（1894年）、美国钢铁公司（1909年）[3] 等大型跨国公司纷纷登陆中国。由于外国企业在中国抢滩建立，外国注册会计师也追踪其客户来到中国执业，早期他们仅服务于外国人经营的企事业，但随着中国民族资本主义的发展，华商企业在遇到请求破产、清理财产或账目纠纷时也萌发了对注册会计师的需求。据徐永祚调查当时外国在上海设立会计师事务所有：薛万罗（Seth Mancell and Mclure）、克佐时（Lowe Bingham and Matthews）、大美查账局（Haskins &

---

① 吴承明：《帝国主义在旧中国的投资》，人民出版社1955年版，第45页。

② 吴承明：《帝国主义在旧中国的投资》，第41页。

③ 同上书，第41—42页。

Sells）、达利（Marcel Darre）、汤笙（H. &N. Thomson）等。

这些事务所构成了中国学习西方会计师制度的直接窗口。它们既是中国注册会计师职业的榜样也是强大的竞争对手。谢霖在向北洋政府呈文中就指出其建立注册会计师事务所思想的两个来源[1]：一是在日本留学期间接触到的英美注册会计师制度理论和日本已建立的注册会计师制度，二是效仿当时上海著名外国会计师事务所——克佐时。

从事务所的名称看，中国早期建立的本土事务所都模仿英美以主任会计师的姓名命名的方式，如谢霖会计师事务所、徐永祚会计师事务所、潘序伦会计师事务所、郑忠钜会计师事务所等。从经营形式看，20世纪初本土事务所多以个人经营为主，随着业务数量的扩大和审计难度的增加逐渐采用私人合伙制，而不是以当时工商界比较流行的"官商合营"的方式经营，更不是以20世纪八九十年代本土事务所以"国有国营"的方式经营。这一方面说明中国人在最初面对这种舶来的制度时，由于完全没有本国历史经验可以借鉴，因此只有完全照搬西方；另一方面，也说明中国先进的知识分子似乎认识到注册会计师是一种自由职业，因而在建立事务所时完全依靠注册会计师个人的力量而没有生发出要求政府参与的思想。

从事务所的组织机构看，当时在上海设立分部的大美查账局营业组织由以下几个部分组成：合伙人及经理；会计师（主任会计师、监督会计师、执务会计师、助理会计师）；秘书部；训练部；会计部；报告部；税务部。而中国本土的事务所组织构成为：主任会计师；总务科；计核科；信托科；文书科；法律科；编辑科；会计补习学校。由于本土事务所规模小，因此主任会计师既是合伙人之一也从事审计事务，与英美事务所中的合伙人及会计师相对应；文书部与英美事务所中的秘书部相类似；会计补习学校与编辑部的职能相当于英美事务所中的训练部，但参与训练的人员较英美事务所广泛，不仅培训内部事务员而且大量培训社会人员，对传统会计方法进行革新；其他如总务科、计核科、法律科基本上与英美事务所的会计部、报告部、税务部承担类似的工作，只是组织划分略有不同而已。但20世纪初中国对于外国在华会计师的了解还仅限于皮毛，尚无中国人应聘于外国事务所，不过是简单模仿外国在华会计师业务及事务所组织建设而已。

---

① 原文见魏文享编《民国时期之专业会计师论会计师事业》，第103页。

　　20 世纪 20 年代后大批英美经济学留学生陆续归国，使得英美注册会计师制度思想在中国的传播不论在质量还是数量上都具有显著标志性的一个跳跃。因而从 20 年代开始，中国注册会计师制度思想的主要来源由日本转向了英美。孙大权博士的研究表明：在留美学生中以学习经济学与商业管理专业者特别多。[①] 而在留美生中就有一大批后来成为中国会计界的著名学者，如被西方称为 "中国会计学之父" 的潘序伦，于 1924 年获得哥伦比亚大学商业经济学博士学位后归国，在留学期间得到过美国会计学教授 W. H. Cole 和 R. B. Kester 的指点。安绍芸于 1926 年获得威斯康星大学经济学硕士学位，归国后曾进入大美查账局（即大美会计师事务所）担任查账员三年半之久，对西方注册会计师职业和注册会计师制度有了更近距离的接触。这些欧美经济学留学生归国后，积极向中国翻译和传播英美注册会计师制度，并对中国注册会计师制度的发展提出建议。这一时期介绍英美注册会计师制度的专作大量涌现，一改早期在簿记学著作中附带介绍，影响范围有限的状况。

　　据不完全统计，20 世纪上半期中国出版的著作及出版物内容涉及审计和注册会计师的有 82 种之多[②]，其中著作 71 本，发行会计期刊十多种，公开发表相关论文不下 262 篇。[③] 而在 20 年代前出版的相关著作仅有杨汝梅的《最新商业簿记》1 本，20—40 年代末出版了 70 本。具体情况见表 2.2。

表 2.2　　中国出版的审计著作和会计师出版物统计表（1913—1949）

类别	书刊名	著者	出版单位	初版时间
自撰	最新商业簿记	杨汝梅	不详	1913 年
	新式商业簿记	杨汝梅	北京：著者刊	1922 年
	会计师制度之调查及研究	徐永祚	上海：徐永祚会计师事务所	1923 年

---

① 孙大权：《中国经济学的成长：中国经济学社研究（1923—1953）》，第 7 页。

② 大部分著作都多次再版，如杨汝梅的《新式商业簿记》再版 18 次之多。笔者此处统计未将再版著作数算入，各期刊统计时仅算一版。

③ 笔者根据上海图书馆民国时期期刊篇名数据库整理所得，但该目录中并未收录《会计季刊》（立信同学会出版）、《会计杂志》、《会计季刊》（中国会计学社出版）以及《立信会计月报》四种重要期刊，因此笔者认为这一数据严重低估了民国时期发表的相关论文篇数。

续表

类别	书刊名	著者	出版单位	初版时间
自撰	查账要义	徐广德	上海：商务印书馆	1924 年
	英美会计师事业	徐永祚	上海：徐永祚会计师总事务所	1925 年
	会计浅说	吴宗寿	上海：商务印书馆	1926 年
	会计师法规草案及说明书	徐永祚	上海：银行周报社	1926 年
	上海中华民国会计师公会年报	上海中华民国会计师公会年报编委会	上海：编者刊	1926 年
	京津会计师公会年刊	不详	北京：京津会计师公会	1927 年
	会计师业概况	潘序伦	上海：中华职业教育社	1928 年
	年报	上海中华民国会计师公会年报编委会	上海：上海会计师公会	1928 年
	审计学 ABC	郑行巽	上海 ABC 丛书社	1929 年
	审计学提要	徐永祚	徐永祚会计师事务所	1930 年
	稽核账目研究	杨笃因	上海：世界书局	1930 年
	论审计制度	杨汝梅	军需学校	1930 年
	会计师条例	国民政府公布	南京：工商部	1930 年核准
	上海会计师公会章程	上海会计师公会	上海：编者刊	1930 年核准
	近代各国审计制度	杨汝梅	上海：中华书局	1931 年
	新中华会计及审计	杨汝梅	上海：中华书局	1932 年
	立信会计师事务所概况（5 周年纪念刊）	潘序伦	上海：立信事务所	1932 年
	审计学	吴应图	上海：商务印书馆	1932 年
	律师、会计师办案法式大全	吴之屏、朱凤龚	上海：上海法政学社	1933 年
	会计及审计	钱祖龄	上海：世界书局	1934 年
	会计师公费标准规则		上海：会计师公会（印发）	1934 年修订
	审计学	张忠亮	上海：黎明书局	1935 年
	会计专刊汇编	南京会计师公会编委会	南京：会计师公会	1935 年
	中华民国会计师协会第一届会刊	中华民国会计师协会编	上海：编者刊	1935 年

续表

类别	书刊名	著者	出版单位	初版时间
自撰	上海会计师公会会员名录（8 本）	上海市会计师公会编	上海：编者刊	1935 年 3 月至 1947 年 4 月
	审计学教科书	潘序伦、顾询	上海：商务印书馆	1936 年
	审计学概要	龚树森	南京：正中书局	1936 年
	查账报告书及工作底稿	顾询、钱乃澄	上海：立信书局	1936 年
	浙江省会计师公会会刊	浙江省会计师公会编	杭州：编者刊	1936 年
	上海会计师公会章程	上海会计师公会	上海：编者刊	1936 年核准
	官厅审计	黄凤铨	不详	1937 年
	查账法	钱素君	长沙：商务印书馆	1939 年
	审计实习题	唐文瑞	长沙：商务印书馆	1939 年
	政府审计述要	张汉卿	杭州：中正书局	1939 年
	审计问题	钱乃澄	长沙：商务印书馆	1940 年
	审计学	顾询、唐文瑞	重庆：立信会计图书用品社	1941 年
	政府审计	孟宪侨	西安：大公报西安分馆	1941 年
	政府审计原理	蒋明祺	重庆：立信会计图书用品社	1941 年
	政府审计	曹颂彬	中央训练委员会、内政部	1941 年
	会计与职业	黄文衮	广东曲江：中国计政书局	1942 年
	政府审计实务	蒋明祺	重庆：立信会计图书用品社	1942 年
	政府审计原理与实务	谢柏坚	桂林：建设书店	1942 年
	中国政府审计	陶兀琳	重庆：大时代书局	1942 年
	贵州省会计师公会周年纪念特刊	贵州省会计师公会编辑委员会编	贵阳：贵州省会计师公会	1943 年
	审计学	徐以懋	重庆：中正书局	1943 年
	政府审计大纲	王国鼎	西安：标准出版社	1943 年
	审计实务	王国鼎	陕西省审计处	1946 年
	中国会计学社广东分社成立特刊	中国会计学社广东分社编	广州：大中工业社	1947 年
	审计学	河南省训练团编	编者刊	1947 年
	审计问题解答	钱乃澄	上海：立信会计图书用品社	1948 年

续表

类别	书刊名	著者	出版单位	初版时间
自撰	潘志杰会计师事务所业务章程	潘志杰会计师事务所编	上海：编者刊	不详
	会计师责任问题之研究	徐广德	徐广德会计师事务所	1930 年
	论世界各国审计新制及吾国审计制度	杨汝梅	不详	据内容为1928 年后出版
	审计学	姚志青	不详	据内容为1940 年后出版
	审计学	不详	不详	可能是1947年前后出版
译著	会计监查	韩白秋根据日本会计监查及铁道会计资料编译	北京：银行月刊社	1924 年
	会计师查账之实践	（美）W. B. Reynoldr, F. W. Jhornton 著（袁际唐、邹枋译）	民智书局	1930 年
	最新查账学	（日）三边金藏著（袁愈佺译）	上海：商务印书馆	1935 年
	审计学原理	（美）P. H. Montgomery, W. A. Staub 著，（张惠生、钱素君译）	上海：生活书店	1934 年
	审计学	（美）Tinen 著（何士芳编译）	编者刊	1941 年
	审计学	（美）E. C. Davies 著（归润章编译）	重庆：商务印书馆	1946 年
	会计师查核决算表之原则与程序	美国会计师公会（潘序伦译）	上海：立信会计图书用品社	1949 年
期刊	会计季刊	立信学校同学会	上海：该同学会	1931—1932 年
	会计杂志	徐永祚会计师事务所	上海：该所	1933—1936 年
	立信会计季刊	立信会计师事务所	上海：潘序伦	1933—1951 年
	会计季刊	中国会计学社	南京：正中书局	1935—1937 年
	立信月报	立信会计师事务所，立信专科学校	立信会计师事务所	1936—1947 年
	公信会计月刊	公信会计师事务所	上海：该所	1936—1948 年
	立信会计月报	立信会计重庆事务所	重庆：该所	1941—1943 年
	立信月刊	立信会计事务所，立信专科学校	上海：立信会计图书用品社	1947—1949 年

续表

类别	书刊名	著者	出版单位	初版时间
期刊	诚信月刊	诚信会计师事务所	上海：该所	1948—1949 年
	计学杂志	上海东吴大学法学院	计学杂志社	仅见 1941 年创刊号
	现代会计	中国会计学社上海分社出版委员会	上海：中国会计学社上海分社	1947—1949 年

资料来源：由复旦大学民国电子图书、国家图书馆、上海社会科学院图书馆、上海图书馆、北京大学图书馆、浙江大学图书馆藏资源及《民国时期总书目——经济》汇总。

由上表可知，20 世纪 20 年代后中国翻译出版了大量英美和日本的民间审计资料，其中书籍有 7 本，而散落在各种会计期刊和杂志中的相关翻译资料更是不计其数，1937 年抗战爆发前以徐永祚事务所出版的《会计杂志》和立信事务所出版的《立信会计季刊》为阵地，抗战胜利后以公信事务所出版的《公信会计月刊》为阵地发表了不少介绍英美注册会计师制度最新动态和民间审计理论的文章。尤其是被誉为美国会计、审计行业的领袖蒙哥马利所著的《Auditing principles》于 1934 年被译成中文，足见当时中国注册会计师紧跟审计理论前沿的步伐。书中侧重阐述审计工作事务，如：对查账人员资格的审查，对职业道德的要求以及查账工作的目的、种类，查账手续，工作程序等。及时翻译引进这些原版书籍使中国注册会计师开展审计业务有了理论可循，有力地促进了中国民间审计实务的发展，同时本土会计师依据英美较成熟的制度来反思中国注册会计师制度现状，提出了许多富有见地的意见。

就职业团体的名称来看，上海会计师公会不仅在组织机构上照搬了西方的会计师社团，而且会章也大致照抄于同样来源，上海会计师公会英文名称 the Institute of Charted Accountants of Shanghai，则完全照搬英国会计师团体的名称。①

其次从注册会计师法规来看，徐永祚指出其为国民政府拟定的草案曾参考引用的法规有："英伦及威尔士会计师公会特许状及其细则；美利坚会计师公会章程及细则、业务执行规则、试验委员会规则；美国纽约省公许会计师法；美国密执安省公许会计师法；日本会计士法案；日本会计师

---

① 徐小群：《民国时期的国家与社会：自由职业团体在上海的兴起（1912—1937）》，第八章，第 220 页。

公会章程；新南威尔士公共会计师章程；荷兰会计师公会章程；德国柏林查账员公会章程以及挪威基利斯底安查账员规则"①。

如果说从日本传播来的二手英美注册会计师制度思想和理论直接启发了中国人建立本国注册会计师制度，那么英美注册会计师制度一手资料的及时引进，有力地推动了该制度在中国的发展以及注册会计师职业化思想的成熟，研究注册会计师制度的学者开始增加。因此20世纪20年代后中国学者评论注册会计师制度的著作开始明显增多，一改早期译而不著、著而不述、述而不详的状况。但是我们不禁要问中国没有内生出注册会计师制度思想而需要从西方引进的原因是什么？

三　中国缺乏本土注册会计师制度思想的原因分析

中国的注册会计师职业直到20世纪初由爱国知识分子从国外引进后才得以出现。对此，现存史料可以佐证，如民国学者就指出："古无所谓会计师也，有之自近世始三十年来"②，且当时注册会计师也认为"会计师为中国最近新兴之职业"③；"会计师为吾国一种新事业，既无久长之历史，又无显著之成绩，故一般人未能了解会计师职务与效能"④，其他注册会计师也支持此判断，认为："会计师事业之兴起，在中国还是最近的事，即在欧美各国也不过二三十年来，方比较显著些"⑤。由此可以判断，中国民间审计思想完全导源于国外，但却不能因此断定中国没有审计思想。中国的审计思想在长期的封建中央集权统治下以国家审计思想的形态存在。

（一）中央集权制下的审计思想形态：国家审计思想

中国自秦汉以来一直是封建专制的中央集权制国家，君主为了有效地进行独裁统治，防止大权旁落，较早开始了国家审计。国家审计主要有三方面的目标：第一，为了加强财政监督进行的审计；第二，为了严肃财政法纪，对官员经济上的违法进行审计弹劾；第三，对官吏的经济政绩进行考核。早在春秋战国时期我国就产生了国家审计思想及其实践，并在长期

---

① 徐永祚：《会计师法规草案及说明书》附注，第4—5页。

② 顾宗林：《说会计师》，第31页。

③ 潘序伦：《中国之会计师职业（一）》，《银行周报》1928年12卷9号，第21页。

④ 徐永祚：《中国会计师事业》，第143页。

⑤ 张忠亮：《审计学》，上海黎明书局1937年版，第1页。

的封建统治中不断完善和发展。但历代封建王朝对于财政的管理和监督，重实践轻理论，秦汉以后没有反映会计审计思想的专著问世，是造成国家审计思想相对于国家审计实践来说比较贫乏的重要原因，下文就我国古代的国家审计思想的发展脉络进行简要梳理。

春秋战国时期中国就产生了上计制度，所谓上计制度是中国古代实行的各级政权向中央政权报告各自政绩并接受其考核的制度。战国时期每年进行一次上计，《周礼》中"以岁会考岁成"，就是当时上计制度的反映。《周礼》是一部重要的儒家经典著作，但学界对其是否为西周时真实采用的制度向有争议，而这并不妨碍本书分析其中蕴含着的审计思想。书中记载专门从事财政监督的部门为司会，上至国家的财政出入，"下及郡、都、县、鄙群臣之治，皆逆而钩考之"①。其中体现出许多先进的审计思想，比如审计独立权威性思想，设想审计官员地位应高于掌管财用的官员，这种提高财政监督机关的权力以保证监督工作顺利进行的思想具有审计独立和权威性的意义；而互相牵制思想则设想财政管理体系由四个部门主管互相牵制，分别为财政主管、财政监督、簿书登记、财物出纳。秦朝发展了上计制度，由战国时期的君主受计改为由御史大夫代替皇帝审查各地上报的财政收支、户籍、田地等经济情况的报告，最后将审查结果报告皇帝，由此成为专职官吏审查报告的开端。西汉则形成了以御史中丞执行中央监察任务，以部刺史监察郡国，御史中丞再对部刺史进行监督，初步形成了中央到地方的财政监察体系。

隋朝时都官尚书下设比部，职掌"勾稽文账，周知百司给费之多寡"，是我国最早的独立于财物经管机关的审计监督机关，而比部侍郎就是专门从事国家审计的官员。唐代建立了更加严密的审计制度，不仅设主管审计官员比部郎中和员外郎各 1 人，其下属审计职务有主事 2 人、令史 14 人、书令史 27 人、计史 1 人、掌固 4 人。宋代时专门设置了"审计院"，在我国历史上第一次确立了"审计"一词。审计监督范围由原来监察各级官员扩大到王室财产，即皇帝的私库也要接受审计院检查监督，是我国封建国家审计思想和实践的重要突破。宋朝时执行财政监督是多渠道、多部门的，既有独立执行监督的比部、审计院，也有主管财政工作的

---

① 《周礼·司会》："贾公彦疏"，转引自赵友良《中国古代会计审计史》，立信会计用品出版社 1992 年版，第 410 页。

三司的监督。宋人郑伯谦借议《周礼》阐发了不少有价值的审计思想。尤其是对于审计机关必须处于超然地位的思想的论述非常独到，也是符合现代审计的一个重要原则。他认为这种超然性要体现在：其一，审计机关与财物收发机关独立，才能保持监督的客观公正，即"计天下之财而财不在其手，其钩考为甚公"；其二，审计机关与账簿记录机关也要各自独立，即"司会则惟总其会，司书则惟总其书"。

明朝时没有设置独立的财政监督机构，而是由都察院以及主管财政的户部下设清吏司兼管财政监督。为了防止官吏贪污贮藏财物，开始特别重视仓库财物的审计监督。清朝承袭明制仍由户部的清吏司负责监管，并开始出现官员离任审计思想，即官员调任离职，必须办理移交，交接完毕报主管部门查核或由上级直接派人监交。

明清时期的审计思想主要集中于加强审计、根除贪污舞弊方面，而其中比较突出的有王源反对审计监督层次过多的思想，他指出："今县之上有府与府佐贰，府之上有监司，监司之上有布按，布按之上有督抚。其兵有监司，粮有监司，河有监司，学有监司。粮又有督，河又有督。以数十长官林立督之于上，而佐贰其下者不过二三人，吏治何由善乎？"[①]率先认识到层层的监督是为了肃清吏治，最后反而形成了多一层监督多一层贪污的怪圈，似乎意识到监管层次过多，实际上为官员的"寻租活动"提供了有利条件，同时降低了行政监管效率。但王源并未意识到中央集权的政体是造成审计监管层次增加与吏治腐败两者之间恶性循环的主要根源，"一切有权力的人都容易滥用权力，这是万古不易的一条经验，……要防止滥用权力，就必须以权力约束权力"[②]这样一个真理。

总体来说，我国古代的国家审计思想和实践都是为封建政权服务的，虽然也产生了将皇室私库纳入审计范围的思想和实践，但只是昙花一现。这些执行国家审计的机构都是君主行使财政监督权力的代理人，他必须服从最高统治者，其独立性只是相对于被审对象而言，由此决定了其保持不偏不倚的立场十分有限。

尽管这样，我国国家审计思想及实践在世界同时期仍然是比较先进的，究其原因是我国较早地形成了统一的中央集权制国家，国家的建立既

---

①　王源：《平书》，转引自赵友良《中国古代会计审计史》，第467页。

②　孟德斯鸠：《论法的精神》上册，张雁深译，商务印书馆1961年版，第154页。

提出监督的需要，也为监督的实施提供了保障。中央集权制政体虽造就了比较发达的国家审计思想和实践，但也阻碍了民间审计思想的产生。为了巩固封建政权，统治者长期实行重农抑商政策，压抑了工商业经济的发展，使得民间审计赖以萌芽的两权分离形成受托责任的土壤始终没有出现，因此在中国古代中央集权制下审计思想只能以国家审计形态存在。如果我们将中国长期的封建中央集权制作为缺乏注册会计师制度思想的社会原因，那么其经济原因又是什么？下文将展开分析。

（二）民间审计思想贫乏的经济原因分析

与国家审计相对比，我国民间审计无论在思想上还是实践上均十分落后。因此我们有必要从经济学角度探寻造成这种情况的原因。

首先中国长达几千年的封建集权专制，政府机构十分庞大，为了维护政权、稳定全国的财政税收，统治者长期推行"重农抑商"政策，出现了大量的重农轻工商的思想言论，抑制了会计理论的研究。如韩非的"农本工商末"的经济思想，《盐铁论》中儒家贤良的"工商上通伤农"，"工商盛而本业荒"的观点，成为此后两千年中国的经济教条。尽管有学者认为自宋代以后商人的社会地位有所提高，以致"士与商的界线已不能清楚地划分"[1]，正统的儒家思想对商人的鄙夷态度也有所松动。但本书认为商人地位的改变往往只是纸面上的变化，现实中并未完全颠覆鄙视商人的观念，民间社会的"轻商"观念并未显著减少，反而由于一些舶自西方的学说得以再兴。据冯筱才研究：辛亥革命期间，无政府主义者攻击商人是"无赖黠徒"[2]，革命党人直斥资本家为"大盗"[3]，甚至有学者疾呼"废商"，认为"商贾者也，劫财者也。……商贾劫财以为利，失人道之平"[4]。舶自西方的无政府主义、革命理论与中国传统轻商思想结合起来，

---

① 目前对有宋以来商人社会地位给予较高评价的最有代表性的学者是余英时先生，本论引自其《中国近世宗教伦理与商人精神》一文，刊于余英时《士与中国文化》，上海人民出版社2004年版，第451页。

② 申叔：《无政府主义之平等观》，《天义报》，第4、5、6期，见张枏、王忍之《辛亥革命前十年间时论选集》第2卷，下册，第926页，转引自冯筱才《在商言商：政治变局中的江浙商人》，上海社会科学院出版社2004年版，第41页。

③ 李时曾：《普及革命》，见张枏、王忍之编前引书，第1026—1027页，转引同上。

④ 刘师培：《废兵废财论》，《天义报》1907年6月第2期，见张枏、王忍之编前引书，第904，转引同上。

巩固了轻商思想在清末民初社会公众中的主导地位。直到民国还有人认为："读书人要投笔从戎，丝不失一种为有志之人。如果提笔写账，简直斯文扫地，无论如何铁画银钩，只要加上'账簿体'三个字的评语，立即便不值半文钱。"[①] 由于"重农抑商""耻言货利"等传统经济思想根植于士阶层的意识形态中，使他们不屑从事研究理财记账之事，而商人阶层又缺乏研究记账方法的能力。由此中国民间自古稀缺研究记账、理财、管财的专业人员，有的只是粗通文字，仅凭口传心授记账方法的账房先生。

第二，重农抑商思想造成我国商品经济不发达，企业规模小，记账和查账简单，很难对注册会计师鉴证服务产生需求。注册会计师制度是资本主义发展到一定时期，产生股份公司的企业组织形式后才逐步发展的。随着规模的迅速扩大，公司开始向社会发行股票集资，尤其是大公司的股东成百上千，股权转换频繁，股东不可能亲自参加经营，因而由股东会选任的董事聘请经理从事经营管理。公司的所有权和经营权分离，由此产生了顺应两权分离需要，能够独立审计、验证企业经济活动和财务状况的会计师制度。而直到近代，我国工商企业两权分离程度仍然很低，90% 以上仍是家族企业，对明晰核算营业状况并进行利润分配的需求很低。绝大多数的华商企业不仅不需要注册会计师对其账簿和利润分配情况进行审计，甚至认为"看账如抄家"，极力避免企业账簿和利润分配情况被外部人员知晓，更不需要注册会计师对其社会信用进行认定。而传统社会中特别注重自身信用的金融机构如票号、钱庄虽然两权分离较早，但一方面信守"疑人不用，用人不疑"的用人哲学，抑制了庄家产生聘用第三方监管经营者的需求；另一方面钱庄、票号的信用是通过其强大的行业公会——钱业公会内部认定的，而钱业公会的领导在社会上具有较高声望，其评定会员信用的条件虽苛刻，但确实令社会公众信服，因而对旧式金融机构聘用注册会计师对其进行信用认定的需求产生了很大的挤出效应。

第三，长期的封建教育斥经商、理财为末流，导致民间会计实践十分落后。英美注册会计师制度都发展于企业广泛运用复式会计之后，而近代中国大部分工商企业仍固守着单式记账法，而这种记账体系已不能适应社会化大生产的需要。但直到 1905 年才有蔡锡勇的《连环账谱》出版，第

一次将西方复式簿记引进中国，引起学者注意并开始研究簿记理论，1907年又有谢霖出版《银行簿记学》系统介绍了西方复式簿记在银行业的应用。此外，谢霖还先后于1912年和1917年分别主持了中国银行和交通银行会计制度的改良，更是从山西票号和安徽钱庄中挑选数十人，为其讲授西式簿记，培养出中国第一批掌握西式簿记实务的会计人员。此举不仅促进了复式簿记在中国的传播而且推动了中式簿记的改良，因而为中国注册会计师的出现奠定了基础。

尽管中西方社会经济情况迥异，但中国注册会计师制度思想的演进仍然遵循着以两权分离为前提，以会计理论研究和实践的进步为推动力的规律。20世纪之前的中国不具备注册会计师制度思想产生的前提条件和推动力，因而不会凭空产生这种思想和制度实践。但却不可否认，在注册会计师出现之前中国已经存在着为数不少的记账和内部审计人员，他们与专职审计、会计业务的注册会计师有何区别，下文将展开分析。

（三）簿记家、监察人与注册会计师的区别

20世纪开始，中国的会计教育由传统单一的师徒教育变为多层次的学校教育。那些受系统会计教育，精通实务并受雇于企业的会计人员，被称之为簿记家，而那些粗通簿记原理能够进行记账工作的企业会计人员被称为簿记员。他们的工作都是负责记载企业日常经营活动，并编制财务报表。簿记职业自古就有，在封建社会中簿记人员被称为"账房先生"。对簿记家与注册会计师的区别，20世纪初的学者就有了比较深刻的认识："掌簿记者，但求出入无误，收付相对，账册表件应有尽有。而簿记之能事毕矣，至其收付出入至是否相当，其收入之是否确当则不计也。会计师之专责为审核。"① 由上可知，二者各负其责，即簿记人员是处于企业内部，负责记账和编制财务报表的人员，而注册会计师是对簿记人员编制的财务报表进行审计并对其公允及合法性给予证明的外部审计人员。

当时存在着一种错误的观点认为注册会计师与企业内会计专家没有区别，会计专家做出的账表一定是确当的，因此聘用注册会计师对账表进行审计完全没有必要。针对这种看法，当时学者进行了深入的分析："簿记之职，在能求试准表（试算平衡表）与各簿册相吻合。至簿记所载之是

---

① 顾宗林：《说会计师》，第31—32页。

否确当，平准表（资产负债表）之是否真实，司簿记者每不置意。"① 即企业的会计专家负责记载会计事项，并编制试算平衡表，检验是否平衡，而对于会计事项是否公允地表达了企业财务状况并不是其职责。而注册会计师职责"在研究司簿记者所造置平准表是否表示实在情形，并详查各种簿籍之所载，是否一一合法"，即注册会计师的职责在于鉴证审计财务报表的真实性、合法性和公允性。当时学者也敏锐地注意到当时注册会计师业务并不局限于审计，有时也替企业编制资产负债表和利润表，但他认为这并不是注册会计师的本职，其本职应是审计。

应该说民国学者的上述认识是十分准确的，在会计理论和实务比较发达的社会，两者业务是不存在交叉的，但在清末民初的中国企业中，如何运用复式记账法全面反映经营事项，对于大多数企业来说都是一件不易办到的事情，处于如此环境下的中国注册会计师，其业务常常与簿记家的工作重合。而造成这两者重合的根本原因在于，我国会计理论研究和会计教育落后，导致会计知识不普及，会计人才十分短缺。

而监察人是日本《公司法》中规定股份公司必须设立的执行内部审计的职位，这一职位主要对报送股东会之前的财务报表和账册进行审计。北洋政府学习日本于1914年颁布的《公司条例》中也规定股份有限公司必须设立监察人，其中第166条至177条对监察人的选任、任期、职责、权利等各方面进行了详细的规定。其具体内容将在本书第四章第二节中进行论述，此处着重对比监察人和注册会计师的区别。《公司条例》第171条规定监察人的职责是：复核董事造送股东会之各种簿册并报告其意见于股东会。从其职责来看，监察人同注册会计师一样也负责企业财务报表的审计，但两者的区别在于：从独立性来看，监察人处于企业内部，地位不独立，容易受到来自企业内部各个方面的压力，很难保障得出公允的结论；而注册会计师处于企业外部，地位相对独立，其行为不仅受法律限制而且受行业公会的监督，因此相对监察人能够得出公正的结论。从审计主体来看，监察人执行的是企业内部审计，而注册会计师执行的是企业外部的民间审计。而这是两种目的不同的审计，其中内部审计是为了满足企业自察，加强经营管理；而民间审计则主要为了解决企业财务信息对外部投资者不对称问题，因而需要处于独立地位的注册会计师，对企业财务报表

---

① 顾宗林：《说会计师》，第31—32页，括号内的注解由笔者所加。

的真实性给予证明，以此维护市场秩序、保护公共利益。从审计性质来看，监察人是企业内部授权的监督人员，因此只对其企业负责；而注册会计师是以第三者身份提供的监督和鉴证活动，要对其委托人和社会公众负责。

由于监察人是北洋政府强制股份有限公司设立的，且企业也没有意识到其重要性，因此担任监察人职务的股东普遍缺乏会计知识及查账经验，并不能起到预期的效果，大多数监察人所做的仅是"于年终造报，签明'核对无讹'字样，照例奉行"①。监察人制度的无效②引起了社会各界热烈的讨论，其中注册会计师们的主要观点是以注册会计师代替公司内部监察人执行审计。理论上说，注册会计师执行的外部审计并不能完全代替内部审计，这是因为内部审计人员对企业的了解较会计师深入，比较熟悉各项业务流程，因而能够提出更加切实可行的审计建议，帮助企业加强内部控制以防范或降低经营风险。但是内部审计发挥作用的前提是内审人员具有相关会计、审计理论及查账经验，而这些都是近代中国公司监察人所不具备的专业素质。因而注册会计师要求以外部审计代替内部审计的思想是有合理性和说服力的。

注册会计师是独立于企业之外主要提供专业审计服务的人员，他们受委托人委托，独立、客观、公正地对企业经济业务进行审计并评价和证明会计信息的真实性、合法性，为其出具报告的真实性负责。注册会计师与簿记家、监察人的最大区别在于，前者具有后两者不具备的独立性。注册会计师与簿记家的区别在于簿记家负责记载账务、编制财务报表，而注册会计师对前者编制出的财务报表进行审计。注册会计师与监察人的区别在

---

① 张家镇等：《中国商事习惯与商事立法理由书》，中国政法大学出版社 2003 年版，第 344 页，转引自高新伟《近代公司监察人的职能及评析》，《石家庄经济学院学报》2006 年第 4 期，第 532 页。

② 关于监察人制度的施行状况，感谢杜恂诚教授提出的宝贵建议。本书认为就目前搜集到的资料来看监察人制度低效是一个普遍现象，不是注册会计师有意取代股东成为监察人因而带有利益倾向地加以贬低。如南洋兄弟烟草公司的监察人李煜堂在召开股东大会时每次提案总是围绕着"和议"与要求提高总经理或董事长的待遇展开，完全不能起到制衡和监督管理阶层的作用；同时就当时撰文评论监察人制度的韩白秋和裕孙，两者都不是会计师，但一致认为当时公司的监察人起不到应有的作用。见韩白秋《改善监察制度之我见》，《银行月刊》1926 年第 6 卷 3 号，第 1—5 页；裕孙《监察人制度之改善》，《银行周报》1922 年第 6 卷 3、4 号，第 8—11 页、第 2—3 页，具体分析见第四章第二节。

审计主体，前者来源于企业外部属于民间审计范畴，而后者来自企业内部属于内部审计范畴。

一般来说，三者各负其责，业务范围不相交叉。但是在 20 世纪初的中国工商企业十分缺乏精通复式会计的人才而对审计业务需求不多，在这种两难境地中，中国注册会计师为了扩大生存空间，常常会代替后两者执行记账和内审业务。这种情形有力地证明了很大一部分记账人员尚不掌握完整记录经营事项的能力，更不具备注册会计师职业所需的基本查账技能和会计理论知识，他们中没有蜕变为注册会计师职业的可能。监察人制度由国家强制执行，产生较注册会计师制度早，但是当时监察人普遍执业状况"实际上几无不成为一闲散无能之机关，对于公司账目，不过虚签一字，即为尽其职责之证据"①，更有人指出："我国之监察人虽在法律上赋予独立之地位及充分之权能，依然滥竽充数而已，董事之附庸而已，可概也"②。从上述对监察人的评价来看，不具备审计能力的监察人比比皆是，因而在其中自然也不会产生中国的注册会计师。由此形成了中国注册会计师职业不能够由传统社会中从事会计、审计的职业中内生出，只能靠爱国知识分子从发达国家引进注册会计师制度思想和会计理论后外生出的局面。

第二节　最早提出建立注册会计师制度思想的评析

19 世纪末，英美等国的注册会计师制度均已比较成熟，注册会计师不仅执业于本国，而且随着各口岸的通商而涌入中国。最初外国会计师仅服务于外商经营的企业，后来中国企业遇到向租界会审公廨请求破产、清理资产或因账目纠葛等经济争执而涉及诉讼时，由公廨指定外国会计师仲裁的情况下华商利益常常无从保障，因此受过西式会计学教育的知识分子鉴于此种情况，萌发了建立本土会计师制度的思想。

一　英美日注册会计师制度思想的引进

（一）对注册会计师职业的初步认识

在中国引进注册会计师制度思想，首先要解决的问题是向公众宣传会

---

① 潘序伦：《修正公司条例草案（六）》，《银行周报》1928 年 12 卷 22 号，第 28 页。

② 裕孙：《监察人制度之改善（上）》，《银行周报》1922 年 6 卷 3 号，第 9 页。

计师是什么？他们能够做什么？

1913 年①杨汝梅（予戒）出版了《最新商业簿记》一书，在附录中以"会计士"（professional accountants）为名介绍了当时英美注册会计师制度。全文共分为六节。

第一节绪论部分介绍了会计师出现的原因及会计师的定义。杨汝梅指出：

> 事业之宏大，莫如今日，破败之危险，亦莫如今日。而其未破败前之监督，既破败后之检查，非有专门的学识经验，莫胜其任。于是会计事务内，别生一种人，名曰会计师②。在英国称曰允许会计师 Chartered Accountant，在美国称曰允许公认会计师 Certified Public Accountant。恰如医生、律师之职业。受个人商店或公司之请托，代为查账而予以证明。以坚世人之信用。此制度早已实行于欧美。③

这段话中体现出中国知识分子对注册会计师职业的最初认识，第一，杨汝梅强调了在企业组织规模复杂、市场信息瞬息万变情况下注册会计师的作用，即进行事中和事后审计。第二，他清楚地认识到必须同时具备专门学识和经验才能胜任，为 5 年之后中国颁布的注册会计师资格奠定了基调。第三，准确定位了注册会计师职业是一种自由职业，而不是受雇于政府和私人企业的会计人员。第四，对会计师业务性质的把握也十分准确，是经委托，对企业账簿的真实性给予证明，以坚社会信用。杨汝梅的介绍非常简单，但对于注册会计师职业特性、资格以及主要业务把握得比较

----

① 关于杨汝梅《最新商业簿记》一书现在已无从可考，笔者查询了国家图书馆、上海图书馆、上海社会科学院图书馆、复旦大学民国图书等多家大型图书馆数据库均没有该书的复本。而徐永祚在 1918 年发表《论会计师》时曾注释："本论大半取材于杨汝梅先生所著之商业簿记附录，此书流行极少，坊间已无从购买"，杨汝梅在其 1922 年出版的著作《新式商业簿记》序中也说《最新商业簿记》出版时十分畅销，虽再版 6 次，仍不能满足需要，因此以原书为基础参酌最新学理，以《新式商业簿记》命名出版。笔者在论述杨最早引入会计概念时大部分采用《新式商业簿记》与徐永祚《说会计师》对比的方法剥离杨汝梅的思想。成书年代笔者采用了《民国时期总书目》（经济卷）下册第 889 页中的记载。

② 此处是杨氏 1922 年出版的《新式商业簿记》中的引文，1913 年出版的《最新商业簿记》中估计以会计士代替会计师。

③ 杨汝梅：《新式商业簿记》，中华书局 1922 年版，第 239—240 页。

准确。

在该书附录第三章中他比较全面地介绍了注册会计师的业务，这是因为如果仅局限于审计业务的介绍，在有着根深蒂固观念认为"看账如抄家"的中国社会中，十分不利于注册会计师制度的顺利推行。他将注册会计师业务归纳为三大类，即组织、登记、检查。指出注册会计师承办创设组织业务时就是企业家的会计顾问，可以帮助企业家在开办企业前"规划账簿组织、整理会计、编制贷借对照表、营业报告利益分配案及其他会计上必要之各表册"[1]；在企业营业时帮助"损益计算及填补有价物之减价计算，大工厂之制成品原价计算等事"[2]。注册会计师的创设业务中不仅包括为企业规划记账体系，各种财务报表的格式，还包括损益计算，资产折旧计算和成本计算等。在今天来看上述业务都是企业会计人员的职责范围，但在 20 世纪初即使在英美两国复式记账理论、成本计算理论也并未完全普及，因此"皆须就正于会计师始能有条不紊"[3]。

在制造业竞争非常激烈的环境下成本计算就显得尤其重要，注册会计师能够判断工厂"原料买入方法之巧拙，职工使用方法之得失，工资之高低，贩卖方法之优劣"，根据"制造品各个原价，精为计算之。此计算明确，然后直接间接之原价，皆足供我后此改良经营之参考。名此计算法曰原价计算法。"[4] 杨汝梅提到的"原价计算法"就是成本计算，他认为注册会计师不仅精于计算产成品成本，而且能够分析其成本构成是否合理并提出建议以备实业家参考。他还指出美国注册会计师较多承办成本计算业务，间接地向中国民族实业家宣传成本计算的好处，促使中国制造业产生对于该项业务的需求，有助于注册会计师职业在中国的发展。

注册会计师另一类重要的业务是审计，也就是杨汝梅所说的"检查"。他认为："（会计师）查账不独能防遏管理者之不正行为，与保护投资者之利益，及确保企业者之信用也。且能鉴既往之得失，以定将来之方针。"[5] 即注册会计师的作用不仅在于帮助企业树立对外信用而且能够充当企业会计顾问，帮助制订财务计划。他对于注册会计师作用的把握在当

---

① 杨汝梅：《新式商业簿记》，第 246 页。

② 同上。

③ 同上。

④ 同上。

⑤ 同上。

时是比较全面的，有利于社会各界正确、全面了解注册会计师制度带来的好处，更有利于接受注册会计师提供的查账服务。虽然能够带来上述好处，但是他认为还需具备两个条件："其一须精通会计事务，其二居独立之地位，不为事业家所左右。而兼此二资格者唯公许会计师。"① 因此，杨汝梅对注册会计师职业应具备的条件考虑十分周全，他认为如果注册会计师被企业主或其管理人员所左右，那么就不能发表公正的审计结论，更不能发挥原有作用。这点是 5 年之后谢霖提出《暂行章程》时所完全忽略的地方，更是比 20 世纪 30 年代中国注册会计师界仍热烈讨论是否应该禁止兼职先进许多的思想，早在中国注册会计师制度建立前，学者杨汝梅就已经对这个问题给出了明确的答案。

　　然而，当时中国工商企业还没有足够的发展，因此杨汝梅对于英美注册会计师查账制度的介绍可谓曲高和寡，既没有引起政府和学术界的注意，更没有学者和政府参与讨论。究其原因，一是虽然《最新商业簿记》从 1913 年到 1918 年间再版 6 次，估计当时发行量很少，所以影响面有限。二是当时中国会计学界的热点是学习西式簿记理论，且注册会计师制度是作为该书的附录出版，所以并未引起学者和政府的广泛关注。三是，中国自古没有与之相对应的概念和职业，因此当时中国人还不具备理解和吸收注册会计师制度思想的条件。

　　直到 1918 年 6 月谢霖向北洋政府呈文时，才引起了学界和政府的一些关注，但是参与讨论的学者仍然为数甚少。1918 年 8 月 13 日和 20 日《银行周报》分两期连载了徐永祚《论会计师》一文，该文在此时发表既是为谢霖的举动助威，也是向公众再次宣传 5 年前就被杨汝梅提出但一直被忽略的注册会计师制度。

　　徐永祚在该文前言中说："本论大半取材于杨汝梅先生所著之商业簿记附录"，对比徐氏文章和杨氏著作可以发现除第五部分略有不同外，其余章节完全转录，徐永祚此时对注册会计师职业的认识并未超过杨汝梅。如果说杨汝梅对于英美会计师制度思想在中国的传播起了一个"二传手"的作用，那么徐永祚《论会计师》的发表只能算是"三传手"，其作用仅仅是将过去未引起注意的注册会计师制度从故纸堆中翻出再次介绍以声援谢霖，并期望引起社会各界的重视。虽然我们不应给徐永祚建立注册会计

---

① 杨汝梅：《新式商业簿记》，第 246 页。

师制度思想给予很高的评价，但并不能抹杀之后他对于推动中国注册会计师制度的发展做出的巨大贡献。公允地评价徐永祚《论会计师》在《银行周报》上的发表，可以说他利用了当时担任该报主编的便利，以国内唯一一份经济类杂志为媒介宣传注册会计师制度，而该报很受金融业、工商企业界、政府机关和经济学界的推崇，因此其影响范围之广是不言而喻的。

但《会计师暂行章程》颁布3年后，社会上对注册会计师职业仍然不甚了解，因此学者顾宗林于1921年向《银行周报》投稿，目的是再次向国人宣传注册会计师职业。他对英美注册会计师称号的见解是："按英美之公家查账员曰C.A.，美国之公家查账员曰C.P.A.，类皆经严厉之考试，得政府之注册，工商界之重视有加"①，可以看出顾宗林对于注册会计师职业的认识仍然不准确，他没有认识到英美注册会计师并不是代表国家利益的"公家查账员"，而是代表公共利益的"公共查账员"，他有这样的认识有以下原因：第一，由于国人在倡导注册会计师制度的建立时过多依靠政府并在国有企业中推行法定审计，因此对于西方注册会计师制度不甚了解的学者就误以为注册会计师代表国家执行审计业务。第二，由于一直以来我国国家审计较发达，而民间审计直到20世纪初才开始起步，因此顾宗林此时还没有将两者完全区别开来。第三，由于我国注册会计师职业兼职问题比较严重。当时著名会计师在执业同时还担任政府官员，如潘序伦于1927年开始执业，曾于1931年任国民政府主计处会计局副局长，1946—1947年担任经济部常务次长；徐永祚于1921年开始执业，也先后在工商部、工商法规委员会、审计院设计委员会、上海市参议会等处担任委员或重要职务；奚玉书也在执业同时担任上海公共租界工部局纳税华人会委员及国民政府立法委员。著名会计师常常具有政府官员身份，因此不明就里的人常常不能区别他们究竟是代表国家还是公众。

直到1923年徐永祚出版了《会计师制度之调查及研究》，其标志着中国知识分子对英美注册会计师职业有了比较深入和正确的认识，因而能够正确地解释会计师职业的特点，他说：

　　会计师在英国称曰 Chartered Accountant 译曰特许会计师，在美国

---

① 顾宗林：《说会计师》，第31页。

称曰 Certified Public Accountant 译曰注册公共会计师。充其任者，自应备具会计上之知识技能与经验且须有商业经济法律等学之素养。英美各国……凡欲充任会计师者。必须经过严格之考试与一定期限之实习，方能取得政府或其他机关之许可。此特许（Certified）与注册（Chartered）之名所由来也，其业务之性质，表面上虽似商家所雇佣之高级会计员，但其所处之地位大不相同。不专为特定之个人、商店或公司所雇用。乃系接受社会公共之委托，处于独立的地位，不为外界所拘束，虽亦属收受报酬而供给劳力者，但能本其自己之见解，以公平之态度，自由行使其职权，此公共（public）之名所由来也。①

徐永祚此时对会计师职业的认识较杨汝梅深入，较顾宗林正确。他已经能够清楚地解释英美注册会计师分别称为"特许会计师"与"注册公共会计师"的原因，并在杨汝梅的基础上强调了会计师职业的公共性。他认为正是会计师具有的公共性才能够保障其执业时以公平的态度、独立的身份自由地行使职权。他对会计师公共性的解释彻底明确了会计师是一种接受委托的自由职业而不是政府委派的查账员；还以此区分了会计师与企业会计人员，即会计师业务性质是一种受托性质而不是企业会计人员的雇佣性质。徐永祚此时已经摆脱了早期转录他人著作不能发表自己观点的状态。可以说他对英美注册会计师职业的解释代表了当时最完整和清楚的认识。

而对于注册会计师业务，徐永祚在杨汝梅的基础上增加了"会计之管理"，他认为注册会计师代办会计整理及记账事务、公司破产时清算事务、保管财产、执行遗嘱、财产估价、鉴定会计争议等都应归于会计管理事务中。此外他还对英美注册会计师的业务范围进行了详细列举。他的详细介绍不仅让中国人对于注册会计师能够办理的业务有了更加具体和全面的认识，而且为日后中国注册会计师扩大业务范围找到了实践依据。

（二）注册会计师考试制度思想

杨汝梅在其《新式商业簿记》第四节中以"会计师之养成"为题介绍了英美注册会计师考试制度思想。他指出："会计师之责任重大，故养成其资格，颇非易事。在美国则通过公定考试者，始有会计师资格。而英

---

① 徐永祚：《会计师制度之调查及研究》，第 2 页。

国公许会计师，须为公许会计师协会之会员。欲为协会会员，则须通过一定考试。"[1] 经过比较杨汝梅认为英格兰及威尔士的特许会计师协会的考试制度最完备，因此他进行了非常详细的介绍。

该协会的考试分为三期，分别是预备考试、中间考试、最终考试。申请人通过预备考试后可以担任学习会计员（Articled clerk），大学毕业者可以免试。预备考试又分为必试和选试科目，其中必试科目为：默写及作文、数学、代数（至二次方程止）、几何、美国历史地理、拉丁语初步。选试科目为：拉丁语、古代希腊语、法语、德语、意大利语、西班牙语、高等数学、物理、化学、生理学、电气及磁气学、光学及热学、地质学、速记术等，应试者需在选试科目中任选两门提交论文，但其中一门必须为语言科目。

预备考试及格后在会计师事务所担任学习会计员两年半，而大学毕业生须 1 年半才可申请中间考试。中间考试科目为：簿记及会计；会计检查泛论；清算人、信托人、管财人的权利与义务。中间考试合格后还要在事务所再工作 2 年才能够进行最终考试，考试科目除包括与中间考试相同但程度更高的三科目外，还包括：破产法及股份公司法原理；商法、仲裁及裁判法原理。而美国会计师考试仅包括会计学、会计事务、会计检查及商法。

杨汝梅指出英美两国注册会计师考试制度略有差异的原因在于两国注册会计师基础教育环境不同。美国会计师基础教育在专业学校中完成，因此其资格考试以实务经验为主，而英国则在事务所中采用学习会计员制度以完成职业基础教育。但他指出这一制度在美国并不适用，因为美国学校中培养出的会计毕业生不难在其他企事业中谋到待遇丰厚的职位，因此"无人肯空送若许年月，耗费若许金钱而为此学习会计之事也"。

虽然两国会计师考试制度有些许不同，但他认为："英美两国会计师之程度虽有高低，然必有专门之学识及经验，始与以会计师之资格。"[2] 此外还包括各种培养注册会计师的形式，比如会计师协会设夜馆以教授会计学理论；举办会计专家演讲会以讨论疑义；举办有奖征文活动以奖励会计学研究；在协会建立藏书楼搜集各国书籍供参考。从杨汝梅如此详细地

---

① 杨汝梅：《新式商业簿记》，第 248 页。
② 同上，第 249 页。

介绍英美注册会计师考试制度中，可以看出他十分倾慕这种严密的选拔方式，对于英美多种培育注册会计师的方式以及浓厚的学术氛围也十分赞赏。因此他一方面希望国人早日了解西方先进的注册会计师制度，另一方面也希望借此机会激发国人早日建立注册会计师制度的决心。

他对注册会计师考试制度思想的介绍虽然没有立刻产生社会影响，但是这一制度思想却被徐永祚所汲取，作为其日后积极要求以考试代替审查制度选拔注册会计师的思想来源，从《论会计师》一文中可以看出徐氏与杨汝梅一样倾慕英格兰及威尔士会计师协会的考试制度，因此进行了非常详细的转录。而徐永祚在其1925年出版的《英美会计师事业》中对于考试制度给予了更加详细的介绍，同时还全文翻译了英格兰及威尔士特许会计师协会细则。只是徐永祚并未对该制度有任何的评价，停留在"述而不作"的阶段。

通过科举考试选拔政府官员的思想和实践均起源于中国，但科举选试的科目都是儒家经典教义，禁锢了知识分子的思想，清末的爱国知识分子意识到科举选试的弊端，因此矫枉过正地于1905年废除了科举考试制度。我们认为科举考试制度通过考试选拔合格人选的思想是十分科学和先进的，只是其考试的内容千年不变，最终成为禁锢思想的桎梏。而西方吸收借鉴了中国考试选拔思想并将其应用到各个领域，注册会计师资格考试制度就是其中之一。因此这种考试制度对于中国知识分子来说既陌生又熟悉，熟悉的是考试形式，陌生的是其选拔的并非政府官员而是一种为儒家经典中不齿的专事理财作账的自由职业人员，并且其考试内容是会计理财之事而非儒家经典。注册会计师考试制度思想经由杨汝梅率先引进中国，再经徐永祚的转录，明确地向社会传递的一个信息是：注册会计师是一种专门职业，与传统社会中的账房先生有显著不同，只有兼具学识和经验的人才能够胜任。这为尚未建立的中国注册会计师法规奠定了基调，即选拔注册会计师最好以英美为范本实行考试选拔制度，退而求其次也要学识和经验并存。这点在1918年北洋政府颁布的《会计师暂行章程》中得到印证，其规定两者并存才能得到执业资格。

（三）注册会计师职业道德思想

最早提及该思想的人仍然是杨汝梅，虽然他并未使用职业道德思想而是以"会计师之限制"来概括他阐述的内容。

为什么要对注册会计师行为进行限制？杨汝梅通过分析注册会计师对

于经济社会的巨大利害关系进行论证的，因为"财界之秩序与事业家之信用，均得为会计师所左右。倘乏严密之制限，其贻害将不可胜言"，在杨汝梅看来注册会计师不仅肩负着维持经济秩序的重任而且保障着社会对于实业家的信用，维护投资者的利益，因此肩负如此重任的人一旦自身违规，那结果将不堪设想，所以要建立严密的制度以限制其行为。

如何限制？"方法有二，一为资格上之制限，二为行为上之制限。其第一制限，详前养成会计师方法中，第二制限有两主义。（甲）课以财产的刑罚。（乙）禁止其营业。彼英格兰及威尔士协会采（乙）主义，即违背该会章程者或除名或于两年以内停止会员之资格是也。然而制限方法随业务之扩充而逐渐严密。"①

杨汝梅十分简略地介绍了英格兰及威尔士会计师协会采用的禁止违规会员营业的会章，他指出随着注册会计师业务的扩展，其对于经济社会的影响就越大，因此对其行为的限制也会越多。

但他并没有详细地介绍英美注册会计师的职业道德条款，究其可能原因，一是中国尚无本国人执业，因此没有限制的对象。第二，英美会计师业务范围已深入其经济社会，其职业道德思想已较成熟，协会会章中的职业道德规定以及对违规的处理程序相当烦琐，而这些在尚未建立注册会计师制度的中国进行介绍都为时尚早。因此他对会计师职业道德的介绍相较会计师业务和考试制度的介绍显得十分简略。

由于杨汝梅简单介绍英美职业道德思想，徐永祚在转录时也未生发议论，因此不能肯定杨氏的介绍是否对谢霖建立注册会计师制度思想有影响，后者向政府呈文中并未附有职业道德规范，但之后谢霖应北洋政府之托，代为制定暂行章程时加入了两条十分简略的职业道德规定。

从中国注册会计师制度建立前这一制度思想的引进情况来看，其素材大部分来源于日本学者对英美两国注册会计师制度的研究，因此我国学者基本是起了二传手甚至是三传手的作用。他们将英美的制度奉为完美的范本，较多地进行介绍和转录而很少生发评论。且研究人数十分有限，内容也不够深入具体，不得不说前期对英美注册会计师制度思想研究的薄弱，也是日后中国注册会计师制度建设举步维艰的原因之一。而英美注册会计师制度在20世纪初也不过是刚刚摆脱了萌芽状态，中国学者较早引进了

---

① 杨汝梅：《新式商业簿记》，第250页。

这一先进的制度思想，并努力地与中国实际情况相结合，形成适合中国国情的注册会计师制度思想。

二　英美日注册会计师制度思想的中国化

（一）注册会计师职业名称的中国化

20世纪初上半期，英国注册会计师被称为"特许会计师"或"公许会计师"，美国注册会计师被称为"注册公共会计师"，而日本注册会计师被称为"计理士"或"会计士"，而他们的中国同行则自称为"会计师"。

这是因为一开始谢霖就注意到在西方注册会计师创业之初，社会上少数人曾一度视注册会计师为不祥之物，误以为非破产清算、审理经济案件，决不聘用注册会计师。而当时西方注册会计师已经在华执业，而他们确实只在破产清算和审理经济案件时与华商才有交集。因此谢霖吸取了经验，仿照日本同行的名称"会计士"，确定"会计师"为我国的职业名称。

谢霖以"会计师"命名中国注册会计师：一是，当时中国并没有与之相混淆的概念存在，企业内部的会计人员被称为账房先生或是簿记员（家），内部审计人员被称为监察人，而政府的审计官员被称为主计员，因而没有必要仿照英美两国在会计师前冠以"注册"二字，以区分执行公共业务的会计师与从事一般企业会计工作的会计师。二是，以"师"自称，不仅表明中国注册会计师勇于承担"传道、授业、解惑"，解决会计实务和理论落后的重任，而且也恰如其分地概括了他们的特点。中国自古"士"阶层不耻为理财之事，因而从事会计工作的人只是略通文字的半文盲而已。清末民初，一改以往知识分子不耻理财作账之事的风气，新式知识分子如饥似渴地吸收现代会计理论并根据中国实践加以改造。在这种社会背景下，中国会计师确实是一群掌握最多现代会计理论知识和实践经验的社会精英，因此不愧以"师"即专家自称。他们不仅引进和宣传西方会计理论，举办各种类型的新式会计教育，并为企业遇到的会计难题出谋划策，形成了事务所—会计学校—出版会计刊物的"三位一体"的会计师事务所发展模式。三是，谢霖认识到会计师与律师和医师一样都是以智力资源获取报酬的自由职业者，因而可以仿照其他自由职业的名称以"会计师"自称。

虽然谢霖在呈文中比较全面地展示注册会计师的业务范围，小心翼翼地避开不利因素，以期社会各界人士在一开始就对该职业有一个明确的认识，为业务的开展和制度的建立打下良好开端。但从此后发展来看，谢霖的一番良苦用心并没有成功，民国会计师徐永祚就曾感慨社会上一般人对会计师业务有误解，视会计师为不祥之物。一次宴会上，徐永祚与某银行家多交谈了几句，隔日该银行竟发生了挤兑风潮，原因是当时的会计师业务多以破产清算为唯一委托事务。① 会计师在中国的业务范围如此狭窄，与特定历史环境相关。20 世纪初民族资产阶级所办多是家族企业，因其所有权和经营权分离程度很低，对会计师审计业务的需求较少，至于聘请会计师为企业改进会计制度出谋划策，则是 20 世纪 30 年代才渐有新式企业开始尝试。

虽然中国注册会计师以"会计师"自称，但他们将其英文名称翻译为"chartered accountants"，这不仅是借鉴英国同行的名称，更是传达出中国会计师有和外国会计师一样的执业自信。但这种译法引起了英国驻北京公使的不满，1925 年 4 月，其向北洋政府递交了一份照会，声称中国会计师使用"chartered accountants"来翻译"会计师"很不适当，会引起混淆，因为英国的会计师被称为"chartered accountants"是有严格标准的，要求中方予以纠正，由此引发了一场上海会计师公会保卫中国会计师英译名称的辩论。

上海公会认为：第一，中国会计师是由中国政府根据既定的资格授予执照的，其资格大致上相当于英国注册会计师的资格。因而"chartered accountants"最恰当地翻译了中文"会计师"，否则，为什么在华的英国同行也用中文"会计师"自称？第二，用"chartered accountants"指代政府授予执照的中国会计师已经成为习惯，其他称号如"public accountants"或者"registered accountants"都没有同样的含义；此外，如果使用美国会计师的"certified public accountants"，美国政府又可能会像英国政府一样提出抗议。第三，"chartered accountants"一词并不是英格兰和威尔士注册会计师协会专用，加拿大和法国的会计师团体也使用该词。为什么英国人只干涉中国人使用这个词？第四，即使英国人可以禁止他人使用这个

---

① 张连起：《远远近近话方位》，《中国注册会计师》2002 年第 12 期，第 58 页。

词，该项法律也只适用于英国，在中国并不生效。①

从以上言论中我们可以看出，中国会计师已经萌生了职业化思想，他们学习英美的会计师职业团体，开始致力于维护会员的特定称谓。从第一条理由不难看出中国学者将西方"注册会计师"中国化为"会计师"不仅运用成功，并且同化了在华外国注册会计师。中国会计师十分自豪于他们是中央政府颁布法规限定其资格并授予执照，其社会地位受政府的承认和保护，而这至少是英国一部分公会的注册会计师争取却没有达到的。虽然当时在国内刊物上中国学者一向以英美为榜样敦促完善职业资格，但面对竞争对手的责难，他们的回答明确表明中国会计师与英美同行不仅资格相仿，而且在执业时毫不逊色。第三条理由则一针见血地指出英国干涉中国会计师英译名称的用意。在主权沦丧、积贫积弱的国家中还有这样一群敢于坚持自己的原则，对自己正当权力据以力争的人，体现出中国会计师的铮铮风骨。第四条理由表达了中国会计师的爱国情怀，在主权沦丧的年代，帝国主义任意干涉中国经济和政治事务的环境中，中国会计师既有逻辑又有技巧地驳斥了英国人，维护了中国的主权和法规的尊严。可以看出，在特殊年代诞生的中国会计师职业化思想中还夹杂着浓厚的爱国主义思想。当然我们也不可否认在1926年4月上海会计师公会有所妥协地将职业名称前加了限定，变为"Chinese Chartered Accountants"（简称 CCA）以示区别。

（二）政府主导建立注册会计师制度思想

在民族主义情绪的感召下，谢霖向政府呈文并附酌拟章程三条，建议设立中国自己的注册会计师制度，所附章程如下：

> 第一条应个人或官署公司、银行、商号之委托，办理左列各项事务，负相当之责任。
>
> 一、检查账目，并出证明书；
>
> 二、清算账目，并制报告书；
>
> 三、规定会计规程，及账簿之组织；
>
> 四、编制统计报告；
>
> 五、答复关于会计之咨询。

---

① 《上海会计师公会年报》，1926年，上海档案馆藏会计师公会资料，档号：Y4-1-335。

第二条凡以前条各事委托办理者，应由委托者先将大概情形告之，再行酌定愿意承办与否。

第三条委托之事务，既经决定愿意承办，应与委托者协定期限酬金，以及其他各条款。①

上述章程第一条明确规定了注册会计师的受托性质和业务范围。所谓受托性质，即注册会计师只有接受委托才能办理相应业务并承担责任。指出注册会计师办理的五项基本业务，即审计业务、清算业务、规划和整理企业会计制度、会计咨询业务；第二条大致规定了承接业务的程序；第三条则明确了注册会计师服务收费由市场供求决定。由于章程内容十分简略所以有很多疏漏，比如只规定了注册会计师在办理业务时需承担责任，但只是一句"相当之责任"一笔带过，并没有规定具体承担何种责任；其他关于会计师选任程序、应备资历条件、行业监管部门、违规惩罚措施均未提及。

谢霖呈文后，政府反应十分迅速，同月农商部和财政部就分别批示准许其成立会计师事务所，农商部于6月24日批复："该具呈人拟设会计师事务所，承办此项业务实属可行，应准立案。"② 财政部于6月28日批复："呈暨章程均悉，该具呈人拟创设会计师事务所，承办计算事务，便利商民，自属可行，详核所拟章程，大致尚妥，应暂准予立案，将来订有专章，仍应遵照，章程存，此批。"③ 从批文中对会计师业务定为"承办计算事业"可知政府对该行业了解甚少，之后政府特派人求教于谢霖，谢霖除对相关内容进行解释外，又拟定了《会计师暂行章程》10条呈农商部。这10条章程比前呈文中3条章程有了很大改进，代表了当时受过西方会计理论熏陶的中国知识分子对注册会计师这项制度最全面的认识，同时也体现了该制度的"中国特色"。章程不仅规定了申请会计师必须具备的资历、申请程序、职业道德，还规定了会计师违规应受的惩罚（具体内容将在第三章第二节中详细研究）。谢氏获得政府批准并领取到会计师证

---

① 谢霖：《中国之会计师制度》，第三节，转引自方宝璋《中国审计史稿》，第429页。

② 谢霖：《中国之会计师制度》，第三节，转引自郭道扬《中国会计史稿》下册，第423页及成圣《民国时期上海会计师史话》，《上海会计》2004年第1期，第51页。

③ 谢霖：《中国之会计师制度》，第三节，转引同上。

书后，于当年 7 月 7 日在《银行周报》封底首次刊登广告，内容如下：

> 财政部、农商部批准谢霖会计师事务所广告
>
> 北京前王公厂西口外知义伯大院，电话西局一千七百六十八号
>
> 本所承办事务如下（一）检查账目并出证明书（二）清算账目并制报告表（三）规定会计章程及账簿组织（四）编制统计报告（五）答复关于会计之咨询
>
> 如有上列各事委托代办者请驾临本所接洽或先通信商办

　　广告中首次使用了"会计师"称呼。谢霖在刊登广告后是否旋即开始执业？学者们一致认为谢霖在事务所初创时并未营业，直到 1921 年与秦开、杨曾询二位会计师在北京、天津设立"正则会计师事务所"后才开始执业，如徐永祚认为："谢君当时为中国银行总司账，职务甚忙，并未执行业务。"①

　　而笔者通过搜寻相关史料，认为谢霖在取得会计师证书后，随即开始执业。对此我们似乎可从《银行周报》刊登的广告中得到一些线索，最初谢霖为事务所刊登广告时，上海商业储蓄银行与常州商业银行的广告中分别载明为其办理查账业务的事务所为英国克佐时，至 1919 年 3 月 11 日《银行周报》第 89 号封底常州商业银行广告中查账员已变更为会计师谢霖，因而可以断定谢霖已经开始执业，只是非专营此业。同时谢霖事务所广告从 1918 年 7 月开始一直持续到 1922 年底。因此本书认为谢霖事务所建立之初旋即营业，它的建立标志着中国第一位执业会计师的诞生。从其刊登的广告承揽的业务看，中国会计师不仅已经有建立事务所的思想而且开始了民间审计实践。

　　至于谢霖注册会计师制度思想的"中国特色"则表现在要求政府主导建立制度，而不是积极发展会计师公会，依靠行业公会的力量推进制度建设。10 条章程中并未提出建立会计师公会的要求，谢霖此时并未意识到行业公会在推动行业制度发展中的重要作用。这是中国注册会计师制度一开始就与外国注册会计师制度显著不同之处：英国会计师行业发展初期先是一些执行审计和清算的会计人员自发建立会计师协会，由协会负责制

---

① 徐永祚：《中国会计师事业》，第 145 页。

定准入标准并监管会员行为；接着协会要求政府承认其合法社会地位，随后政府向该协会颁布"特许状"以确立该协会成员的社会地位。可以看出英国政府在会计师行业发展初期所起的作用十分微弱，主要由强大的协会实行行业自律。

而中国这种政府主导建立注册会计师制度的思想产生的原因一方面是由于现实状况：其一，中国尚无本土执业人员，不能形成一个强大的职业团体引导行业建立和发展，从会计师条例颁布至徐永祚 1921 年领到执业证书全国只有 15 名注册会计师，而促成注册会计师制度的建立需要具有强大推动力的机构出面，因此以这 15 人的力量是远远不能胜任的；其二，对于新兴的会计师行业，公众并不了解其与律师、账房先生有多少区别，会计师迫切需要提高社会地位凸现职业特性，而依靠政府对其资格的承认是达到此目的的最快路径；其三，由于中国几千年来的封建专制形成的强大思维惯性，即便受过西式教育的知识分子仍然不能完全摆脱中央集权思想的深刻影响。综合以上原因，中国的注册会计师制度思想一开始就带有较深的政府烙印，这既促成中国能够较快建立注册会计师制度也造成了日后发展的曲折性。谢霖思想中政府的烙印具体表现在：行业准入标准由政府颁布而不是会计师公会自定；入行资格也由政府统一审核而不是各地会计师公会分别制定；会计师的监管机关是农商部而不是行业公会。

比较徐永祚与谢霖关于建立注册会计师制度的思想可以看出：徐氏在谢氏未考虑周全的地方进行了补充。

两者的共同点在于，他们都希望政府出面主导注册会计师制度的建立，如徐永祚在分析英美制度的形成时说：

> 以政府之权力而强行检查，其势顺而易。……人民间权力互相平等，欲行会计检查，其势逆而难，故会计师制度惟英美最称发达，……吾国政府对于工商业纯取放任主义，而账簿之不完备，商业道德之日偷较他国为尤甚，则会计师之特许，实不容缓，深望政府及商人取英美之法而仿行之也。[①]

上述言论中徐永祚对比了因审计主体不同造成的审计难易程度的巨大

---

① 徐永祚：《论会计师》，第 13 页。

差别，在权力平等的人民间实行会计师审计"其势逆而难"，而以政府强权实行审计"其势顺而易"。因此以我国当时急需建立注册会计师制度，挽救商业信用的情况下只有依靠政府强制力。徐氏发表这番言论时政府正在斟酌建立注册会计师制度的方案，他的一席话既是对谢霖呈文政府建立注册会计师制度的支持，也是敦促政府尽快出台会计师规章。

而两者不同之处在于徐永祚虽然希望政府主导建立注册会计师制度，但他仍然认为会计师公会应该行使行业自律和监督、惩戒职能。这一点是较谢霖的思想先进的一面。但是徐永祚要求建立注册会计师制度的思想此时也不成熟，并未提及如何建立职业团体也没有详细介绍英美会计协会的职能和地位。随着西方注册会计师制度理论在中国的进一步传播，徐永祚的思想逐步成熟，此后他发起并成立了上海会计师公会，并出版《英美会计师事业》一书详细介绍当时英美会计师协会及其职能和地位，为中国建立注册会计师职业团体提供了理论依据。但总体来说政府主导建立注册会计师制度的思想是当时的主流思想，注册会计师和学者还没有特别注意到建立会计师协会的重要性。

我们认为谢霖与徐永祚的上述思想既有合理性也有其缺陷。合理性在于：第一，由中央政府颁布、审核会计师入行资格条件能够保证同一时期会计师资格标准统一，避免了早期英美等国会计师公会林立、各公会会员资格参差不齐的情况，而有利于我国会计师行业有序发展。第二，会计师能够借助政府对其资格的审核和认定，迅速提高社会地位，而这是欧美会计师同行争取了许久才得到的。[①] 第三，能够实行跨越式发展，迅速建立起会计师制度。而其缺陷在于：第一，没有意识到政府与会计师行业的利益不完全一致，因此在政府主导下行业利益常常被任意践踏。第二，忽略了会计师职业团体的自我创新能力。第三，忽视了由于中央政府任意修改资格条款，使得在不同时期注册的会计师，其资格标准不统一，最终也在一定程度上造成会计师行业的混乱。

（三）注册会计师业务多元化与专业化思想

谢霖1918年呈文所附章程三条将注册会计师业务简单归纳为审计业

---

① 以英美会计师为例，英国会计师职业通过取得皇家特许头衔（Royal Charter）得到政府的认可，而美国会计师职业则通过各州政府审核会计师资格获得法定地位，据 Precits & Merino（1979）第91—93页记载，美国会计师最早于1882年7月28日在纽约州建立该国第一个会计师公会，但直到1896年纽约州才颁布相关法规确立该公会会员拥有"注册会计师"头衔。

务、清算业务、规划和整理企业会计制度、会计咨询业务四类。可以断定他认为中国会计师应走业务多元化发展路线。在其后为北洋政府草拟的《会计师暂行章程》中第六条规定：会计师受有委托时得办理关于会计之组织、查核、整理、证明鉴定及和解各项事务。他将注册会计师承办业务在原有基础上增加了会计鉴定和证明业务以及经济纠纷的调解业务，进一步佐证了谢霖的会计师业务多元化思想。

而另一些学者主要研究如何扩大注册会计师的审计业务，对非审计业务没有提及，似乎他们持会计师业务专业化的观点。支持这种观点的学者有：徐沧水、徐永祚和顾宗林。徐沧水和徐永祚在论述如何顺利推行注册会计师制度时，都认为应该主要从扩大审计业务着手。而顾宗林介绍英美注册会计师时指出"会计师之职务甚多，要以审查公司账籍为最"[1]，因此仅介绍了审计业务。其中，徐沧水指出应通过下列四种途径扩大注册会计师业务范围：

第一，修改公司律第181条为公司各项财务报表在公告前应聘用会计师检查证明其真实性。

第二，公司破产清算时的清算和管财事务应聘用会计师执行。

第三，国有企业、政府资助企业及附有股份之企事业，应聘用会计师检查证明。

第四，修改公司律第194条为发行公司债时，应聘用会计师检查证明公司会计报表的内容的真实性。[2]

而徐永祚则认为应从下列五方面拓展业务范围：

第一，公司之会计簿册及每界结账期之贷借对照表应由会计师检查证明。

第二，公司募集公司债时之公告事项，应由会计师检查证明。

第三，公司解散时之清算事务及破产时之管财事务，应由会计师执行。

---

① 顾宗林：《说会计师（续一）》，《银行周报》1921年5卷3号，第32页。

② 徐沧水：《会计师制度之商榷》，第11页。

第四，国有营业及政府给予补助金或附有股份事业之会计，应由会计师检查证明。

第五，公共团体及慈善事业之会计，应由会计师检查证明。

就内容而言，徐永祚提出的业务范围在徐沧水的基础上有所扩展，但基本类似。第一条就是在徐沧水的基础上对公司财务报表审计由公告时扩大到结账时而不论其是否公告。第二、三、四条与后者完全类似，并增加了注册会计师对公共团体和慈善事业会计的鉴证业务。

与前两者相同，顾宗林也着重介绍审计业务，但并没有像前两者一样结合中国国情提出具体措施、步骤。他指出审计的目的一是查误，二是察弊，但认为注册会计师的主要职责在于察弊而不在查误。我们认为他的认识比较正确，只有在会计知识不普及的情况下，企业会计报表和簿册才会出现上述明显的错误，需要对企业账册进行全面审计以发现错误，顾宗林认为"公司账册繁且伙，势不能周咨博访，一一而审核之"①，而应集中精力审计资产负债表。当时审计理论已经由英式详细审计法转向了美式资产负债表审计，因此顾宗林上述观点可谓紧跟国际理论前沿。

他对于注册会计师审计目的的解释比较详细，指出在公司两权分离的情况下，经营权由董事和经理掌握，股东只能通过财务报表了解经营情况，如果没有处于独立地位第三方的制约不能保证财务报表是否公允，因此需要由注册会计师对于财务报表的真实性进行审计。特别要指出的是，顾宗林认为注册会计师审计财务报表有两个作用："一方坚股东之信，一方脱董事经理之责。"② 这一观点是对当时主流观点的有益补充，因此具有进步性。主流观点认为注册会计师审计的主要作用是坚社会信用，保障投资者信心。因此注册会计师执行审计时经常会遭到公司管理人员的阻挠和刁难，而顾宗林认为注册会计师审计不仅保护投资者，同时可以分清责任以保护公司管理人员免于承担不必要的责任。如此，公司管理人员就会乐于注册会计师审计而不是阻挠，有利于注册会计师制度的顺利推行。

可以看出后三位学者持专营审计业务的观点与谢霖所持的多元化业务的观点明显不同。虽然他们并未从多元化发展可能损害会计师独立地位的

---

① 顾宗林:《说会计师》，第32页。

② 同上。

角度进行立论，但不可否认他们的论述中已经蕴含着会计师业务多元化与专业化之争的意味。徐沧水和徐永祚主要是从利于制度顺利推行的角度出发，将注册会计师业务从破产清算时的审计业务扩大到公司正常营业时的财务报告审计及筹资时的公告书审计，因此将客户群从破产清算和涉讼企业扩大到正常营业公司、国有持股公司以及公共慈善团体。虽然他们并没有切中要害地论述注册会计师专营审计业务的理由，但是我们认为上述四位学者关于注册会计师业务范围的论述，代表了中国会计学界专业化业务思想和多元化业务思想的萌芽，也说明中国会计学者开始运用自己的头脑来解决中国会计问题，逐渐摆脱了人云亦云的状态。

　　对比徐沧水与谢霖的观点，前者思想中暗含着注册会计师应该从审计业务中发展，形成专业经营的模式，而后者思想中暗含着审计和非审计业务共同发展，形成混业经营的模式。两者都有一定的合理性，专业经营能够始终保持会计师的独立性，但业务范围狭窄过于极端，而混业经营则能够扩大营业范围，增加收入，但部分情况下会损害注册会计师的独立性。注册会计师应该混业经营还是专业经营，至今仍是中外学者热烈探讨、悬而未决的问题，因而不能苛求 20 世纪初的学者也能提出相当的观点和对策。20 世纪上半期中国注册会计师事务所的经营模式主要是谢霖提倡的"混业经营模式"，这一是华商对审计业务需求不多，专营审计业务会减少事务所的收入来源，二是我国注册会计师职业还未专业化，业务范围不明确，早期主要业务是为企业办理注册登记。如立信会计师事务所（1927—1936 年）承办业务如表 2.3。

表 2.3　　　立信会计师事务所承办业务统计表（1927—1936 年）　　单位：件

业务＼年份	1927	1928	1929	1930	1931	1932	1933	1934	1935	1936	合计
组织及改良事项	5	11	15	28	27	29	24	30	28	32	229
管理及整理事项	1	4	7	9	11	13	13	16	15	16	105
稽核调查证明事项	23	46	83	104	117	129	140	146	173	182	1143
会计鉴定事项	2	2	4	5	7	8	5	8	4	11	56
清算及信托事项	4	7	10	17	16	19	22	23	19	20	157
代办纳税免税减税专利事项	1	10	23	33	15	15	22	20	19	27	185
代办注册登记及其他呈请事务	57	166	341	326	341	311	337	343	225	338	2785

续表

业务 \ 年份	1927	1928	1929	1930	1931	1932	1933	1934	1935	1936	合计
会计及财政指导事项	6	10	23	37	48	60	61	56	32	65	398
商业文件之代撰事项	17	20	33	42	51	72	50	76	58	62	481
合计	116	276	539	601	633	656	674	718	573	753	5539

数据来源：根据《立信周报》1937 年第 6 期立信会计师事务所承办业务数据整理得来。

表 2.3 中代办注册登记及其他呈请事务在立信会计师事务所开办 10 年以来均占全部业务的 50% 以上，而将其审计业务占比列表 2.4。

表 2.4	立信会计师事务所审计业务比例表（1927—1936 年）								单位：%	
年份	1927	1928	1929	1930	1931	1932	1933	1934	1935	1936
审计业务所占比例	19.8	16.7	15.4	17.3	18.5	19.7	20.8	20.3	30.2	24.2

表 2.4 所示审计业务所占比例总体趋势逐年增加，但基本在 20% 上下波动。因此从 20 世纪上半期中国注册会计师实践来看，专营审计业务不能保障事务所正常经营，因此说谢霖的多元化业务思想是有其现实意义的。

第三节　注册会计师制度思想流的初步形成

在谢霖和徐永祚的积极努力下，短短 3 个月的时间，政府就根据草拟章程颁布了《会计师暂行章程》。而章程颁布后仍有部分学者就建立该制度的必要性和可行性发表看法，因此本书将章程颁布前后关于该问题的探讨一并在本节做出分析。20 世纪 20 年代开始潘序伦、徐广德、杨汝梅（众先）、朱通九、顾翊群等一大批欧美经济留学生归国，壮大了注册会计师的队伍，浓厚了注册会计师制度讨论的氛围。他们集中对当时会计师法规中的注册资格条款、会计师兼职问题、会计师考试选拔制度等提出了异议及改进建议，对于这些内容本书将在第三章中以时间为线索分别加以论述，此处仅就必要性和可行性探讨做详细论述。

一　建立注册会计师制度的必要性探讨

《会计师暂行章程》的颁布使理论界和政府开始广泛地关注会计师制

度的发展，因此对该制度的讨论也从个别学者发表观点发展成为一种思想流。首先学者们就建立注册会计师制度的必要性展开了分析。

杨汝梅（予戒）指出当时"我国商界账簿歧出，弥缝便利。即明知其隐藏脱漏，而常苦稽查无术"①，由此认为我国对会计师审计企业账簿的需求"较欧美尤切"。同时认为：

> 我国商人其进取之壮志，其冒险之雄心，骎骎乎凌驾日本商人，而颉颃英美。惜乎其组织经营，往往超过其实力数倍以外，而不免于投机的行为。根基不固终难遂其健全之发达，念及此，敢正告国人曰，吾国商人苟欲争雄于世界商场也，当自采用会计师查账制度始。②

他呼吁中国商人改变观念主动采用注册会计师查账制度，只有这样才能使中国企业立于不败。放下杨氏在其一番话中刻画出的中国商人的锐意进取形象是否属实不说，单就他对建立注册会计师制度必要性分析的角度来说是十分新颖的，他主要从降低企业经营风险和偿债能力角度论述注册会计师审计带来的益处。在其之后的学者都从商人墨守成规、专事粉饰财务而不图组织的健全，因此需要对企业账务体系进行规范之角度得出建立注册会计师制度的必要性。对比而言，杨氏的分析更加科学且带有财务分析的意味，用现代财务术语转述他的思想：我国商人常常负债经营，当负债数倍于所有者权益时企业不具备偿债能力，经营风险就会增加，因此有必要聘用注册会计师对企业财务状况进行审计以保证在稳健经营的条件下适度运用财务杠杆。他的这一番分析不是从企业外部投资者角度要求财务信息公开而需聘用注册会计师，而是站在企业内部分析注册会计师能够既保证企业采用财务杠杆又能及早发现并降低企业经营风险。这种独特视角下的分析，有助于企业产生对审计业务的需求，原因一是中国绝大多数企业两权分离程度低，如果从两权分离要求财务公开角度分析审计的益处势必不会得到中国商人的认同，而从企业内部稳健经营角度分析审计带来的益处比较符合中国当时社会经济的特点；原因二是近代中国企业里确实缺乏能够进行财务分析的会计人才，而财务分析在杨氏的论述中是如此重

---

① 杨汝梅：《新式商业簿记》，第253页。
② 同上。

要。在今天看来这些都是企业内部财务人员能够解决的事情，在当时中国只有注册会计师才能够胜任。

徐永祚于 1918 年 8 月在《论会计师》一文中也对必要性进行了探讨。在 1923 年出版的《会计师制度之调查与研究》中仍然对该问题给予了关注。1918 年 10 月徐沧水①在《银行周报》中发表《会计师制度之商榷》一文，对中国当时"会计师制度之设定是否必要，其设置又能否可行"也发表了看法。

学者们对建立注册会计师制度的必要性的认识十分一致，都认为应尽快建立。综合杨汝梅（予戒）之后的学者们对建立注册会计师制度必要性，主要集中在如下两条：

第一，监察人制度存在很大弊端，需要注册会计师查账制度弥补弊端，维持公司的社会信用。

徐沧水认为公司条例中的监察人制度形同虚设，因此设立注册会计师制度十分必要。监察人制度规定：监察人必须从大股东中选出，对于管理公司财产的董事行使监督职能并审核检阅报送给股东会的利润表和资产负债表。但监察人并不具备行使审计监督职能基本的会计知识和技能，很难达到设立制度的初衷。结果监察人不仅不能行使内审职能，往往因个人利益或受制于董事经理，致使对公司会计上的缺点和弊害"明知故昧"。而注册会计师处于企业之外的独立地位，且具有从事审计的专门知识与技能，因此可以纠正企业会计上的缺点，维持社会信用。

徐永祚还驳斥了当时一些人认为设立注册会计师制度是对监察人制度的重复这样一种观点，并对当时监察人制度进行了毫不留情的批评，他认为监察人实际上是一个闲散无能的职位，未能达到监督公司财务的目的。因此他提出许多改进监察人制度的建议，其中最重要一条即股份公司的监察人应从注册会计师中选任而不是从大股东中选任。这是因为一方面，注册会计师是以会计检查为职业，"充任监察人自能愉快胜任"②。另一方面，注册会计师处于独立地位，不为企业家所左右，能够公允地发表建议

---

① 徐沧水曾任《民立报》编辑，《银行周报》主编，1916 年任教于南阳商业公学，是中国较早宣传合作社的知识分子，著有《公债法规》（1922），《中国今日之货币问题》（1921），《上海银行公会史》（1925），《内国公债史》（1926），《民国钞券史》（1926），《票据交换所研究》（1922），《合作的效用论》（1929）等著作。

② 徐永祚：《会计师制度之调查及研究》，第 74 页。

并证明真相。

　　第二，保持社会对企业的投资热情，需要注册会计师规划企业会计制度以求正确、明了。

　　徐沧水认为我国兴办企业数十年来规模宏大的公司最终都破产的原因主要为"（公司）会计事项之不能明了正确"。因此国人对于公司的投资热情不高，都采逡巡观望的态度，视投资为畏途。只有注册会计师才能矫正企业混乱的会计制度，制止当时实业界弥缝掩盖真实财务状况的风气，挽救尚在萌芽的工商业。徐沧水在论述建立注册会计师制度的必要性时以欧美注册会计师制度的建立促进其工商企业发展作为实例，来坚定社会对注册会计师制度建立必要性认识。他说："在昔欧美之公司组织，其经营之纷乱，会计之混淆，亦深为社会所诟病。其后会计师制度发生，因矫正其弊害，而收今日之实效。故论吾国今日会计师制度之设定，诚为必要。"①

　　徐永祚也从注册会计师能够规范企业会计制度方面发表建议。他认为我国比英美等国更加迫切地需要注册会计师查账制度，因为我国商人大多墨守账簿组织不完备的单式簿记，以利用簿记组织不完备作假，所以十分必要引入注册会计师查账制度以纠正陋习。接着他分析了我国大型公司寥若晨星的原因是公司信用毫无，而造成公司没有信用的原因：一是，账簿不完备，记法太简陋，易于弥缝作弊；二是，商人长于弥缝，专事粉饰，不图健全之发达；三是，商店各自守秘密主义，不肯将资产及负债详细列表登载报章；四是，交易往来多滥用其信用。因此"欲救其弊，须使商人实行检查账簿制度。欲检查账簿，则非会计师莫胜其任"②。

　　对比徐永祚、徐沧水与杨汝梅对于建立注册会计师制度必要性的认识，虽然前两位的认识没有杨汝梅独特，但是他们对必要性的罗列更加详细，主要从投资人角度分析注册会计师能够规范企业会计制度，维护投资人利益。尤其是徐永祚对于单式账簿体系各种弊端的概括，成为其日后改良中式簿记思想的先声。

二　推行注册会计师制度的主张

　　既然认为建立注册会计师制度十分必要，但是良好的制度在中国是否

---

① 徐沧水：《会计师制度之商榷》，第10页。
② 徐永祚：《论会计师》，第13页。

可行？即便可行，要满足的前提条件是什么？学者们对此展开了讨论。

（一）徐沧水"利推行，慎设施"思想

1. 如何顺利推行注册会计师制度的思想

徐沧水在讨论制度设立的可行性时认为"会计师制度之设置，能否可行，则一疑问，欲解决此问题，一则须利其推行，二则须慎重其设施，如此则会计师制度之设置或可行于吾国"①。可以看出徐沧水认为当时中国不完全具备顺利推行注册会计师制度的条件，还需要满足下列条件：

第一，修改公司律第181条为公司各项财务报表在公告前应聘用会计师检查证明其真实性。

第二，公司破产清算时的清算和管财事务应聘用会计师执行。

第三，国有企业、政府资助企业及附有股份之企事业，应聘用会计师检查证明。

第四，修改公司律第194条为发行公司债时，应聘用会计师检查证明公司会计报表的内容的真实性。②

分析徐沧水提出的四点，可以看出他认为顺利推行注册会计师制度，首先要扩大注册会计师的审计业务范围，而扩大业务范围主要依靠政府作为。第二点则是我国注册会计师制度未建立前，外国注册会计师在华商企业中的主要业务。在此基础上徐沧水将营业范围扩大到对公司财务报表的审计上，其中第一、四点需要政府修改现行的《公司律》第181条和第194条，而第三点，则需要政府在国有企业、受政府资助企业及附股的企事业中推行法定审计。徐沧水较早认识到如果仅靠制度自发演进，注册会计师制度的建立不会一蹴而就，要保证制度顺利推行，需要依靠政府强制力实现跨越式发展。因此他和谢霖关于如何推进注册会计师制度建立的观点比较类似，都是强调政府的主导作用，与徐永祚强调社会自发力量和职业团体作用的观点不同。

2. 慎重注册会计师制度建设的思想

值得一提的是徐沧水在积极为注册会计师扩大审计业务范围时，也清

---

① 徐沧水：《会计师制度之商榷》，第11页。

② 同上。

醒地认识到注册会计师本身也有可能违规，因而需要对其执业行为进行规范。他提出："会计师既负有重大之职务，……但其本身而发生弊害，则其流毒，又何可胜言。此所以必慎重其设施也……，夫律师借保障人权而发生不正当行为，其被害仅及于当事人而止。若会计师发生不正当行为，则其影响及于经济社会。"① 在徐沧水看来，注册会计师一旦违规就会危及经济社会，远比律师违规的危害要大。他对注册会计师违规行为的列举有如下四种：

第一，因贿赂之授受而检查时不尽确实可靠。

第二，因争议事项与当事者单方面订立特别条件，收取额外报酬而作出偏袒一方的检查证明。

第三，业已检查其缺点或窥知（企业）营业上之秘密，用不正当手段索要报酬。

第四，会计师人数过多，引起职业上之竞争，而发生种种弊害。②

徐沧水对注册会计师可能违规行为列举的前三条都十分准确，把握了注册会计师职业特性是独立和公正。但对第四条我们应该辩证地分析，首先按照经典经济学理论，完全竞争有利于社会福利的最大化，因此注册会计师人数增加引起的竞争不仅能够提高服务水平、降低服务价格，而且可以防止形成卖方垄断，从这个角度看此话不正确。但是从当时中国注册会计师所处的环境来看此话又有一定的道理，因为在制度建立初期，外国在华会计师囊括了所有在华外国企业及部分中国新式企业的会计、审计服务，因此中国会计师生存空间非常有限，需要控制本土会计师的人数，以免中国会计师之间为了争夺有限的客户而发生恶性竞争。据《公信会计月刊》载徐永祚事务所开业第一年只有二三件业务③，1927年潘序伦事务所成立，最初两年每月平均也只有9件业务。为了避免以上情况的持续发生，徐沧水认为应该仿照欧美的政府特许制度及立法，尤其要注意注册会计师资格、职务权限、权利义务及法律上对违规行为的制裁，并对当时已

---

① 徐沧水：《会计师制度之商榷》，第11页。

② 同上书，第11—12页。

③ 《公信会计月刊》1939年2卷3期，会计界人物志《徐永祚会计师》，第109页。

经颁布的《会计师暂行章程》得失发表了观点，具体内容将会在第三章第二节进行详细分析。

（二）徐永祚扩大注册会计师审计范围的思想

1. 注册会计师制度建立的可行性条件

在介绍徐永祚推行注册会计师制度思想前，我们先对其早期注册会计师制度在中国建立的可行性的观点进行分析。与谢霖观点相同，他也认为应该依靠政府建立会计师制度。虽然徐永祚对如何依靠政府建立会计师制度论述不够充分，但他已注意到会计师职业团体的作用，认为"欲养成会计师则非成立会计师协会不可"①，因此他是中国最早提出会计师协会重要作用的学者。在要求政府主导建立会计师制度成为主流思想时，徐永祚令人耳目一新地提出职业协会对于选拔和培育注册会计师的作用，成为日后倡导成立会计师公会思想的发端。徐永祚不仅作为发起人于1925成立了中国第一个会计师公会——上海会计师公会，而且为国民政府起草的《会计师注册章程》中专门加入了公会条款。

2. 注册会计师制度可能带来的利弊及规范

徐永祚发展了徐沧水关于注册会计师违规给社会带来危害的观点。首先明确提出注册会计师能够给社会带来的种种益处，接着补充了注册会计师的违规行为。

徐永祚总结注册会计师的益处有以下七条：巩固产业界之财政基础；防止会计上之不正行为；增进事业家之对外信用；保护投资者之确实利益；指导企业家之经营方针；促进会计学之进步；担任公众会计事务。②分别从实业家、投资者、会计学术以及公共事业四个方面列举了注册会计师审计服务带来的好处，比较全面地向社会介绍了注册会计师职业，以坚定企业和投资者聘用注册会计师的信心。徐永祚认为注册会计师不仅能够促进会计学的发展而且适于担任公共事务的观点，是当时比较先进的思想。首先，在我国注册会计师制度建立初期会计师注册资格条件较高，因此会计师都是精通会计学的专家，一些甚至还在大学任会计学教授，因而掌握更多会计理论以指导实践。其次，会计学是一门应用学科，会计师的审计实践又可以推动会计、审计理论的发展。最后，会计师处于独立地

---

① 徐永祚：《论会计师》，第13页。

② 徐永祚：《会计师制度之调查及研究》，第41页。

位，因此执业时可以保障社会公众利益，所以最适宜担任公共团体和慈善事业账务的审计工作，以推进慈善事业和公共团体的发展。

徐永祚对会计师违规行为的补充有：

第一，会计师之人数日增，而制度有缺点时，易因职业上之竞争引起下列之弊害：

甲、（会计师）不问事务之种类，妄行承受。

乙、使用临时雇员为急切之处理，对于并非在自己监督之下所行之会计检查，妄行签字证明。

丙、对于介绍业务者给予报酬，以招致委托事件。

丁、以不正当之手段图谋业务之获得。

第二，自称会计师以致世人受其愚。①

比较徐永祚与徐沧水对会计师人数增加可能带来弊害的观点，前者在后者的基础上增列了因过度竞争导致的注册会计师违规行为，并且对造成此种情况的条件给予了科学的界定。徐永祚并不认为注册会计师人数增多必然导致过度竞争，这是比徐沧水观点进步的地方。而是认为在注册会计师制度不规范、有漏洞的条件下，这种情况才可能发生。徐永祚之所以能够比徐沧水提出更加科学的观点，一则，中国注册会计师制度思想的发展逐渐成熟，因此对该问题的讨论能够更加深入和细致。二则，徐永祚于1921年在上海成立了事务所，此时已执业两年，积累了一些实务经验。因此能够比外行徐沧水提出更加富有见地的意见。

同时徐永祚还强调"会计师"名称只能由经政府许可并颁发证书的执业者使用，其他任何人都不能自称会计师并承揽业务。中国的注册会计师此时已经萌发了封闭排他思想，即垄断"会计师"称号的使用以区别职业和非职业者，以此将非职业者排挤在职业圈之外，保护圈内人的利益。这似乎可以解释为什么徐永祚在此之后积极要求建立会计师职业团体——会计师公会，并在草拟章程中规定不加入公会不许执业的条款的原因。

分析完注册会计师制度的利弊后，徐永祚指出："会计师制度之设施

---

① 徐永祚：《会计师制度之调查及研究》，第42—43页。

不仅当专着眼于资格之限制而尤应注意其行为之取缔。"特将其认为最为完备的英格兰及威尔士特许会计师公会关于注册会计师行为的规范一一罗列。

第一，特许会计师公会会员不得承认非会员与自己无合伙关系者，以自己之名义执行会计师业务。

第二，会员不得直接或间接分给他人以职务上所生之利益，或为此种约定。或因职务之受托而分给他人以手续费或报酬，或为此种约定。

第三，会员不得授受他人职务上所生利益之分配及手续费，或为此种约定。

第四，会员不得无故泄露其职务办理上所得他人之秘密，

第五，会员不得授受关于职务上之贿赂，或为此种之要求、提交及约定。

第六，自特许条例颁布后，本会会员不问是否执行会计师职务，均不得兼营其他业务。

第七，犯刑事上罪名或受诈伪行为之判决者。

第八，因会员或被害者之告知，经本会委员会议决，认为有不正当行为，有损害会计师之地位与信用者。

第九，对于本会特许条例及附属规则所定之纳费，入延宕不缴已达六个月者以上者。①

徐永祚将上述规范根据中国国情进行适当的删减，一一加入到其为国民政府草拟的《会计师注册章程》和《上海会计师公会章程》中。通过对比，我们可以看出徐氏草拟章程对英格兰及威尔士公会会章的模仿程度。

草拟章程第十四条：会计师执行业务时，不得兼任官吏或其他有俸给之公职，但充国会地方议会议员，或执行官厅特令之职，或执行官厅特令之职或充学校教授者，不在此限。

---

① 徐永祚：《会计师制度之调查及研究》，第44页。

第十五条：会计师执行职务时，不得兼任工商业，但如与职务无碍，并得会计师公会之许可者，不在此限。

上述两条徐永祚对会计师兼职问题做了规定，与上文第六条相类似，但根据中国会计师业务不多，对严定不许兼职将损害会计师职业发展的现实状况做了很大变通。虽然规定不得兼任政府官员和有俸禄公职，但议员、教授及担任政府特令职务的人除外。虽然规定会计师不得兼任工商业，但如果经公会许可者仍除外。应该说徐永祚对会计师兼职问题的变通在当时是合理的，首先，当时精通会计的知识分子十分稀少，因此会计师大部分来源于受过高等会计教育的教授、政府公职人员及企业高层管理人员，如果严定不得兼职则很难有符合入行资格的人，如果没有人申请成为会计师就会阻碍该职业的发展。其次，注册会计师制度发展初期，社会对注册会计师需求量十分有限，因此单靠注册会计师执业收入不能维持生计。最后，当时注册会计师虽然人数少，但都是社会精英，他们很早就萌发了职业荣誉感，因此兼职问题尚不会影响其职业判断。

草拟章程第十八条　会计师执行职务时，不得发生下列情事。

（1）不得与非会计师共同行使职务，或使非会计师者用本人名义行使职务，但使登录于会计师总名簿之会计事务员代理各个事务时，不在此限。

（2）不得为单纯代收债权之受托。

（3）不得收买职务上所管理之动产或不动产。

（4）不得于约定报酬及实际费用外，为额外之需索。或与委托人订定成功报酬之契约。

（5）不得将本人职务上所得之利益分给他人。或为此种预约。并不得因受托职务关系，分给他人以手续费，或为此种预约。

（6）不得收受他人职务上所得利益之分配，或为此种预约。并不得因委托职务关系，收受他人手续费之分配，或为此种预约。

（7）不得宣布办理职务上所得之秘密，但已经委托人许可者，不在此限。

（8）不得因懈怠过失，对于受托事件失其善良管理之义务。

第十八条第一款对应上文第一条，第五款对应上文第二条，第六款对应上文第三条，第七款对应上文第四条，第四款对于上文第五条。第九条内容加入上海会计师公会章程第十条。徐永祚在制定上述行为限制条款时，基本上以保持注册会计师独立性为出发点，避免一切足以影响其独立地位的利害关系存在，只有这样才能保证执业时公正、正直，不受任何利益的牵制。

3. 扩大注册会计师审计范围的思想

和徐沧水的观点类似，徐永祚提出"会计师制度推行之方法，当有赖乎法律之规定及社会之提倡"，社会之提倡就是要扩大注册会计师的审计范围。他提出审计业务应扩大到以下五个方面：

第一，公司会计簿册及结账期的贷借对照表应由会计师检查证明。

第二，公司募集公司债时的公告事项，应由会计师检查证明。

第三，公司解散时的清算事务及破产时之管财事务，应由会计师执行。

第四，国有营业及政府给予补助金或附有股份事业之会计，应由会计师检查证明。

第五，公共团体及慈善事业会计，应由会计师检查证明。

徐永祚对此给出的理由是：注册会计师具有担任公共事业审计的优势，因而提出："会计师处于超然之地位，无利害关系之冲突，最适宜执行此种职务。吾国亦急仿行。"对于在国有或政府附股企业引入会计师审计业务的解释是，国有或政府附股的企业大都是铁路、自来水、电灯、电话、电报、邮政等公共企业，而公共企业的会计处理常常与社会公众的利害休戚相关，因此应聘用注册会计师查账证明。一方面保障社会公众利益，另一方面可以对企业开支进行监督，减少不必要花费以增进国家财政收入。对于慈善事业和公共团体中引入注册会计师审计，则是因为这两者的资金来源是社会公众募集。如果不对上述两者的资金使用状况进行审计，则很难取信于社会，会阻碍慈善事业的发展。

应该说徐永祚的注册会计师制度思想此时已经开始成熟，摆脱了早期单纯介绍英美制度不能阐发自己观点的局面，能够根据中国现状对西方注册会计师制度理论进行有改进的运用。对于应该聘用注册会计师审计的各项原因解释得比较全面且令人信服。而且此时他已不太强调由政府主导扩大注册会计师业务范围，而希望社会各界了解聘用注册会计师的种种益处，自觉地聘用注册会计师查账。与徐沧水强调政府推进注册会计师业务范围扩大的观点相比，徐永祚的认识更加有利于制度的发展和职业团体创造力的发挥。更加值得一提的是，徐永祚具有先验性地提出注册会计师审计能够推进慈善事业的发展。因为注册会计师可以对捐款的使用状况进行审计，以保障专款专用，提高资金的使用效率，以此推进慈善事业的发展。近代中国饱受战争和水灾之苦，庞大的财政开支常常使政府捉襟见肘，经常需要社会公众募集物资和钱款。而这些救灾筹款以及募款救国团体如果不聘用注册会计师审查其账目，"不足以昭信于社会"。因此当时著名注册会计师常常担任慈善团体账目的审计职务，如潘序伦就曾经为各种慈善事业担任稽核与会计事务，据《公信会计月刊》载，潘序伦1931年至1937年间担任过国民政府救济水灾委员会、黄河水灾委员会及救国公债劝募委员会账目的稽核事务，其他公益慈善机关也聘请他担任义务审计职务。①

（三）顾宗林加强职业自身建设的思想

和徐永祚的观点相同，顾宗林认为推行注册会计师制度不能完全依靠法律规定，更要依靠社会对于注册会计师的信任和股东、董事的觉悟，而要达成上述目的，必须加强注册会计师职业的自身建设，他认为这才是"发达"注册会计师制度的根本。"若仅恃法律之力以推行，则未必见其果行。欲求社会之信用及股东董事之觉悟，必先问为会计师者，究竟能否以其经验学术，以辅益工商业及保护股东之权力，果者。则其发达，敢可断言。"② 在注册会计师制度思想已由早期一两个学者生发议论，此时形成了一定规模的思想流，学者们开始思考中国注册会计师制度发展模式是否应该由政府主导？他们已经意识到该制度的发展如果仅靠政府法律的推进，完全忽略制度自发的演进，则其结果不会尽如人意。顾宗林比徐永祚更加清楚地认识到中国现行注册会计师制度推行不力，应主要归咎于注册会计师自身而不是恶劣的外部条件，"虽在吾国今日，会计师事业，尤在

---

① 《公信会计月刊》1939年2卷2期，会计界人物志《潘序伦会计师》，第74页。

② 顾宗林：《说会计师（续一）》，第33页。

萌芽。若为会计师者，果能聚精会神，尽心竭力，以实行其会计师之天职，则他日之发达，未必落英美之后。若谓吾国营业家不知会计之重要，审核之利益，致会计师无用武之地，是处会计师于被动之地。明于责人，暗于责己，非所望于会计师也"①。

顾宗林上述关于推进制度的分析，颇有一些经济学的意味。首先他认为要增加社会对于注册会计师的需求，必先要加强会计师职业自身的建设，即提高注册会计师服务的质量和数量。经验和学历两者皆备的注册会计师，才算基本具备了保护股东以辅助工商业的能力。更进一步说，如果具备经验与学识但不能专职此业，仍不能保障服务质量和数量。服务质量不高，那么需求自然低落。按照顾宗林的分析，注册会计师业是一种供给导向型的产业，是供给拉动需求而不是相反。在他的逻辑中，注册会计师制度在我国不发达的根本原因是注册会计师自身造成的，主要是学识和经验不能兼备以及严重的兼职问题共同导致注册会计师提供的高质量服务为数甚少，因而需求自然低落。可惜的是，他的分析到此打住，没有继续探讨如何提高注册会计师的从业水平的途径，假如其分析能够深入下去，应该可以较徐永祚更早提出建立会计师协会以监督保障注册会计师服务质量的思想。

从以上论述中我们可以看到，注册会计师制度思想流形成时期，学者们对该制度的讨论较前期更加深入具体。不仅集中探讨了该制度在我国建立的必要性和可行性条件，而且对于推进制度有了具体实施措施。在前期学者的基础上不仅发展了建立注册会计师制度各种益处的认识，而且认识到有缺陷的制度给社会带来的危害更大，因而强调对执业行为的规范。另一个值得注意的特点是，本时期学者们已经开始反思是否应该由政府完全主导制度建设，并萌发了建立会计师职业团体的思想。以上大体是 20 世纪初期我国注册会计师制度建设思想演进的路径，之所以有这样的思想演进路径，是与我国注册会计师制度演变路径紧密相关的。

三　中国建立注册会计师制度思想演进的特点评析

20 世纪初我国虽效仿英美和日本建立注册会计师制度，但其路径与后者完全不同，如下列所示：

---

① 顾宗林：《说会计师（续一）》，第 33 页。

中国模式：

学者要求政府颁布法规──→政府批准会计师出现──→政府颁布相关法规──→建立职业协会

英美模式：

会计师出现──→建立职业协会──→协会要求政府承认其会员地位──→政府颁布相关法规

日本模式：

会计师出现──→学者要求政府颁布法规──→建立职业协会──→政府颁布相关法规

在英美模式下，注册会计师制度基本上自发演进，速度较慢。尤其是英国从会计师出现到政府颁布相关法规，用了上百年的时间。日本注册会计师制度仿照英美，其路径也大致相仿，在短短二十几年就完成了从会计师出现到政府颁布相关法规的演进。而我国20世纪初建立注册会计师制度时主要依靠政府强制力，制度变迁速度最快。从学者要求政府承认会计师职业到政府最终颁布相关法规，不过3个月的时间，到第一个职业团体的建立也不过7年的时间。在短短7年内，在政府和爱国会计学者的共同努力下完成了中国注册会计师制度的大体架构。而这一架构与英、美、日会计师制度架构有何相同和不同之处？我们有必要对中国模式和英美日模式进行比较研究，找出中国建立注册会计师制度思想演进的特点。

通过比较，中国模式与英美模式在建立会计师制度过程中各节点内容大致相似，但顺序完全不同。具体表现在：

首先，由于制度环境不同导致中央政府在制度建立时所起的作用大相径庭。促使注册会计师制度建立最主要的制度环境即市场经济，因此英美的注册会计师制度都是在响应市场经济发展后由执业人员自发形成，并且制度建立初期政府对此并不加以监督、管理。而中国长期处于自给自足的小农经济，即便20世纪初市场经济也尚未完全发育，与市场经济相依存的注册会计师职业尚未自发兴起，因而在缺乏职业界建立注册会计师制度的能力时，中央政府成为主要推动者。因此相比较而言，在注册会计师制度建立时英美模式下中央政府的参与程度最低，中国模式下中央政府的参与程度最高。

其次，由中央政府参与程度不同导致会计师职业兴起的路径有别。在英美模式下中央政府参与职业兴起和制度建立的程度相对较低，因而在自发形成过程中会计师职业及其职业团体不需要政府的合法授权或批准即可建立，在政府颁布相关法规前，职业界已自发产生并形成一定的执业范围和执业规模，并较早地建立起职业团体施行自我管理。而中国模式下中央政府的参与程度最高，职业界不仅在建立之初即寻求合法身份，并经政府批准后才产生，而且其职业团体也是在中央政府的批准下建立，处于架构会计师制度总体框架的最后阶段。因此比较而言，由于中央政府在制度建立时承担的角色不同，使得中外会计师职业面对职业建立初始如何提高社会地位的重任时，采取了不同的策略。英美等国会计师职业界首先想到的不是经由政府批准而提高社会地位，而是率先建立起会计师行业天然的利益代言人和监管者——会计师协会，致力于提高其协会成员社会地位的各项事务。而中国会计师兴起之初并无职业团体，因此他们依靠政府对其实施监管，有效地提高了该职业的社会地位。

最后，由会计师职业兴起的路径有别导致行业监管模式的外在表现形式各异。英美较早建立起职业团体实施行业自律，尤其是会计师制度发源地英国，政府在制度建立初期不实施任何的管理与监督，因此其行业监管最接近自我管理模式，即由会计师协会实施的自律管理。而中国政府在批准会计师职业兴起时颁布了会计师法规，规范行业发展且早期没有建立职业团体以行使行业自我监管，因此中国会计师行业监管初期大体上表现为政府监管模式。而深入探讨中国会计师制度建立初始行业监管模式的内在表现形式，则政府承担的行业监管责任并不完全是其意志的体现，而主要体现了爱国学者关于如何构建中国本土会计师制度的观点和看法。同时政府监管的范围只限于鉴定职业入门资格，颁发执业证书，同时粗略地规定会计师职业道德并对违规者进行惩罚，除此之外大量的行业事务处于无人监管的状态，因而通过更加细致的考察，中国建立会计师制度初始，即从制度建立到上海公会成立前这一段时间内行业监管表面上为政府监管，实质上为自由放任模式，即由会计师个人实施的自我管理。

清末民初我国从各方面学习日本以期尽快"富强"，两者应有更多的相似之处，但从两国建立制度的路径来看，也存在着显著的差异。造成中日两国模式显著差异的原因一方面是上文提到的中央政府在制度演进中所起的作用不同导致的三点差异；另一方面则是由中日两国的政治体制不同所造成的，由于中国仍沿用中央集权制，减少了统治者之间的摩擦和谈判成本，因而能够快速地颁布会计师法规，实施政府监管。而日本仿照西方实行的议会制，有效地形成了统治者之间的相互制衡，在充分表达各方意见的同时也增加了谈判成本，因而虽然日本学者早在中国学者之前提出会计师法规草案，但在日本贵族院和众议院的反复磋商中该草案常无疾而终，最后日本颁布会计师法规的时间反在中国之后，因此在统治者之间反复磋商过程中为日本会计师组建职业团体、实施行业自律赢得了宝贵的时间。

综上所述，英、美、日模式与中国模式存在差异是受多种因素共同制约，不仅因各国市场经济发展程度互异，同时各国的政治体制也对此产生了深刻影响。因而本书认为各国在建立会计师制度时发展出不同的模式，彼此之间没有优劣之分，也不存在建立制度的标准范本，只有与各国国情适合与否之别。就 20 世纪初中国所处的社会历史条件来说，有且仅有走政府主导建立会计师制度且法律规范先行的路线，这又必然导致随后建立的会计师职业团体一方面要取得政府的合法批准，以免中央政府将其作为非法社团加以镇压，另一方面要在行业微观管理层面上与政府争夺监管权。因而奠定了之后中国注册会计师制度演进过程中会计师及其职业团体与政府共生互动的基调，本书将在下章详细展开论述。

当然中国注册会计师制度这种由中央政府主导的跨越式发展也有其弊端。一方面，造成我国注册会计师制度思想分界并不非常清晰，各种阶段的思想杂糅在一起构成了思想流形成期的特点。这些思想与法规建设不完全同步，有时思想落后于法规实践，如在会计师法规颁布后仍然在讨论制度建立的必要性和可行性，但更多时思想超前于法规实践，对现行会计师法规提出修改建议，指导法规和实践的变革。另一方面，在配套制度没有完全建立时就快速发展了注册会计师制度，既给注册会计师职业发展带来了巨大的困难和阻力，也造成了日后严重的兼职问题及注册会计师职业既想独立于政府又不得不依靠政府的两难处境。因此下文将对政府与注册会计师及其职业团体在制度变迁中复杂的互动关系进行分析，以期清晰地勾勒出 20 世纪上半期中国注册会计师制度的演进过程。

第三章

注册会计师制度中监管思想和
职业化思想的互动分析

20 世纪上半期注册会计师制度在会计师职业团体和政府合力作用下向前发展，而指导两者实践的分别是职业化思想和监管思想。以行业微观管理层面为分析切入点，当时剧烈变动的社会经济以及政治环境使政府与会计师职业团体在处理行业事务的互动数量以及互动广度和深度中都呈现出阶段性发展的特点。如果将研究视角转到制度变迁层面，则前一研究视角中变化着的互动模式与制度变迁理论十分契合，我们可以通过研究两者互动中主导关系的变化揭示出制度变迁路径及其发展方向，同时使本章的制度变迁分析建立在较为坚实的实证研究基础上。

基于上述缘由，本章行文安排如下：第一节陈述本章运用的理论框架，即国家与社会的关系理论以及制度变迁理论；第二节至第四节分别根据政府与会计师职业团体互动特点将其划分为三个阶段进行论述，即互动起步期（1918—1927）、互动深化发展期（1927—1945）和互动衰退期（1945—1949）；基于上述丰富的互动实证研究以及制度演变过程，第五节将运用新制度经济学理论分析 20 世纪上半期中国注册会计师制度变迁的特点以及由此引发的注册会计师行业管理模式的变迁，并对当时注册会计师职业化特点进行评价。

第一节　理论分析框架

一　国家与社会的共生动态关系

国家与社会关系分析框架由基于西方社会历史经验构建的"国家与市民社会"理论演变而来，它侧重于研究两者间的对抗关系以及后者对前者权力扩展的制约，近 10 年来逐渐被中国历史学界所采用，前期主要探讨西方的国家与社会分析框架是否适用于分析中国历史，之后转而争论中国是否存在市民社会（civil society）这一命题，近期研究转从实证研究角度给出答案。较多的国内外学者从各领域进行的研究支持了 20 世纪初期中国实际上已经孕育萌生出新型市民社会雏形的观点，同时他们都注意到中国的市民社会与西方市民社会的显著区别，即与国家的关系主要不是抗衡而是寻求平衡。持这一观点的学者有罗威廉（Willam T. Rowe）、玛丽·兰金（Mary B. Rankin）、戴维·斯特兰（David Strand）、王笛、徐小群、朱英、马敏、李严成、郑榕等。[①]

　　基于上述事实，将植根于西方经验定义的公民社会（civil society）概念不加修正地运用于中国史的研究中是不可行的。因此有学者认为："当公民社会这一概念被定义为社会相对于国家的自治时，它因过于狭窄而不能解释民国时期国家与社会关系的复杂性；然而，一个定义太宽泛的概念则可能失去概念分析的功能和严格性。"[②] 由此提出应将民国时期国家与社会的关系看作一个演化过程并将其概括为"共生动态关系"，即"两者经斗争和妥协而不断界定彼此之间的关系以及它们相互重叠和不断变化的边界"[③]。

　　本书并不准备探讨中国是否存在公民社会这样一个有争议的问题，而是接受国家与社会共生动态这一观点并运用其分析 20 世纪初中国政府与注册会计师职业团体在构建和推动注册会计师制度发展时复杂的互动关系。

　　同时在互动过程中伴随着政府与注册会计师职业团体的权力对比关系的变化，两者互动的数量以及互动的广度、深度都随之发生变化，因此从制度层面上看，互动格局的变动改变了推动制度变迁的主导力量，最终制度变迁模式也随之发生变化。

---

　　① 罗威廉对 19 世纪末汉口商业和商人团体的研究，玛丽·兰金对 19 世纪末 20 世纪初浙江士大夫与政治变迁进行了探讨，戴维·斯特兰则考察了 20 世纪 20 年代北京市民与国家的关系。朱英、马敏从商会角度进行的研究，不仅论证了中国近代市民社会的存在而且归纳了其特点，李严成从民国律师公会角度探讨职业团体与国家的关系，郑榕则从地方精英在台湾建省中发挥的作用探讨国家与社会的互动过程，王笛从地区公共事业及其组织的扩展角度探讨公共领域中国家与社会的关系，徐小群从自由职业团体与国家的研究中得出两者存在的共生动态关系。

　　② 徐小群：《民国时期的国家与社会：自由职业团体在上海的兴起，1912—1937》，第 14 页。

　　③ 同上书，第 313 页。

二　制度变迁理论

新制度经济学为我们提供了分析 20 世纪上半期中国注册会计师制度变迁的理论工具。一般而言新制度经济学者根据制度变迁主体的不同将制度变迁分为诱致性变迁和强制性变迁。早期研究者如林毅夫在他的文章《关于制度变迁的经济学理论：诱致性变迁与强制性变迁》中对两者进行了定义，林毅夫认为：诱致性制度变迁指的是一群（个）人在响应由制度不均衡引致的获利机会时所进行的自发性变迁；而强制性变迁指的是由政府法令引起的变迁。

显然林毅夫为了便于分析将变迁类型做了简化，因此对现实制度演变的解释力受到局限。一些学者对此提出批评意见，认为这两种变迁类型均无法揭示制度变迁的全貌。杜恂诚教授在林毅夫的基础上对制度变迁理论进行了扩展，在其著作《金融制度变迁史中的中外比较》中提出诱致性变迁和强制性变迁可能在一个国家交替发生的观点，根据两种制度变迁模式交替可能存在的情况将其区分为正向交替和逆行交替。所谓正向交替是指强制性变迁是以诱致性变迁为基础；逆行交替就是强制性变迁不以诱致性变迁为基础。判断制度变迁模式的主要标准是，强制性变迁在与诱致性变迁交替以后，其制度变迁的目标是否一致和延续。如果答案是肯定的，那么就是正向交替，反之则是逆行交替。因此本书借鉴杜恂诚教授拓展后的制度变迁分析框架，试图对 20 世纪上半期中国注册会计师制度的演变情况进行分析。

因此下文首先以时间为线索，依据大量的一手史料对 20 世纪上半期中国注册会计师行业发展中体现出的国家与社会共生动态的关系进行实证研究，并根据各时期互动模式的特点将其划分为三个阶段；接着基于上述实证研究，分别研究三个阶段中制度变迁主体有何变化，由此对各阶段制度变迁模式进行归纳和分析。

第二节　监管思想和职业化思想互动的起步期（1918—1927）

一　政府监管思想的萌发

由于注册会计师制度处于初创期，因此北洋政府对于这项舶来的制度了解十分有限，因而在此期间政府的监管思想十分贫乏，而之所以勉为其难地颁布会计师条例，是迫于爱国学者挽回民间审计"主权"的呼声及其一再敦促下仓促完成的。谢霖、徐沧水和徐永祚等爱国学者不仅陈述尽快建立注册会计师制度的必要性，而且分析了在当时的社会经济环境下中国建立注册会计师制度的可行性，为酝酿中的注册会计师法规献计献策。在爱国学者"会计救国"思想的感召下，北洋政府积极地回应学者们的诉求，迅速颁布了中国第一部规范注册会计师行业的法规——《会计师暂行章程》。

北洋政府执政期间，注册会计师制度变迁是自下而上进行的，注册会计师率先根据自身知识存量以及本国市场环境制定出规则，然后将其呈送政府，将原本不具有广泛约束力的规则加以法规化、条例化，并依靠政府权力机关保障施行。此时政府的监管思想集中体现在颁布准入规则以及进行资格审核两个方面。

（一）颁布准入规则

1918 年北洋政府农商部颁布的《会计师暂行章程》中明确规定注册会计师注册资格如下：

第一条　凡中华民国人民年满三十岁以上之男子具备左列各条件者得依本章程呈请为会计师

一、在本国或外国大学商科或商业专门学校三年以上毕业得有文凭者

二、在资本五十万元以上之银行或公司充任会计主要职员五年以上者

这条准入规则是谢霖为政府制定的 10 条暂行章程草案中的原文，政府只是对谢氏制定的准入规则给予承认并加以颁布，同时以强制力保障实施。因而早期准入规则明显地体现出由诱致性变迁引起的正向强制性变迁的特征。准入规则并不是政府基于行业管理内生出来的，而是外生的。因而此时准入规则中更多地体现出中国注册会计师职业界学习发达国家的意愿。

从暂行条例中可以看出，中国最早的注册会计师准入规则虽然没有采用考试制度而使用审核制度，但仍然是非常严格的。首先，我们将该资格

条件与同时期汇总后的美国各州颁布的注册资格数据进行比较后发现北洋政府要求注册会计师具备的学历条件高于美国各州政府颁布的会计师法规相应条款。[①] 而对于申请者应具备的实务经验，1915 年美国各州要求的实务年限的平均值为 1.79 年[②]，而中国政府要求 5 年以上记账经验。虽然记账经验与查账经验并不具有完全的可比性，但就中国当时的制度环境而言，申请者具有 5 年记账经验已实属难得。因此，单从注册成为会计师所需的学历以及实务经验来说，似乎 1918 年暂行章程规定的条件较美国同期各州会计师法规相应条件高出不少。[③]

接着，我们从中国当时的社会历史条件来分析申请者要完全符合暂行章程注册条件的困难性。章程规定申请者要同时满足以下四个条件：第一，是有最低的年龄限制，要 30 岁以上。第二，是性别的限制，只有男性才可以申请，对于此条限制并不一定代表当时中国歧视女性的社会状态，而是当时一方面中国受过高等教育的女子确实很少，中国第一位女性会计师张蕙生，1927 年才毕业于美国加利福尼亚大学，1930 年取得中国注册会计师执照[④]，估计在谢霖制定章程时没有女性满足学历和经验并存的条件，因此在没有女性申请者的时代，"性别"并未构成真正的限制。另一方面，据 West（1996）研究英国早期会计师行业中均为男性从业者，会计师甚至可以作为"此人是男士"的代名词，英格兰及威尔士会计师协会在其成立的最初 40 年中完全不吸收女性入会者。[⑤] 似乎谢霖制定该条款时也受到英格兰及威尔士会计师协会会章的影响。第三，是对申请人学历的要求，国内外大学商科或商业专科学校学习三年以上有毕业文凭者。第四，是对申请人工作经验的要求，要求在 50 万元资本以上的银行或者

---

① 如 Siegel & Rigsby（1998）第 85 页，表Ⅱ数据显示 1951 年前各州均不要求申请者具有高等学历，绝大多数州要求具有高中或同等学力即可。如 1915 年美国 26 个州有如此规定，占当时已颁布会计师法规各州总数的 68%，而到 1934 年时有如此规定的州增加到 49 个，占总数的 96%。

② 同上，第 86 页，表Ⅲ。

③ 但是值得注意的是，美国各州颁布的会计师法规此时都明确采用考试制度选拔会计师，因此上述对于申请人学历以及实务经验的规定仅是其获得应试资格的条件，而中国此时采用的是审核制度。

④ 亢祖合：《中国最早的女会计师》，《财会月刊》1994 年第 2 期，第 27 页；葛文菊：《中国第一个女会计师——张蕙生》，《上海会计》1983 年第 2 期，第 57—58 页。

⑤ West："The Professionalisation of Accounting"，*Accounting History*，1996，1（1），p. 88.

公司担任主要会计人员 5 年以上。该条对申请人工作经验的要求与会计师应具备的查账经验相差较远，只要求申请人具有新式会计记账经验即可，将具有新式会计记账经验作为会计师具有查账经验条件的替代变量。

谢霖进行如此的替代确有其客观原因，因为 20 世纪初中国根本不存在执行查账业务的本土会计师，如果要求申请人具有查账经验是不现实的。而在当时受过高等会计学教育，并掌握新式会计理论能够进行记账的人也十分稀有，而这些掌握新式会计理论的人员要么具有留学背景要么毕业于国内新式学堂，恰恰就是中国注册会计师制度的倡导者，因此将具有新式会计记账经验作为查账经验的替代变量有其合理性。

中国与西方乃至日本的注册会计师制度相比较而言有一个显著的特点，即中央政府颁布统一准入规则。英国和日本关于会计师的准入规则最初是各个会计师协会自行规定，政府对此并不干涉也不要求统一，由此出现的情况是不同会计师协会入会标准各异，同一时期自称会计师的执业人员学历水平与执业经验参差不齐。其原因主要在于中外会计师制度演进路径存在显著的差异。西方和日本的会计师协会均在政府颁布实施会计师法规前成立，因此在政府规范会计师行业前的一段"法律真空期"由各协会制定其会员的准入规则，而中国的会计师协会（当时被称为会计师公会）在政府颁布会计师法规时尚不存在，无法形成行业自律，政府就代替协会行使了约束和监管的权力，由此决定了 20 世纪上半期中国注册会计师准入规则初始路径以及日后制度的发展方向。

20 世纪初，中国注册会计师准入规则呈现出政府承认职业界制定的规则并加以颁布的局面是由如下原因造成的：

第一，20 世纪初中国注册会计师制度演进的路径特征决定了准入规则由政府颁布。在制度演进的各步骤中我国设立会计师公会最晚，因而在政府出台法规时不具备公会制定行业准入规则的条件。20 世纪初中国建立注册会计师制度不完全是市场自发形成的，因而在制度建立时不存在经各方反复博弈最后达成均衡的行业规则以约束职业群体。而注册会计师是维护市场信用的行业，因而自身信用的维护更加重要，在行业中尚不存在具有约束力的规则时，只有靠政府颁行法规建立规则以维护行业信用。

第二，中国注册会计师行业的特征决定注册会计师入行规则由学者率先提出并依靠政府施行。注册会计师这种执行民间审计业务的自由职业，处于政府与社会的中介，因此只能由学者在觉察到注册会计师制度不均衡引致的获利机会时进行自发变迁，而政府很难觉察到这种由制度不均衡引致的获利机会。因此会计师行业的特点决定了不可能由政府率先实行强制性制度变迁模式。具体而言，先进的爱国知识分子观察到中国没有本土会计师从而使获利机会被外国会计师独占，而且更重要的是他们认为由外国会计师独占市场的情况损害了民族利益；同时爱国知识分子清楚地认识到会计师职业对于保证市场信用体系、发展经济的巨大作用，因而在自身无力推动制度建立时，必然依靠掌握强制力和法规制定权的统治者。

第三，是由北洋政府所处的社会历史条件决定的。北洋政府时期中国仍处于半殖民地和半封建社会，特别是中日甲午战争以中国的失败告终后，政府开始积极主动地学习日本和西方先进的政治、经济制度以期快速地发展经济，摆脱沦为殖民地的厄运，因此对于学者从西方和日本引进的先进经济制度，基本上是持积极的姿态全盘照搬。

第四，是由社会意识形态中一直占支配地位的中央集权思想所形成的路径依赖决定的。尽管会计师行业的中介地位要求实行高度的行业自律以保持其独立性，但学者在引入会计师制度时根据中国当时的社会和经济状况进行了"中国化"，而这种"中国化"最大的特点就是政府在推动和建立制度中发挥了巨大作用。一是长期盛行的中央集权思想及其实践使中国十分缺乏填充国家与民众之间的社会中介组织。具体到近代中国建立注册会计师制度时，表现为推动制度变迁的职业团体尚未建立，退一步而言即使勉强建立了职业团体，当面临既要克服中国商人意识形态中对查账人员的固有敌视，又要面对市场经济发育不完全、信用体系不健全的种种障碍实行跨越式发展的状况时，职业团体是无法担此重任的，当时只有政府具备这种能力。二是几千年来封建中央集权制度的施行，使得无论新式知识分子还是民国政府的意识形态中都形成了深深的路径依赖，那就是特别注重政府在制定成文法规中的作用，而忽视法规的自发演进。

由于准入规则由政府颁布，因而在法规有效期间内，标准统一，能够保障会计师资格标准一致，其优点如下：一是，避免了英美等西方国家早期会计师行业协会林立，各协会入会标准不同，导致会计师的实际执业能力有很大区别的状况。二是，会员准入规则统一，比较有利于行业的有序竞争，而不会出现英美等国一些不够入会资格的从业人员另立新协会，而不惜以较低的入会门槛招徕大量会员，造成会计师行业良莠不齐、无序竞争的局面。三是，准入准则由政府颁布，会计师行业自然就得到了政府认可，具有了合法地位。不仅可以借此较快提高中国注册会计师职业的社会地位，还可以依靠政府拓展职业空间。

但是政府颁布准入规则也不是完美无缺，它的弊端表现在：其一，注册会计师行业准入门槛由政府掌握，而不是由行业协会自己掌控，造成了中国注册会计师行业建立肇始其独立性就有缺失的局面。其二，一旦中国注册会计师在职业化思想的引导下建立职业团体，就会因此与政府争夺包括准入资格制定权在内的一系列行业管理权，因而在集权政府的控制下就转而以两者互动的形式表现出来。其三，由于注册会计师行业是一个处于政府与社会之间的中介行业，因而政府对行业的基本诉求不会十分了解，一旦政府开始以自身意愿而不是行业诉求制定和颁布行业准入规则，就会严重破坏注册会计师行业的独立性，将原本维护公共利益的"公共会计师"变为政府御用的"公家查账员"。其四，如果政府频繁地修改会计师法规，任意地降低会计师资格标准，首先会使随市场经济发展而自发形成的行业规则受到践踏，其次使得在不同法规有效期内注册的会计师资格前后不一，人为地造成会计师行业的混乱。而这种混乱并不能通过市场的自发调节最终得到纠正，其危害可能更甚于公会林立、入会标准不一。

（二）进行资格审核

由于注册会计师准入规则由农商部颁布，由谁对申请人的资格进行认定呢？因而连带着就出现了政府审核注册会计师资格的思想。1918年《暂行章程》中对注册会计师资格审核具体条款如下：

第三条　凡依本章程呈请为会计师者应具呈请书声明行使职务之区域或添附左列各文件呈由农商部核准

一、学校毕业文凭

二、证明第一条第二款资格之文件

第四条　会计师呈请时应先附缴证书费五十元由农商部核准后给予证书

第五条　凡经核准之会计师开始行使其职务时应向农商部呈请登录列入会计师总名簿，前项名簿应载明左列各事项

一、姓名年岁籍贯住址

二、会计师证书号数

三、行使职务区域及事务所所在地

四、核准之年月日

从上述三款条例中我们可以看出，第一，由农商部而不是公会认定申请人的资格。第二，呈请成为会计师要向农商部缴纳一定的费用。第三，会计师开始执业时要向农商部呈请登录在会计师总名簿中。因而在中国注册会计师制度设立之初，该行业比英美和日本更多地处于政府的控制和干涉之下。

20 世纪初，英国的会计师制度比较发达，会计师入会资格均由各协会制定，因而审核申请人资格的权力也由协会掌握，会员只向协会缴纳入会费和每年的会费，而不向中央政府缴纳任何费用，当然中央政府也不对该行业进行任何的管理。而中国会计师由于建立时尚未成立协会，事实上此时谢霖和政府都没有萌发成立会计师协会的思想，因此审核会计师资格和管理行业事务均由中央政府承担，政府有理由因承担此项监管责任而收取必要的管理费用，并将会计师事务所的详细资料备案于行业管理部门——农商部。注册会计师行业的发展一方面靠市场经济的推进，另一方面靠严格、规范的行业管理。如果该行业中从业者资格无人认定，人人可自称会计师，那么对于这个新兴职业的发展来说，是十分不利的，这些都是谢霖等吸取了国外会计师行业的经验教训得出的结论。但是由谁进行行业管理自然是摆在谢霖面前的难题。而政府具有天然的管理优势，既具有法规制定权又具有强制实施法规的能力，因此无疑是最合适的会计师资格审定人。由此诱致性变迁和强制性变迁顺利实现了正向交替，会计师资格审核思想以法规条例形式确立了农商部负责颁布和审核申请人资格的权力。

就 20 世纪初中国注册会计师行业所处的制度环境而言，政府审核注册会计师资格思想是比较合理的。因为由政府认定注册会计师资格而不是民间协会认定，一来可以迅速提升注册会计师职业的社会地位，而社会地位是中外注册会计师都十分珍视的，只有注册会计师具备较高社会地位才能得到社会公众的信任，才能招徕大量的鉴证业务。而拥有较高的社会地位和法律地位对于中国注册会计师行业来说还有更加重要的意义，他们可以借此凸显与传统社会中从事记账但社会地位不高的账房先生的巨大区别，即注册会计师是具有国家排他性授权并执行法定业务的从业人员。二来政府对注册会计师资格进行认定自然就承认了注册会计师职业的合法地位，将注册会计师行业置于政府的保护和管理之下，避免了政府将其看作异路人而加以镇压。

但是政府的注册会计师资格审核思想一方面造成了日后注册会计师制度变迁强烈的路径依赖，即政府始终牢牢掌握着注册会计师资格审核权，而且有逐渐加强的趋势。另一方面，顺应注册会计师制度演进的规律必然要建立职业团体，在职业团体建立后该行业就有了其天然的利益代言人和管理人，由此产生政府和职业团体双重领导、注册会计师缴纳双份管理费用的局面。尤其是在政府利益与行业利益出现冲突的情况下，行业利益常常会受到侵害，这是谢霖最初设计注册会计师制度时并未考虑周全的地方。

二 注册会计师职业化思想的产生

职业化过程是指职业组织通过各种方式使自愿加入者学习和掌握专业知识、技能与规范，形成自觉遵守和维护职业秩序的价值观念和行为方式的过程。其中最主要的是职业团体如何建立，如何保持职业团体的社会地位。在中国注册会计师职业化过程中注册会计师及其职业团体针对注册会计师制度如何变迁的思想统称为职业化思想。虽然中国注册会计师制度建立较英美等发达国家晚了近百年，但是中国注册会计师职业建立初始就萌生了职业化思想，具体表现在要求提高会计师社会地位思想；严定会计师注册资格思想；会计师考试制度思想；建立职业团体思想以及职业道德思想；等等。民国初年的中国注册会计师们在职业化思想的引导下与政府的监管思想共同推动注册会计师制度的发展。

（一）依靠政府确立注册会计师的社会地位

注册会计师职业开展业务完全依靠社会对其的信任，因为注册会计师提供的会计、审计服务在委托确立之前并不能得知质量，委托人和注册会计师之间的委托关系是完全建立在信用的基础上的，所以注册会计师要保持较高的社会地位。Macdonald（1995）研究认为英国会计师职业团体为了提高职业的社会地位，协会往往采取各种方式树立该行业的社会信用。如英格兰及威尔士会计师协会在得到特许后即在伦敦市中心购置了一栋具有建筑里程碑特色的办公大楼，直到100年后的20世纪70年代公众对该协会的高贵大楼还是赞不绝口。① 而 Washington（2001）则指出会计师公会要求申请者拥有文凭的入会条件，不仅能够提高其在同行眼中的地位而且能够作为其具有相应知识和值得信赖的凭证以赢得公众的信任。② 20 世纪初的中国注册会计师也面临着如何提高职业的社会地位的问题，由于注册会计师制度建立初期没有萌生成立职业团体的思想，而更多地依靠政府，所以中国注册会计师谋求社会地位向上的途径与西方显著不同，不是依靠职业团体而是依靠政府。

从谢霖先生向政府提议建立注册会计师制度到其为政府拟定的法规草案无不透露出中国注册会计师一开始就试图以政府为依托，提高他们职业的社会地位，具体表现为谢氏拟定的暂行条例中将注册会计师注册资格的颁布权和审核权均交由政府掌握。

而这种思想的产生是有其特定社会历史原因的：

第一，面对强大的竞争对手和恶劣的生存环境，中国本土会计师产生了依靠政府提高职业社会地位的思想。在中国本土会计师出现之前，外国在华会计师完全垄断了会计师服务市场，因此面对恶劣的生存环境，本土会计师不仅有效地利用了民族主义话语以减少外国会计师在华业务的垄断，而且更加有效地要求中央政府授予本土会计师执业资格与外国在华会计师展开业务竞争。

第二，面对传统社会根深蒂固地认为会计从业人员社会地位低下的观念，会计师需要中央政府出面以法规条例的形式确立该职业的社会地位。由于会计师行业在中国属于舶来之物，20 世纪初社会公众还无法区分它与"账房先生"有何不同。同时，如前文所述在"重农抑商"为社会主流思想的作用下，一切从事有关理财记账职业的人均被视为唯利是图的小人，这样一来新兴会计师职业社会地位的起点自然不高。如何摆脱传统观念对会计师职业发展的阻碍？中国会计师采取了两条途径，一是尽力著书立说以英美会计师为榜样，向社会公众展示会计师职业与账房先生的不同；二是依靠政府强制力实现行业规范和管理，达到凸显会计师是政府授

---

① Macdonald, K. M., *The Sociology of the Professions*, pp. 197 – 198.

② Washington, L., "Experience + Education + Examination... The Meaning of Professional Certification", *National Public Accountant*, 2001, 46（5），p. 14，转引自 Anderson et al., "Constructing the 'Well Qualified' Chartered Accountant in England and Wales", *Accounting Historians Journal*, 2005, 32（2），p. 12.

权专门从事会计、审计业务的专家，以此区分两者的目的。

注册会计师依靠政府提高职业社会地位的思想最终被政府以法规形式确立下来，这是早期注册会计师制度变迁明显的特点。而接下来围绕着如何维持会计师卓尔不群的社会地位，如何进行行业自律和管理等问题，会计师们在职业化思想的指导下对现行法规提出了种种修改意见。

（二）严定注册会计师注册资格的思想

会计师注册条件的高低不仅与注册人数直接相关，更重要的是与行业未来能否健康发展，职业能否维持其较高的社会地位休戚相关。因而学者和执业者对于政府颁布的会计师注册资格条件的意见和反响也最强烈，他们不约而同达成的共识是：要对会计师注册资格积极从严。

1. 对申请人学历要求的异议

徐沧水率先对1918年《暂行章程》中的资格条款表达了意见，指出："会计师非仅精通会计学术尤须熟谙商工事情、否则难胜检查之责、故其资格限制宜严"。他认为当时资格条款中对申请人学历的限定并不严密。他说：

> 推立法者之用心，以为会计师与商业关系最为密切，会计学为商业学校应有之学科，故第一项资格规定以在商科大学或商业专门学校毕业者为限。夫会计学在今日已成独立之科学且为分门的研究，以最严格而论，则商业学校所有关于会计学之科目仅有簿记学较为注重，即有会计学，尚系选择科目，毕业商校而未习此不完全之会计学者甚多。故会计学之研究并非毕业于商校者，尽人而皆有此素养。而在商校中毕业，如非偏重于会计学门者，又鲜为精密之研究。[①]

与上述观点类似，徐永祚也认为1918年章程存在不足，指出："会计师暂行章程对于资格限制原文虽注重学识与经验，规定极严。但会计师应有之学识为会计专门之学识，应有之经验为会计事务之经验，非仅毕业于学校办事于公司即可谓之有学识与经验也。"[②]

从上述两者对申请人学历要求的言论中可以看出，他们都认为规定申

---

① 徐沧水：《会计师制度之商榷》，第12页。
② 徐永祚：《会计师制度之调查及研究》，第58页。

请人毕业于大学商科或是商业专门学校，并不是其具备会计学知识的充分必要条件。因而将申请人教育背景定为商科或是商业专门学校并不严密。首先，毕业于商科或是商业专科学校不是申请人具备会计知识的充分条件，因为这些学校中会计学尚属选修科目，因而即使毕业于这些院校的申请人不一定系统学习和掌握会计知识，更不一定对会计学进行深入研究。其次，接受商业或是商业专科学校教育也不是申请人具备会计知识的必要条件，因为研究会计学者并不局限于商校毕业，而是"尽人而皆有此素养"。值得一提的是，徐沧水此时已经认识到簿记学和会计学有差异，两者并不能够相提并论，指出会计学是簿记技术的理论化，因而稍微通晓记账原则并懂得阿拉伯数字的申请人是不具备会计师职业资格的。[①]

徐沧水认为政府对会计师申请者的资格限定应积极从严，最严的规定是"非在学校专攻会计学者不得呈请"。但也认识到如果这样规定，那么中国能够申请成为会计师的人非常有限，不利于该制度在中国的推行和发展。因此根据20世纪初中国国情，其对会计师学识资格提出的改进意见有：第一，适当放宽申请人学科限定，增加经济科和理财科。第二，明确有国外留学背景的申请人专业背景必须为会计学或是计理学。在此基础上选拔会计师基数增大，有利于"不拘一格降人才"，但如何选拔就是摆在这些先驱面前的另一个问题。索性英美的会计师制度为此提供了现成的经验，所以徐沧水认为："宜仿英国学习制度或美国考试制度，即养成大多数之人才再规定试验办法，以杜冒滥。两者并行以为折中之办法也"[②]。因而要求严密规定申请人资格的思想由此演变为注册会计师考试制度思想，该制度思想的具体内容将会在下文中详细分析。

由于1918年《暂行章程》对申请人资格的规定在当时来说比较严格，政府在1918—1923年修改章程前仅颁发会计师执照18份。但政府掌握着会计师法规的制定权和颁布权，因此1923年5月3日北洋政府修订了资格条款，修订后的条款为：

---

① 徐沧水：《会计师制度之商榷》，第12页，原文为："会计学系计算之原理，而簿记学则为计算之技术。有会计之原理，而后发生簿记之技术。故簿记可包含于会计学之内，而仅明簿记不得即谓精通会计学也。"

② 徐沧水：《会计师制度之商榷》，第12页。

第一条、凡中华民国人民年满三十岁以上具有左列各款资格之一者得依本章程呈请为会计师。

（一）在国内外大学或专门学校之商科或经济科以会计学为主要课程之一。肄业三年以上。得有毕业文凭并具有相当经验者。

（二）在资本五十万元以上之银行或公司充任会计主要职员继续五年以上者。

修订后的章程与原章程的最大区别是：第一，取消了对申请人性别的限制。因而所有30周岁以上并满足其他条件均可申请。第二，将原章程中要求申请人同时具备学历和经验修订为两者居其一者即可。相对1918年资格条款难度降低很多，当年即有23人注册成为会计师，此后呈现逐年增多的趋势，1924年又有73人注册，北洋政府执政时期共颁发会计师执照284份①，这一时期约94%的会计师是入行资格降低后注册的。

面对职业圈迅速扩大的局面，徐永祚认为"上列章程关于资格之限制，不免宽严失当"。因而两相比较后，给予1918年章程中的会计师资格条款较高的评价，认为规定极严，而"修正文改为具有一种资格者即可充任会计师未免失诸太宽"②。

针对修订后的条款他指出，虽然第一条在原章程基础上对申请人学历要求附加"具有相当经验者"，但是"所谓相当者，实属漫无标准"。从徐永祚发表的言论中可以看出他认为法规中的学历资格应该具有可操作性和严密性，而不能似是而非、漫无边际。我们认为他的建议十分正确，体现出执业会计师要求尽力缩小职业圈以保持职业卓尔不群地位的职业化思想。

2. 对申请人资历要求的建议

徐沧水认为1918年章程中对申请人工作经验的要求与会计师查账经验不完全相关。他指出："欧美会计师虽以经验为重，但其所谓经验系从事会计研究中得来或事务上以养成，非仅治簿书，即可谓之为有经验而即

① 以上各年会计师注册数据均引自奚玉书《我国会计师事业》，《公信会计月刊》1939年2卷3期，第80页。

② 徐永祚：《会计师制度之调查及研究》，第58页。

可贸贸然以从事也"①，言下之意，按《暂行章程》标准选拔出来的会计师并不具备查账能力。对照暂行章程来看，徐沧水并不是针对条款内容生发议论，似乎是对于谢霖取得会计师资格的疑义，确实谢霖在取得会计师执照时并不具备查账实务经验，只是出版了《银行簿记学》等"簿书"。

对1918年章程中申请人资历的限制，徐永祚支持徐沧水的观点，也认为章程中规定的资历条件并不是会计师应有的查账经验，因为在公司从事会计工作的经验并不能成为查账经验的替代变量。而对1923年章程中第一条第二款规定只需申请人具有公司或银行的会计实务经验，徐永祚表达了对会计师制度前景的担忧。他认为："第二款则并未有一定学校毕业之限制，何从知其有若何之学识。自此以后学识与经验虽于两全，担任会计事务安能愉快胜任。将来恐难得相当之人才，而不能发挥此制度之效用。"②

在徐永祚看来，中国本土会计师素质与注册会计师制度未来发展的好坏有直接关系，因而如不能严格规定学历和经验并重，或者这种规定不具有可操作性，那么注册会计师制度这种在英美等国能够维护市场信用的良好制度，在中国恐怕就生为"酸枳"，而不能发挥原有的效用。

虽然在中国注册会计师建立的最初时期，社会对该制度的了解并不多，因而对此发表的评论也很有限，但是这些有限的评论，却是字字点到了中国最初建立的注册会计师制度的症结和要害。从中我们可以看出中国注册会计师在初登职业舞台就萌发了很强的职业观。因而他们由严格限定注册会计师资格思想，生发对注册会计师资格条款的异议，提出积极仿照英国注册会计师的实习制度或是美国的注册会计师考试制度，以此培养出一大批具备会计学识和查账经验的申请人，然后再从中挑选出注册会计师，此时中国注册会计师已经萌发了考试制度思想。

（三）注册会计师资格考试的初步设想

徐沧水率先提出了注册会计师考试制度思想，构想以此杜绝不学无术者混入会计师行业，但他对考试制度具体如何实施，并未给出步骤和方案，因此不具备可操作性。而徐永祚在其基础上对考试选拔制度加以初步具体化，试图以法规形式将考试制度变成一种具有普遍约束力的正式制

---

① 徐沧水：《会计师制度之商榷》，第13页。

② 徐永祚：《会计师制度之调查及研究》，第58—59页。

度。针对 1923 年政府颁布的修正法案提出了自己的修改建议：

一、在国内外大学或专门学校商科或经济科以会计学为主要课程之一肄业三年以上得有毕业文凭者。

二、在会计师事务所充任学习书记三年以上者或在资本五十万元以上之银行或公司充任会计主要职员五年以上者。备具上列两项资格经会计师试验委员会试验及格并经会计师审查委员会审查合格者得充任会计师。无前列资格者无论何人不得用会计师之名并执行其业务。①

对比徐沧水和徐永祚对会计师考试制度的建议，后者将前者零散的建议加以具体化。第一，在申请人学历和学科背景要求方面，徐永祚与徐沧水的观点类似，都要求将学科背景放宽到经济科，因而在原章程中笼统要求商科毕业的基础上，增加了经济科以会计学为主修课程的条件。第二，在申请人资历要求方面，徐永祚将徐沧水提议仿效英国的实习生制度思想加以具体化，并增加了申请人在会计师事务所充当实习生三年的规定。第三，徐永祚不仅赞同徐沧水要求申请人学历和资历并存的观点，而且更进一步，建议政府修订章程时规定只有同时具备两者的申请人才能够参加考试，考试合格才能够担任会计师。

徐永祚萌发的注册会计师考试选拔的观点，堪称当时最为具体和全面的思想，这一思想的先进性体现在：

其一，对参加考试的人员资格有明确的标准，即满足一定的学历和资历者才能够参加考试选拔，设想将原章程中的资格条款仅作为申请人可以参加考试而不是取得执照的资格，明显地表现出提高职业门槛的思想。

其二，设想取得会计师资格的唯一途径是通过考试，试图完全废止不严密的审核制度。

其三，构想分别由会计师审查委员会和试验委员会承担管理和制定考试事务的职责。首先，对于审查委员会的人员构成方面的设想是，由农商总长委任高等文官 1 人、大学教授 1 人以及会计师公会推选的会计师 1 人共同组成。在考试委员会委任和推选大学教授、会计师担任职务，意味着徐永祚已经认识到完全由政府承担各项行业管理事务存在很大弊端，因而

① 徐永祚：《会计师制度之调查及研究》，第 60 页。

有必要采用三权分立，即利用政府、学术界和行业公会三方权利和义务的互相制衡作用，更好地管理注册会计师行业。这种设想有意识地体现出要求政府放松管制，加强行业自治的思想；其次，设想在建立审查委员会的基础上成立考试委员会，即由审查委员会推选7名注册会计师组成考试委员会，其职责是规定考试科目、办理考试事务。徐永祚对注册会计师考试委员会成员都由会计师担任的设想，体现出会计师要求行业内部人员而不是政府掌控职业门槛的思想。这种思想的产生是与英美会计师公会的表率作用密切相关的，他试图在现有章程的基础上提高会计师职业门槛，借此将资格制定权从政府的手中巧妙地转换为由行业内人士掌握，但表面上还是受到政府的管理和规范。

到1926年徐永祚的考试制度思想在原来的基础上有了些许变化，具体表现在：

第一，明确提出会计师取得执业资格的主要途径是通过考试，同时在原设想的基础上建立会计师检定委员会办理考试和施行审查职能。比较1923年与1926年徐氏对于会计师考试管理机构的设想，两者的区别在于：

一是，合并管理机构，即由原设想审查委员会和试验委员会分别承担审查与办理考试事务，合并为由检定委员会承担上述职能。

二是，人员构成不同，构想检定委员会人员构成为：由农商总长聘任农商部官员1人、政府审计院官员1人、司法部官员1人、大学教授1人以及会计师公会推选会计师3人，共计7人组成。虽然总人数相同，但是政府官员在其中所占比例明显提高。徐永祚并未详述思想转变的原因，而是指出："以我国情形言，似宜广集各方面之高级专门人才组织之，故本案有上列之规定"[1]。似乎徐永祚在草拟条款时受到政府相关部门的授意，同时预示着政府开始加强行业管理以及日后制度变迁主导力量的变化。

三是，附加规定第一届会计师检定委员会的所有委员均由农商总长聘任。草拟法规第二十八条设想第一届检定委员会7位委员中原定由公会推举的3位会计师改由农商总长聘任。徐永祚给出的理由是：暂行章程下会计师资格条款限制不严密，因而"暂行章程下所产出之会计师，既未能急

---

[1]   徐永祚：《会计师法规草案及说明书》，《银行周报》1926年版，第11—12页。

速地完全抹杀，而又不便绝对地完全承认。……委员自亦未便由公会推举"①。徐永祚对于公会行使行业管理职能中表现出的矛盾思想，一方面说明中国注册会计师制度刚刚起步，其指导思想远没有成熟，既要求公会在行业管理中取得大部分管理权又设想将公会管理权转交给政府；另一方面说明会计师职业化思想与中国现实情形的巨大差距，在职业化思想的指导下中国注册会计师要求成立行业公会，并赋予必要的管理权，而面对中国注册会计师执业素质不高的现状又限制公会完全行使管理权。

第二，在原设想考试为取得会计师资格的唯一途径的基础上，增加了免试取得资格的条件。但增加免试条款并未降低入行门槛，而且比1923年的设想更加周全。这是因为制定免试条款的目的是为解决考试代替审核制度后，如何对待旧制度下取得资格的那些会计师。规定："具有左列各条件之一者，得经会计师检定委员会之审查，免除试验。其一，在本章程施行前，领有农商部所发给之会计师证书者。其二，依本章程充会计师后，经其请求或有第十四条、第十五条②之情事，撤销其证书者。"③

徐永祚指出他此番思想来源于纽约密执安和美利坚会计师公会章程中的免试规定：已有其他法规下会计师资格或已成为会计师者可以免除考试。上述两公会中关于已有其他法规下会计师资格又分为两类，一为本国或本省法规下之资格，二为外国或外省法规下之资格。由于我国注册会计师资格由中央政府颁布，具有统一性，不存在各省标准不同的情况；同时1945年前颁布和修订的6部会计师法规都仅针对中国本土会计师，对外国在华会计师没有约束力，因而徐永祚认为"外国法规下之资格现在似不必公认"。综合考虑后，徐永祚认为只承认在考试制度施行前领有执业执照的会计师资格，但仍要接受检定委员会的审查，合格后才能换领证书，继续保留会计师资格。原因一是徐永祚认为暂行条例中对会计师资格限制"究属太宽"，并且当时会计师的执业现状也不能令其满意；二是为慎重起见，对已有执照的会计师执业能力和身份进行审核，使执业能力不足和身份不独立者"不得悖进"。虽然徐永祚没有对第二条规定做出解释，但似乎可以看出徐永祚此时认为取得会计师证书只是实际执业的必要非充分

---

① 徐永祚：《会计师法规草案及说明书》，第41页。

② 第十四条和第十五条分别规定会计师不得兼任官吏和兼营商业。

③ 徐永祚：《会计师法规草案及说明书》，第13—14页。

条件，如果才能和学识达到资格只是身份不独立，还是可以取得证书。

徐永祚会计师考试制度的设想提交上海公会后，公会法规研究委员会研究后对其设想做了如下的修改提议。

关于免试条件的规定。增加了一条免试条件：在外国领有会计师证书者，但须证明该国之试验及审查，其程度与本章程之规定相等者为限。公会提出这样的修改建议目的一是试图将外国在华执业会计师纳入中国注册会计师法规的管理体系中；二是鼓励中国会计学者在发达国家取得会计师资格。

其思想的先进性表现在：第一，在中国沦为外国殖民地的社会环境中，仍设想将外国会计师纳入中国会计师管理体系中，体现出中国会计师强烈的民族主义和爱国情怀。第二，鼓励在国外取得会计师资格后加入中国会计师群体，表明中国会计师十分愿意吸收精英同行来提升本土会计师综合执业素质。

但这一构想也并不是完美无缺，最主要地表现在：要求证明会计师在国外领取证书前通过的考试和审查难易程度与中国相等，这种想法很不切实际。因为中国属于较晚发展会计师制度的国家，其考试选拔尚流于形式而审核制度也不成熟，就世界范围而言，英美两国会计师考试选拔制度不仅严密且程度远高于中国，只有发展会计师制度较晚的日本其会计师考试和审核制度与中国程度相当。① 因而就当时世界范围各国会计师制度的发展情况来说，与中国会计师考试和审核制度程度相当者十分有限。就徐永祚在其著作中介绍英美两国会计师公会对于在外国、外省或其他公会领有证书者要证明其考试难度不低于申请加入的公会规定来看，上海公会应该对外国公会免试规定有所了解，但没有参照修订免试规定，似乎可以用强烈的民族主义来解释上海公会的举动，中国会计师不愿意也不承认我国会计师考试制度难度低于其他国家。

关于检定委员会人员构成及第一届委员会委员由谁聘任问题。公会对于检定委员会人员构成的修改建议是：在保持由农商部聘任的 4 位委员不变的基础上，将公会推举的会计师人数增加到 5 人，委员会共由 9 位委员组成。从这一修改建议中体现出公会要求在负责管理和办理考试事务的机

---

① 具体条款可参照徐永祚所著《英美会计师事业》附录《日本会计士会会章》中会员资格试验规则，第 283—286 页。

构中占有较大优势，由原来占全体委员的 42.9% 略呈弱势状态，上升到占据微弱优势的 55.6%，试图依靠增加会计师的席位，在考试制度中更多地体现出职业群体的意愿。而对于徐永祚提议第一届检定委员会所有委员均由农商总长聘任，公会的建议是直接从草拟法规中删除。公会中大多数会计师与徐永祚的观点有分歧，他们认为要在考试制度建立初期就确立公会和会计师的重要地位和管理作用。纵观世界发达国家会计师制度发展过程，20 世纪上半期中国会计师公会掌握的行业管理权不是太多而恰恰是太少，因此公会法规委员会建议在考试管理机构中增加公会推举人员席位的构想是具有进步意义的，似乎他们意识到一旦管理考试事务的相关权力在制度建立的初始就由政府掌握，在日后制度演变中就很可能形成路径依赖，因而力图避免这种情况发生。

由于注册会计师制度在中国尚不成熟，因而考试制度只是初步设想，存在很大的缺陷，具体表现在：首先，对于考试科目、考试程序以及合格标准都没有具体规定，只是笼统地设想由相应管理部门承办。其次，虽然构想出建立考试委员会或检定委员会办理相关考试事务，但是其前提是存在强大的公会，而中国注册会计师制度建立后的 7 年没有公会存在，因此在公会缺位的情况下就开始探讨用考试制度选拔会计师的思想太超前，根本没有实行的可能性，因而阻碍了考试制度由思想层面向执行层面的演进。

（四）要求建立职业团体的思想

徐永祚最先认识到没有本土会计师职业团体是制度发展的最大阻碍，在其 1923 年出版的著作《会计师制度之调查及研究》中，徐氏指出北洋政府颁布的会计师章程"最大的缺点则为没有会计师公会的规定"，同时他也是最早提出建立本土会计师公会思想的执业者。

徐永祚产生建立职业团体的思想：一要归功于注册会计师制度知识的积累。在中国注册会计师制度尚未建立时，徐永祚等一批新式知识分子已通过来自日本和英美的资料，了解到外国行业公会在推动注册会计师制度发展的过程中起到了巨大作用，尤其是英美会计师协会为了培养优秀从业者从各方面进行的努力，使徐永祚十分倾慕，因此仿照英美界定了中国会计师公会的职能和目的。二要归功于他执业经验的积累。作为一名执业会计师，他能够切身地体会到没有行业利益的代言人和监管人的会计师职业是不能够顺利发展下去的，认识到其考试选拔制度思想不能实施的瓶颈在于没有行业协会行使管理职能，因而很自然地产生了建立职业团体的思想。

徐氏建议在会计师章程中加入公会条款，以法规形式赋予会计师建立职业团体的权利，他认为："会计师应于适宜之地设立会计师公会。其目的以图会计师学术及地位之向上，并促进经济事业之健全发达，增进共同之利益，联络会员之感情为主旨。会计师非加入公会不得执行职务。"①

比较中西建立会计师协会的思想我们可以发现其中的异同。相同之处表现在：

第一，建立职业团体的思想都是由会计师自发形成的。尽管中西注册会计师制度建立方式不同、行业管理模式各异，但都是在市场经济发展到一定程度，产生股份制有限公司的基础上建立的，都是为了维护市场信用的市场中介组织，同时也是政府与社会之间的填充组织。因此尽管中西注册会计师行业建立的方式不同，注册会计师行业都需要有行业利益的代言人、内部监管人。

第二，建立会计师职业团体的目的相同。中西会计师建立公会（协会）的主要目的都是为施行职业封闭排他性战略（closure）以及谋求提高职业社会地位。职业封闭排他性战略表现在对会计师称号的垄断上，不论是中国会计师还是英美两国的会计师都试图垄断自己的称号，规定非加入协会不许以会计师自称，以此来区分职业圈内人和圈外人。同时进一步规定不加入协会不得执业，从而达成对会计师业务的垄断。

但是由于中西注册会计师制度演进的路径不完全相同，因而又有许多相异之处：

其一，建立职业团体思想的独立性不同。英美等国的执业会计师萌发建立职业团体的思想后，完全依靠职业界自身力量建立协会、订立章程。而中国会计师提出的建立职业团体思想，却是设想先得到政府的合法性授权，因而比较而言中国注册会计师行业缺失了独立自主性。造成这种状况的最主要的原因是中国注册会计师制度变迁中形成的政府行政管理的路径依赖。

其二，由独立性不同造成行业管理的外在表现模式不同。20 世纪初英国政府与会计师协会唯一的关系是，政府授予协会"特许证"，以此承

---

① 徐永祚：《会计师制度之调查及研究》，第 62 页。

认协会及其成员的社会地位并特许其成员执行业务，但政府不参与注册会计师行业的管理，因此英国的注册会计师行业属于自我管理模式。而中国注册会计师制度演进的每一阶段都与政府有着密切的联系，而职业团体建立后必然要与政府争取行业管理权，由此引发双重管理，即政府和行业公会共同管理模式，也称为混合管制模式。从北洋政府时期中国注册会计师制度演变的路径来看，表面上是政府对注册会计师行业施行管理，但介入的幅度与程度均很有限，不系统，北洋政府所起的作用是利用法律制定权和强制力，将会计师职业化思想变成有约束力的法规条文，因而北洋政府执政结束时会计师行业管理模式演进到了以自律管理为主、政府管理为辅的混合管制模式。

徐永祚设想会计师公会的职能范围包括：

> 教育及指导会计师之后进者；研究或调查会计学及其他关系学术之学理与事务，并开讲习所兴演讲会；发表关于会计上之意见。并讲求其实行之方法；规定维持会计师德义之方法；监督会计师之行为，会计师公会会长得依委员会或总商会之决议，声（申）请惩戒于会计师审查委员会；规定会计师报酬之标准额。[①]

可以看出他认为在行业管理的微观层面公会应该掌握的管理权有：对政府颁布的会计师规章评议权；职业道德准则制定权；执业会计师对行业管理规则遵守与否的监督权以及会计师服务费用定价权。留给政府的管理权只有会计师执业资格的认定权以及对违规会计师的惩戒权。

徐永祚与谢霖关于中国注册会计师制度发展构想的最大区别在于：前者在职业化思想的指导下生发了较强的职业自我观，更强调由公会施行行业自我管理而非政府管制，突出职业团体在提高会计师职业素养、增进会计学研究、针砭会计法规时弊、监督会计师行为等各方面的不可替代的积极作用。

徐永祚不仅有建立公会的设想，并且在与其他 23 名注册会计师共同努力下将其变成了现实，历时一年的筹备后于 1925 年 3 月成立了上海会计师公会，并制定了公会章程。其中第三条开宗明义地提出：公会以"联络感情交换知识，图谋会计师地位及信用之向上，促进吾国经济事业之健

---

① 徐永祚：《会计师制度之调查及研究》，第 62—63 页。

全发达为宗旨"①。第四条将其1923年设想的会计师公会职能范围拟成七款——订入公会章程。公会章程中的"中国特色"表现在第一条即明确表明公会是经过农商部核准建立的。

图3.1　1925年3月上海会计师公会成立大会合影

图片来源：中国会计博物馆藏品

随后其他地区的会计师也纷纷效仿建立地方公会，其章程基本以上海公会章程为蓝本。可以看出中国建立会计师职业团体思想和行动都是由上海会计师率先发起并进行制度创新，然后扩散到其他地区的。在北洋政府执政期间，继上海公会之后先后成立了平津、广东以及武汉会计师公会。之所以会计师职业团体行动能够在这些地区最早发起，是与这些地区市场经济发展水平密切相关的。首先，如上文所述，注册会计师职业产生的前提条件是两权分离以及新式会计知识传播，由于上述地区市场经济发展水平较高，因而催生了对注册会计师服务的需求。其次，还是由于上述地区市场经济发展水平较高，因而工厂和商户会计核算水平也相应提高，新式会计知识能够较容易地被这些企业接受用来改良或改革其会计制度，因此会计知识在平津、广东及武汉地区较内陆地区更为普及。最后，一些著名会计师往往是多家会计师公会的会员，如徐永祚、谢霖、潘序伦等，这样做有利于将上海公会制度上的创新迅速地推广到其他经济相对发达的地区。

虽然会计师职业团体逐步壮大，但是自1923年后，北洋政府并没有

---

① 　徐永祚：《英美会计师事业》，第295页《上海中华民国会计师公会章程》。

根据制度环境的变化相应重颁或是修订法规，因而 1926 年徐永祚在草拟会计师法规时再次提议增加公会条款。此次与 1923 年提议的不同之处主要在于：

第一，着重强调公会在行业管理中不可替代的作用。他指出会计师的资格限制、行为取缔以及增进职业道德，"凡此种种，均非徒恃法律所能维持不敝，要有待于行业团体之匡助。且职业法规之立法通例，仅能偏重于消极的取缔预防，其改善助长，究非业中人自为约束，并自为积极的努力不可"①。他意识到政府并不了解被管理方会计师的战略行动空间，因而在不完全信息下进行博弈，单次博弈后政府根据上期会计师的行动对现有法规进行修修补补后进入下期博弈，这样的管理是非常被动的预防式管理。而公会具有政府管理不可替代的优势，其十分了解被管理方的战略行动空间，因而能够在完全信息下制定博弈规则，能够较快达成均衡，是积极式的管理。

第二，对公会组织机构和人员构成有了较明确的构想，并对公会章程内容进行了规定。关于公会组织和人员构成，设想由理事 3 到 9 人、监事 1 到 3 人以及评议员若干人共同构成。徐氏指出其公会组织构成的设想与日本会计士公会组织机构大略相同。关于公会章程内容，徐永祚认为应包括：会员入会出会手续、职员选举方法及其职务、会员会和职员会的会议方法、公会成立的目的和承担的职能、维持会计师职业道德的方法以及其他处理会务的方法。

1923 年徐永祚对于成立会计师公会只是感性认识，参考英美公会已有的经验为中国尚未建立的公会组织订立了职能范围。而随着其亲自筹备成立上海公会，徐氏对于公会增添了较多的理性认识，因此能够注意到公会组织和人员构成等更加微观具体的事务，但他对建立公会构想的缺陷也是十分明显的：一是，只是笼统提出会计师应该在执业区域设立公会，自始至终没有提及发起成立公会人数的最低限额。二是，还仅仅满足于建立地区性的公会组织，尚未有建立全国性会计师公会组织的设想。因而上海公会保留了徐氏制定公会的其他条款，对上述两点进行了修改，修改后的条款为：会计师集合 20 人以上，得设立会计师公会，并得联合各公会设立全国会计师公会联合会。上海公会在肯定了徐永祚建立公会绝大部分设

---

① 徐永祚：《会计师法规草案及说明书》，第 32 页。

想的基础上对其存在的缺陷进行了修订，富有远见地提出建立全国会计师公会的建议，成为 1933 年成立全国会计师公会的最早思想来源。

（五）对注册会计师兼职问题的探讨

限制注册会计师兼职属于职业道德规则中保持会计师独立性的范畴，但是近代中国注册会计师对兼职的态度及其对这一问题的关注程度远非职业道德规则中其他条款可以企及，因此为便于行文，此处仅对兼职问题展开分析，而其他职业道德思想将在后文详细论述。

中国注册会计师制度的先驱谢霖并未限制注册会计师兼职，其 1918 年为北洋政府草拟的《会计师暂行章程》10 条没有制定相关条款。而 1923 年北洋政府农商部修订后的章程仍然没有限制兼职。

谢霖没有将限制兼职条款订入章程有其客观历史原因：一是，20 世纪初注册会计师制度思想从西方和日本引入中国，尚属草创阶段，只有少数精英对此有初步的认识和了解，更因为最初谢霖以一人之力进行规划、推动制度建立，所以其订立的章程中难免有所疏漏。二是，中国第一位注册会计师谢霖在领到执业证书时还任交通银行总司账，他在开办事务所，承接查账业务时仍担任该职。如此来看谢霖是有意未将兼职条款订入暂行章程，他认识到如果限制兼职，那么他就不具备成为执业会计师的可能，因而中国拥有自己本土会计师肯定还要晚些。三是，中国注册会计师诞生时的社会经济环境造成了业务狭窄、生存空间十分有限的状况，因而完全依靠会计师业务，从业人员不能够生存下去。

徐永祚是中国最早注意到会计师兼职问题的执业人员，他在 1923 年首次表达了对现行章程中没有限制会计师兼职的担忧："（暂行章程中对）会计师之兼营其他职务，职务上所负之责任，以及其他营业上之制限，均未规定，不免失诸简略。将来或致发生流弊，为社会所诟病。"[1]

由徐永祚提出限制兼职是有其必然原因的，一方面，徐永祚不仅深入研究了英美等国会计师公会章程并将其翻译出版，为中国限制会计师兼职提供了必要的理论依据和仿照的范本。另一方面，与谢霖在担任交通银行

---

① 徐永祚：《会计师制度之调查及研究》，第 59 页。

职务时领得执业证书不同，徐永祚于1921年摆脱一切职务后①，才申请成为注册会计师并开始执业，因而他能够本着职业化的精神对此提出客观建议。

徐氏根据英格兰及威尔士特许会计师公会章程并参照各国制度，草拟条款对注册会计师兼职问题进行限制，他认为："第一，会计师执行业务时，不得兼任官吏或其他有俸给之公职。但充国会地方议会议员或执行官厅特令之职务者不在此限。第二，会计师执行职务时不得兼营商业。但得会计师公会之许可者不在此限。"②

从草拟条款中可以看出中国注册会计师在兼职问题上苦苦挣扎于理论和现实中。具体表现在虽然力图限制兼职，但是具有相当大的弹性。徐氏以英美两国会计师公会章程为依据，认为不仅应该禁止会计师兼任政府官员和其他有薪金的公职，而且应该禁止会计师兼营商业。他的理由是："会计师之职业地位必须为独立的第三者，凡因其他关系及利害关系之足以影响其独立地位者，均应避免之。庶几执业时得公平正直、不受任何方面之牵制。故各国法规均明文禁止兼从事于其他职业。"③

从上述言论中我们可以得出：第一，西方国家限制注册会计师兼职的相关法规及公会章程，不仅为徐永祚萌发限制兼职思想提供了思想来源，也为其拟定相关条款提供了理论依据。第二，徐永祚已经认识到注册会计师职业的灵魂是其独立性。因此只有禁止注册会计师担任政府官员才能够最大限度地保持与政府的独立性；禁止其从事商业才能够保持与工商企业的独立性。保持了与这两方面的独立性，会计师事务所及其职业团体才能真正以中介组织的身份，独立、公正地行使维持社会信用的职责。

但中国当时的实情是：注册会计师如果专营此业并不能糊口。因而为

----

①　不可否认现存上海会计师公会会员兼职情况调查表（1934年12月14日呈报）中显示徐永祚担任会计师的同时还兼任公司监察人、校长及上海市参议员等多项职务，上海档案馆档号：S447-2-237。有必要说明的是20世纪二三十年代中国注册会计师资格采用静态考核方法，即只要申请时不兼任他职并具备其他各项条件即可领取执业证书，其执业资格并不随日后兼职与否而消减。因此我们只能认为徐永祚在申请会计师执业资格以及1923年提出限制会计师兼职议题时确实无兼职情况，至于其日后兼职情况及限制兼职思想的转变本书将在第三章第三节进行详细论述。

②　徐永祚：《会计师制度之调查及研究》，第60—61页。

③　徐永祚：《会计师法规草案及其说明书》，第25—26页。

了该职业能够生存下来，并且有新鲜血液持续补充到职业队伍中来，又不得不对限制条款进行变通，徐永祚的理由是："其他职业之不致完全影响其独立地位者，不必严禁。且会计师业尚未发达之时，尤不宜完全严禁。……例如荷兰、挪威、日本及英美等均是。"①

对经公会许可的会计师可以兼营工商业，徐永祚的理由是："（要）随时依照兼业者之环境定之。……只明示其不得抵触本职业之限度，使公会酌量定之，因其较能熟悉时宜之故也。"②

在徐永祚的观念中，公会对于会员情况最为熟悉，因而不必在法规中硬性规定会计师不得从事的工商业务，而是要充分发挥公会的判断力和创新力，在行业成员的谈判中最终达成共识。从这一点来看，中国注册会计师已经不满足完全依靠政府颁布法规施行行业管理，他们已经开始注意到行业公会在管理行业事务中具有得天独厚的优势并有意识地加强公会的管理作用。

随着执业经验的丰富以及对执业环境更加了解，1926 年徐永祚在上海会计师公会法规委员会的推举下，草拟出会计师法规 29 条以备政府采纳。其中第十四、十五、十六条对会计师兼职问题进行了更加全面、细致的规定。

比较 1926 年草拟法规条款与 1923 年著作中关于兼职问题的建议，1926 年法规有如下进步：

第一，增加了会计师可以兼任教授的规定，因而有利于吸收研究会计理论的学者加入职业队伍，不仅可以扩大职业规模而且可以提升职业素质。

第二，明确规定了执业人员不得以会计师名义行使的职务。一是，本人兼任官吏、公职律师或公证人时，其所兼职务上应办理之会计事项。二是，本人兼任董事无限责任股东或商业使用人时，其所兼职务上应办理之会计事项。这样一来既避免了会计师因职业或利益关系的影响，做出违背职业道义的结论；也避免了因个别会计师独立性的缺失造成社会对职业整体的不信任，由此形成对兼职会计师乃至整个行业的保护，同时也维护了公众利益。

---

① 徐永祚：《会计师法规草案及其说明书》，第 26 页。

② 同上。

禁止兼职的思想主要是为了保证注册会计师执业时的独立性，而独立性是其职业赖以维系的基础。徐永祚禁止兼职思想的先进性体现在不仅禁止了注册会计师在私营工商业中的兼职，同时也禁止其担任公职。他已经认识到注册会计师担任公职对其独立性也是有影响的，可以看出此时中国注册会计师对其职业的定位已经非常准确，他们是自由职业者不是政府官员，因而要同时保持对公和对私的独立性。徐永祚的思想得到了上海公会的支持和认同，他们对徐氏所拟禁止兼职条款没有做任何的修改，即呈送政府以备修订暂行章程。

1927 年前虽然对兼职问题生发议论的只有徐永祚一人，但是毕竟从无到有，向职业化目标靠近了一步。

（六）职业道德思想的初步发展

1918 年《暂行章程》中第八、九两条①对会计师职业道德进行了规范，虽然十分简略，但说明中国会计师职业一开始建立便认识到保持清正廉洁、公正、中立等职业道德和工作作风，对维护职业信用和前途的重要作用。第八条规定了会计师对委托方负有保守财务信息秘密的义务；第九条规定了会计师不得从事的业务。

1923 年徐永祚发表了对《暂行章程》中职业道德条款的异议，指出：

> 关于行为之取缔，章程中仅有第八条禁止泄露秘密及第九条禁止办理与自己有利害关系事项之规定。查会计师承办对于本人或其亲属有利害关系之事项，自应有所限制，以杜流弊。但如关于会计之组织等事项，即任其办理亦决无妨害。故英美各国对于此项限制之规定，仅禁止其执行会计之检查及证明。今吾国暂行章程竟禁止其全部业务之执行未免失之过当。②

从上述言论中可以看出，首先，徐永祚认为暂行章程中仅有两条职业道德条款是远远不够的。在徐永祚看来会计师职业虽然对社会经济有巨大的益处，但是一旦对其资格和行为限制不严密，那么对社会造成的危害也是巨大的，因而要规范执业行为。接着，他认为章程中禁止会计师办理与

---

① 条款详细内容参见附录 A。

② 徐永祚：《会计师制度之调查及研究》，第 59 页。

自己有利害关系的事项过于苛刻。这是因为会计师业务既包括与独立性高度相关的审计业务，也包括一些为企业规划会计制度这样与独立性不相关的服务，因而一概禁止，不仅缩小了原本就十分有限的业务范围，而且也不符合国际惯例。

因此他提出了许多富有见地的改进意见。关于职业道德条款章程规定过于简略，徐永祚此时提议应该由公会出面在其章程中详细规定禁止会计师执业中存在如下行为：

1. 不准受事业界之贿赂代为隐藏会计上之缺点。

2. 关于会计上之报告书类未经自己检查者不得随意签字证明。

3. 不得用不正当手段营谋事业。

4. 不得有不正当行为而致损害会计师之体面及信用。

5. 若为会计争议上之调处时，不得尽全力左袒一方。

6. 不得分给他人以职务上所生之报酬。并不得收受他人职务上所得报酬之分配及手续费。

7. 不得收买职务上所管理之动产或不动产。①

上述被禁止的执业行为，主要围绕着保持公正、廉洁的职业形象以及独立地发表审计意见的角度出发制定的，较政府颁布的章程深入具体。这与徐永祚自己从事注册会计师职业密不可分，因而他能够更加真切地体会到接受贿赂、用不正当的手段招揽业务以及各种损害职业形象的行为，都会对刚刚起步的中国注册会计师业带来致命打击，因此应较早地对执业行为做全面约束。而他并不认为应该主要依靠法规对此做出限制，而认为主要以全体会员共同遵守的合约——公会章程来达成均衡，似乎他意识到自下而上的制度变迁方式对于合约缔结各方的约束强于自上而下制度变迁方式，因而主张采用前一种方式推进制度变迁。

关于《暂行章程》中对于会计师不得办理与自己有利害关系事项的所有业务，徐永祚提议修订为：会计师于有关本人或其亲属利害关系人之事项不得执行会计之查核及证明。在徐永祚的观念中管理咨询业务与会计师身份的独立性相关度不高，即使与委托方有亲属及利害关系仍然可以承办，这样

① 徐永祚：《会计师制度之调查及研究》，第60—61页。

既保持了会计师的独立性又能够维持会计师的生存空间和业务范围不缩小。

徐永祚于 1926 年在为政府草拟的会计师章程中将上述意见订入法规第十八条，其具体内容如下：

> 会计师执行职务时，不得发生左列情事：
>
> 1. 不得与非会计师共同行使职务，或使非会计师者用本人名义行使职务，但使登录于会计师总名簿之会计事务员代理各个事务时，不在此限；
>
> 2. 不得为单纯的代收债权之受托；
>
> 3. 不得收买职务上所管理之动产或不动产；
>
> 4. 不得于约定报酬及实际费用外，为额外之需索。或与委托人订定成功报酬之契约；
>
> 5. 不得将本人职务上所得之利益分给他人。或为此种预约。并不得因受托职务关系，分给他人以手续费，或为此种预约；
>
> 6. 不得收受他人职务上所得利益之分配，或为此种预约。并不得因委托职务关系，收受他人手续费之分配，或为此种预约；
>
> 7. 不得宣布办理职务上所得之秘密，但已经委托人许可者，不在此限；
>
> 8. 不得因懈怠过失，对于受托事件失其善良管理之义务。[1]

比较而言 1926 年徐永祚关于职业道德的思想较前期更加成熟，在原有基础上增加了对会计师称号的使用限制和禁止从事索债事务等事项，而且试图将上海会计师共同遵守的合约加以法规化，变成全国会计师必须遵守的法规条文，完成自下而上的变迁。徐氏还对上列 8 款禁止会计师从事的行为分成四类：假借名义之限制；利害关系参与之限制；报酬利益授受之限制；怠忽业务之限制。

对于假借名义之限制。第 1 款属于该范围，徐氏认为："会计师为具备法定资格，负有相当责任者。其地位应独立，其名义应重视。庶非会计师者，无由行会计师之职务。而社会公众不致因误会而蒙损害。"[2]

---

[1]　徐永祚：《会计师法规草案及其说明书》，第 28—29 页。

[2]　同上书，第 30 页。

　　徐永祚此番话语流露出很强的职业化思想，其思想来源于英美会计师公会章程相关条款，他说："（假借名义之限制）尤以英美两大公会所规定者最为完密，本案大体从之"。以维护公众利益为依托达到垄断会计师称号和法定业务的目的，即只有获得政府颁发执照，才能以"会计师"自称，只有会计师才能够从事法定业务。这一思想与第二章中提到英国会计师协会要求在中国垄断其会员"Charted Accountants"（缩略为 C. A.）称号的思想如出一辙，撇开英国要求中国会计师不得使用 C. A.，带有歧视中国注册会计师执业能力的偏见，试图借此达到垄断中国市场的目的不谈。中西注册会计师都以维护公众利益为口实来达到垄断目的，而这种垄断是形成职业人士的专业垄断，一方面以"会计师"称号区分专业和非专业人士，既可以保护公众不被非专业人士蒙蔽，也可以维护会计师的声誉。另一方面，这种专业垄断并不会降低社会福利水平，因为行业内部各事务所之间仍然存在着激烈的竞争，在公平的竞争下可以提高会计师的服务水平、降低服务价格，反而有助于提高社会福利。

　　如何保证竞争的公平有序？徐永祚认为应主要从会计师参与利害关系和接受报酬两方面行为进行限制。

　　关于利害关系参与的限制，包括第 2、3 款中禁止的行为。徐氏指出："会计师之地位应独立，方能超私利而重公义"。他认识到保持会计师独立性最主要是保持经济利益上与受托方相对的独立性，才能以不偏不倚的职业精神，公正地维护社会信用。关于报酬利益授受的限制，包括第 4、5、6 款禁止的行为。他指出："会计师之地位应公正独立，关于报酬利益等之授受，最应廉洁。庶几职务上之对外关系，坦白无私。职务之受托与专委托，公平正直。而职务之办理，自不致苟且"①。

　　徐永祚解释他没有完全仿照英美等国会计师公会章程，规定会计师不得向律师、竞卖人、经纪人及其他代理人分配或是接受介绍业务酬金，而是笼统地用"他人"来代替，原因是——一列举的方法不能完全涵盖与会计师有利益授受关系的各方。因此徐永祚参考日本会计师章程中相关条款，拟定成限制报酬利益授受条款。综合而言，徐永祚结合自身实践经验，广泛参考各国注册会计师职业道德法规，对如何保持中国注册会计师行业公平有序地竞争做出了有益探索。

---

　　①　徐永祚：《会计师法规草案及其说明书》，第30—31页。

关于怠忽职务之限制，包括 7、8 两款。前者是暂行章程中已有的第八款，徐永祚指出其缺陷是限定范围过于狭小，仅规定会计师不得宣告执行审计业务时所得的财务信息是不够的。因为会计师业务不仅局限于审计业务，执行其他业务也会了解到企事业单位的财务信息，所以为了保证公司财务信息安全和会计师职业形象，有必要限制在未经授权的情况下完全公开财务信息。而后者是徐永祚参考了美国、日本、挪威公会章程后制定的，规定注册会计师应该勤勉地执行业务而不能因懈怠使关系人遭受损害，有利于树立良好的职业形象。

中国注册会计师有效利用了后发优势，多方参考发达国家注册会计师职业道德规则，并根据国情制定出适合中国的职业道德规则，徐永祚的职业道德思想发展的脉络由 1918 年转录杨汝梅介绍的英美注册会计师职业道德思想不能生发议论，到 1923 年首次对暂行章程中相关条款提出修改建议，再到 1926 年根据发达国家职业道德规则制定出 8 款规则，是北洋政府执政期间最全面和严密的职业道德思想。可惜的是，北洋政府并没有参考其建议修订《会计师暂行章程》，因而其制定的职业道德规则仅仅停留在思想层面，并没有真正实施。

第三节　监管思想和职业化思想互动的深化发展期（1927—1945）

国民政府执政时期中央政府吸收了不少会计学界精英，如潘序伦、安绍芸、杨汝梅（予戒）、杨汝梅（众先）、顾翊群、闻亦有、李鸿寿、李权时等等，他们绝大多数均具有英美留学背景，不仅精通会计理论而且大多数均拥有注册会计师资格，他们在国民政府主计处、财政部、经济部等相关部门任职，显著增加了政府对注册会计师行业的了解，并且前期注册会计师制度的发展也为国民政府留下了可资借鉴的管理经验，因而国民政府 1927 年 4 月执政后就着手加强对注册会计师行业的管理，直至 1945 年 6 月前共颁布和修订会计师法规有 4 部①之多，体现出政府强烈的监管注册会计师行业的思想，而注册会计师行业在职业化思想的指导下对政府颁

---

① 笔者计算此时期国民政府修订和颁布的会计师法规数目时，并未计入政府修订个别条款时颁布的补充公告，同时汪伪政府颁布的会计师法规也并未计入。

布法规条款提出异议，两种思想共生互动，共同推进这一时期制度的发展。

一　政府监管思想的发展

国民政府执政后至颁布《会计师法》前，这段时期政府对注册会计师行业的监管思想非常丰富，不仅对于注册会计师制度认识和管理逐步深入，而且逐步掌握了会计师资格的制定权、颁布权、会计师惩戒权以及对于会计师职业团体的监管权，甚至还试图掌握会计师行业服务定价权，因而本时期政府监管思想主要体现在如下四个方面：按照政府意愿修改会计师资格条件、掌握惩戒权和服务定价权、加强对会计师公会的监管、试图监管注册会计师服务价格。

（一）按照政府意愿修改注册资格条件

1927 年 5 月，国民政府执政初始，即由财政部颁布《会计师注册资格章程》。这部章程以 1926 年徐永祚草拟章程为蓝本，同时根据政府政治意愿在资格条件中增加了一些政治色彩很浓的限制条款。1927 年章程中第三条规定申请人的资格条件要同时满足如下三条：中华民国人民年满二十五岁；国民党党员经党部证明者；合格于会计师试验者或合格于第六条之免试审查者。其中需接受考试的申请人资格条件基本上类似于 1918 年暂行章程中申请会计师的资格，规定免试审查者为在 1927 年章程颁布前领有证书并已执业多年者。在章程第七条中特别规定"有反革命行为者"不得申请会计师。

从 1927 年章程对于会计师申请人的资格限制条款中可以看出：

第一，国民政府接受了会计师及其职业团体要求严定注册资格，施行考试制度的建议。因而第一次在章程中明确了通过考试取得会计师资格的原则。

第二，为有效解决在国民政府成立前已执业会计师的资格如何认定问题，利于会计师制度在新旧政府之间平稳过渡，因而制定了免试条款，承认在北洋政府时期领有证书的会计师资格。

第三，国民政府显然也根据自身的意愿在会计师资格中增加了政治条件，如规定会计师申请人必须为国民党党员，有反革命行为者不得申请。

第四，放宽了对会计师申请人年龄的最低限制，从北洋政府时期规定的 30 岁降到 25 岁。

从第一、二两点来看，国民政府对于会计师行业如何变迁考虑得比较全面：

其一，设想在财政部专设会计师考试委员会负责管理考试事务，考试委员会的人员构成为：财政部长聘任监察院委员 1 人、司法部长官 1 人、大学会计教授 2 人以及富有学识与经验的会计师 3 人连同财政部会计司司长和会计科第一科长 2 人，共 9 人组成。从人员构成来看，国民政府有意平衡会计师考试委员会中政府官员与会计师及会计学教授的比例，但委员中 3 位会计师均由财政部长聘任，并且其所占比例远没有达到 1926 年徐永祚及上海会计师公会的设想，标志着政府意欲加强其对会计师行业的监管。

其二，在免试条款中不仅考虑到章程颁布前领有会计师证书执业人员的资格认定问题，而且第一次在章程中加入在外国领有会计师证书，其考试和审核难度与我国相等者，国民政府即可承认其在中国的执业资格的条款。

其不足之处也相当明显：其一，虽然明确了考试取得资格的原则和负责管理的部门，但是并没有规定推行考试制度的具体措施，甚至没有规定由何部门负责制定相关考试条例，因而以考试取得会计师资格，此时仅是一种空想而已。其二，在会计师资格中加入政治条款，置其为一种自由职业不顾，严重损害了其赖以生存的独立性。

为什么要在会计师资格中加入国民党党员条件的限制，从财政部向国民政府呈送的公文中可见一斑，财政部提到：

> 会计师业务在英美早经发达，专事整理查核及清算账目，公私称便。……当兹革命军定东南，国民政府建都南京，对于各个公共机关此前积弊，认真厘剔，稽核账目，实为入手办法，会计师之工作，尤属需要而显著。……兹是则会计师之人才，不得不从速征集，以应时势之要求。①

---

① 《呈国民政府录送会计师注册章程及会计师覆验章程请赐指令备案由》，台北"中研院"近代史研究所档案馆藏，档号 17 - 23 - 00 - 088，转引自林美莉《专业与政治：上海会计师公会与国民政府的互动（1927—1931）》，收录于朱荫贵、戴鞍钢主编《近代中国：经济与社会研究》，上海复旦大学出版社 2006 年版，第 502—503 页。

　　从上述呈文中可以看出：第一，国民政府对于注册会计师职业的认识及其重要性已经比北洋政府深入许多，认识到注册会计师承办的业务为"专事整理查核及清算账目"。第二，正是基于对注册会计师承办业务的了解，因而财政部认为可以有效利用注册会计师的职业优势清查北洋政府账目，达到充分掌握北洋政府时期地方政府财政收入、规划财政的目的。第三，财政部为了放心把如此重要的职责交给注册会计师，也为了确保注册会计师能为其所用，因此限定必须是国民党党员，充分体现出国民政府以党治国的思想。

　　国民政府制定的注册会计师入党条款随即引起了职业界的不满，尤其是上海公会在 10 月 19 日向财政部呈文，要求修改章程中的党员条款，由于呈文有理有据①，因而经国民党中央特别委员会讨论后，10 月 24 日即由财政部长孙科签发了财政部 135 号令，决议"任会计师者不必以国民党党员为限"②，但是并未相应修订法规。因而国民政府企图在会计师资格条件中附加党员限制的思想在章程颁布两个月后就实质上归于放弃，这既可以说是国民政府在注册会计师职业化思想下的一种退让，也可以说是国民政府在如何管理注册会计师这种自由职业认识上的一种提高。但条例第六款仍保留着有反革命行为者一律不得呈请会计师的规定，但对于什么是反革命行为，这种行为由谁判定，均没有详细规定。而相对于党员条款其对注册会计师行业独立性的影响不及前者，自然没有引起注册会计师及其职业团体的注意，但该条款的存在不仅可以成为政府恣意操控注册会计师资格的工具，使注册会计师行业具有了很浓的政治气息。

　　1929 年由于行业管理部门移交到工商部，因此工商部于同年 3 月 25 日颁布了《会计师章程》，该章程的会计师资格条件基本上与 1927 年章程相同，但仍有一些细微的差异。两者相比较，工商部颁布的会计师法规更加科学和具有可操作性，特点表现在：

　　第一，在章程中减少了政治条款。首先从法规层面取消了会计师必须为国民党党员的条款。接着对 1927 年有反革命行为者，一律不准申请会计师的规定进行了比较明确的界定，只有那些有反革命行为经判决有案的人才不得申请，因而比较科学与合理。因为只有清晰地界定反革命行为，

---

① 具体内容本书将在后文会计师对政府所颁章程中会计师资格的异议部分进行详细讨论。

② 上海档案馆藏上海会计师公会档案，档号：S447 - 2 - 6。

政府相关部门才不会以此作为拒绝申请人取得会计师资格的理由，因此相对于不加限制的条款，修订后的条款有利于会计师制度的良性发展，但还是很大程度上阻碍了会计师作为自由职业的独立性，这也是中国注册会计师制度发展到20世纪30年代前后表现出的与西方的明显区别：中国注册会计师制度不仅保留了政府较多参与制度建设的传统而且在注册资格中带有相当浓厚的政治色彩。

第二，构想会计师考试委员会由工商部取代财政部设立，其人员构成由当然委员和聘任委员共同组成，其中当然委员由财政部会计司司长、工商部首席参事、商业司司长及商业司注册科科长构成；聘任委员由工商部长聘任的政府各部官员，包括考试院、监察院、司法、行政部各遴选1人，还包括大学会计学教授和会计师各一人，共10人组成。这一人员构成进一步降低了会计师在委员会中的席位，由财政部设想的3人占33.3%急剧下降到1人仅占10%。因而表明在工商部管理时期政府加强行业监管的思想更加明确。

第三，在财政部所颁章程免试资格的基础上增加了在学校教授会计学课程连续两年也可申请成为会计师的条款，同时降低了对会计记账工作年限的限制，由1927年章程中规定连续7年以上，下降到5年以上。这两条免试条款的制定和颁布有效地扩大了会计师申请人的范围。

第四，增加了申请人年龄的上限为60周岁，因而在工商部颁布的法规中会计师申请人的年龄要在25岁到60岁之间。

总体来说1929年与1927年法规对于会计师资格的限制条件没有十分大的差别，除了取消党员条款外，基本上是在原有基础上进行的微调。但是从会计师考试委员会人员构成设想的变化中可以看出国民政府正试图加强对会计师资格的控制权，以期达到会计师职业为其所用的目的。

由于会计师考试委员会迟迟未能建立，政府也尚未制定出相应考试规则，因而考试选拔虽然得到国民政府的认可，但是不具备实施的客观条件。因此1929年11月工商部修正了会计师资格条款，修正后章程第四条中规定：

> 在考试法规定之特种考试未举行以前，凡中华民国人民年满二十五岁，有左列资格之一者经工商部审查合格者得为会计师，（1）国立或经立案之公私立大学独立学院或专科学校商科或经济科毕业，并在上列学校教授会计重要科目二年以上；或在公务机关或工商部注册

资本银五十万元以上之公司任会计主要职务二年以上者，教育部认可之国外大学独立学院或专科学校毕业者亦同；（2）经立案之公私立中学学校毕业，并在公务机关或工商注册资本银五十万以上之公司任会计主要职员五年以上者；（3）领有外国会计师证书者但在该国受考试或审查之程度须与前两项之规定相等。同时取消了对申请人年龄上限的限制，仅规定为25岁以上满足学识经验条件均可。

修正后的资格条件与1923年北洋政府修订后的资格标准基本持平，国民政府此时完全掌握了会计师资格的制定权，因此可以十分容易地按照其意愿修改标准。但政府修订会计师资格也有其客观原因：

第一，虽然政府早在1927年就明确以通过考试为取得会计师资格的主要途径，但是1927年至1929年工商部接管会计师行业期间，考试制度并未真正施行，免试取得资格仍是唯一的途径。

第二，制度环境决定了中国不可能在短时期内生出一套会计师考试制度，而照搬英美等国的考试制度又与中国国情不符。

首先，会计师考试制度依赖市场经济的发展与行业施行自律的状况。只有市场经济达到一定程度的发展后，才会催生出对会计师提供高质量服务需求；只有会计师行业施行行业自律后，才会内生出以科学的考试制度提高职业门槛，维护行业利益的需求。而20世纪二三十年代中国的资本主义市场经济发展十分有限，华商企业排斥会计师提供查账服务的局面虽较20世纪初有所缓解，但此时企业委托会计师进行审计绝大多数都是政府强制执行的，因而企业不仅对于高质量的审计服务没有需求，反而希望会计师睁一只眼闭一只眼，提供虚假的查账证明。总之，有限发展的市场经济尚未产生对高质量会计、审计服务的需求。而英美等国会计师考试制度都是公会为了达成提高职业门槛的目的而产生的，同时为了维护会员利益并在市场中形成专业人士垄断的目的实行的。由于中国会计师公会不仅产生最晚，而且自始至终从未施行过真正意义上的行业自律，公会建立初始就不具备资格制定权，更不能凌驾于法规之上，制定考试制度以提高职业门槛。而政府作为外部管理者，对行业内部信息掌握不如公会全面，其搜集信息也需要相当长的一段时间，由此造成了掌握完全信息的公会不具备制定规则的权力，而不掌握信息的政府牢牢掌握规则制定权的两难境地，而此时国民政府已逐步形成了自己的一系列管理思想，对会计师及其职业团体的意见不再言听计从，注册会计师制度变迁的方向开始偏离诱致性变迁的目标，逆行交替初露端倪。

其次，照搬英美等国现成的考试制度又与中国国情不符。英国的会计师考试程序及其标准设定由各公会制定，不需要全国统一，因此制定难度较小。即使到 20 世纪中期英国出现大量公会合并时，考试标准的统一也是有限范围的而不是全国范围的大统一。[①] 而美国的会计师考试程序和标准是由各州政府制定和执行的，因而也不需要协调各地的情况以达成全国范围的统一。[②] 但中国注册会计师制度发展路径依赖于中央政府制定统一会计师资格条件，面对幅员辽阔且地区差异显著的国情，注定了中央政府制定出统一的考试标准是一件极其不易的系统工程，因此不会一蹴而就。

总而言之，虽然 1929 年工商部修订后的会计师资格条件有倒退之嫌，但是确有其合理性。虽然考试取得资格的思想是比免试先进很多的思想，但是考试制度思想在当时中国社会经济环境下太超前，没有施行的可能，因而工商部比较务实地修订了资格条件，表面上看似乎降低了标准，实际上是将会计师法规建立在了更加切实可行的基础上。

1930 年 1 月由立法院制定、国民政府颁布的《会计师条例》，沿袭了1929 年工商部降低会计师资格条件的思想。法规第三条进一步降低了资格条件，具体条款如下：在会计师考试未举行以前，凡中华民国人民、在国立或国内经教育部立案，国外经教育部认可之公私立大学、独立学院，或专科学校之商科或经济科毕业。并曾在专科以上学校教授会计主要科目二年以上，或在公务机关，或在有实收资本十万元以上之公司任会计主要职员二年以上。经工商部审查合格者得为会计师。其特点表现在：

第一，完全取消了以往会计师法规中对于申请人年龄的限制。究其原因一是法规中申请人学历条件一再放宽，使得申请人的年龄也不得不做出相应调整。由最初的大学或专科毕业放宽到中学毕业有 5 年记账经验，因而为了配合学历条件的降低，申请人的年龄也一再降低，最终索性取消了

---

① Noguchi & Edwards, "Professional Leadership and Oligarchy: The Case of the ICAEW", *Accounting Historians Journal*, 2008, 35 (2), p. 2.

② 有关美国各州颁布规范注册会计师行业相关法案具体时间见 Previts & Merino (1979), p. 100 以及 Siegel & Rigsby (1998), p. 83, p. 85.

限制。二是政府有意鼓励会计师行业的发展，因而对申请者的年龄不做限制，这样申请人数自然就会增加。

第二，实务经验条件进一步降低。比较 1929 年修订后法规第四条与 1930 年法规第三条可以看出，后者对于申请人记账经验的要求也大为降低：1929 年规定申请人不仅要具有相当学历，而且要在政府公文机关或工商部注册资本 50 万元以上公司，担任会计主要职务 2 年以上；而 1930 年则变为在政府公文机关或在实收资本 10 万元以上公司，任会计主要职员 2 年以上。两者的区别在于将注册资本调整为实收资本，一般而言，投资者按期缴足资本金后，两者一致；但在未缴足前，实收资本反映企业实际收到投资者投入并作为资本金的资金部分，其数额小于注册资本。

在投资人能够普遍缴足资本金的情况下，将申请人记账经验由 50 万元以上注册资本的企业调整为 10 万元以上实收资本的企业，应该说降低了对申请人记账经验的限制条件。表面上看，1930 年法规降低了会计师注册条件，但是实际上政府是在认真考察企业运营情况后修订了此项会计师资格。20 世纪上半期的中国，投资人大多不能按期缴足资本金，企业开办两三年甚至自始至终都没有缴足，而当时法规对管理最为严格的股份有限公司也仅规定：发起人缴足 1/4 以上股银即可开业经营。[①] 其他企业何时缴足全部资本金没有硬性规定，因而实收资本往往就是企业中实际运作的资本金。虽然我们不能因此判定是否当时一般企业只要缴足注册资本的 1/5 即可开业，但是至少从一个侧面说明中国当时大部分投资者投入资本金远没有达到应该缴足的注册资本。因此，1930 年由国民政府立法院制定的《会计师条例》将虚幻的注册资本代之以实际的实收资本是有其进步意义的。

但是 1930 年法规也不是完美无缺，无论 1927 年法规还是 1929 年修订后的法规，都明文规定凡是取得其他国家会计师资格的申请人，只要能够证明与中国考试和审核制度难度相等，就可免试取得中国注册会计师资格。1930 年法规不但没有继承这一鼓励中国人取得发达国家注册会计师资格的条文，以此推动与西方发达国家同行接轨的认识，反而将该条文删去，不得不说立法院制定会计师法规的眼界虽然比较务实，但是确实缺少

---

① 1914 年《公司条例》第四章第 101 条：发起人认足股份总数时应从速按股各缴至少四分之一以上之股银并选任董事及监察人。

高瞻远瞩的气魄。

1935 年会计师行业监管部门再次变动，转归实业部管理，因此实业部修订了《会计师条例》，其中修订后的资格条款在 1930 年基础上，在申请人的工作经验中增加了在会计师事务所整理重要会计师事务 2 年以上的条件。至此中国注册会计师资格条款才真正加入了与职业高度相关的查账经验，从 1918 年到 1935 年会计师法规颁布前，中国注册会计师查账经验都是以新式会计记账经验作为替代，因此该条款颁布的进步意义是不言而喻的，这一方面说明中国注册会计师制度历经 20 年的发展，在注册会计师反反复复地提出记账经验不等于查账经验，要求政府修改法规的提议中，政府对于会计师查账经验的认识终于有了阶段性的突破，因而制定的资格条件更加科学和具有针对性。另一方面，也说明本土会计师事务所快速发展，为后来者提供了锻炼和积累查账经验的地方。本土事务所从无到有，到 20 世纪 30 年代已初具规模，因而可以吸纳大量有志于从事注册会计师职业的人员在职业生涯开始就能够熟悉业务流程，有利于提高未来注册会计师的执业水平。

具有划时代意义的是国民政府考试院终于在 1930 年 12 月 27 日颁布了《高等考试会计人员会计师考试条例》，后于 1931 年 6 月修正公布。条例中规定：

> 本国人民，有左列各款资格之一者，得应会计人员之高等考试，考试及格者，得依法充任会计师。①国内外大学或专科学校修习经济、财政、商业学科三年以上卒业者；②有大学或专科学校经济、财政、商业等学科毕业之同等学历，经检定考试及格者；③确有会计专门学术技能或著作，经审查及格者；④经普通考试及格四年后，或曾任各机关会计职务及与委任官相当职务三年以上者。①

考试分为三次，第一试科目包括：国文、论文、公文以及党义、三民主义、建国方略及国民党重要宣言及决议案；第二试科目分为必试科目和选试科目，其中必试科目包括中华民国训政时期约法、民刑法大意、会计制度及会计法规、财政学、公司理财、会计学、官厅会计、审计学；选试

---

① 潘序伦：《中国之会计师职业》，第 19 页。

科目包括：行政法大意、财政法规、岁计制度、各国会计制度、货币及银行论、商业组织及管理、成本会计、公司会计、银行会计、投资会计、铁路会计、外国文。条例中规定应考人除需在选试科目中任选三门外，还要在后六个科目中选试一门。第三试为面试，就应考人必试科目及其经验进行面试。

从条例中参加考试的条件来看：第一，考试条例中的条件较会计师法规条款中申请人会计师的条件宽松许多。不仅大学相关专业毕业者可以应考，同等学力者经检定考试合格也可以参加考试，同时即便没有学历，如申请人员的会计技能和著作能够通过审查，仍然可以应考。第二，考试条例中更加注重参考人员的学历而对工作经验要求不高，且工作经验仅局限于在政府部门担任会计职务。因此从应考人员条件来看，考试条例并不是专门为注册会计师职业制定的考试法规，而是将其作为政府选拔高级会计、审计官员的副产品来对待。这一方面说明国民政府还在延续1927年会计师入党条款中的思维，试图将会计师作为其不用支付薪水的御用查账员；另一方面也说明国民政府仍然认为国家审计远比民间审计重要，因而在这种思想的指导下，结果必然是政府审计人员考试选拔制度先行于民间审计人员考试制度，后者至多作为前者的附属品而不能等量齐观。

从条例中考试科目来看：第一，科目偏重于行政法规和时事政治，完全不是为选拔合格会计师专门设立的。这种倾向在第一次考试科目中体现得尤为突出，所有科目中完全不涉及会计专业知识，在专业考试中别出心裁地加入国民党党义、建国方略、国民党重要宣言和决议案等考试科目，很明显地体现出国民政府意图将以党治国的政治方略渗透到社会经济的各个角落。试想如果申请人不将上述文件滚熟于心，那么他甚至还没有接触到专业考试就已经被淘汰出局了。而且在第二试的必试科目中也设立有训政时期约法科目，进一步加强对申请人政治思想的控制。第二，法规中专业科目所涉及的会计、审计知识相当广博。如果将其与当前我国注册会计师考试科目进行比较，前者不仅包括了会计师执业时应当掌握的会计学和审计学，而且还涵盖了执行国家会计审计职能公务员应该掌握的各科目。因此要通过考试院制定出的这种"大而全"的考试科目难度是十分大的。

虽然考试院制定的考试条例有种种不如意之处，但它毕竟将众多会计师、会计学者梦寐以求的考试选拔会计师的方法变成了现实。据上海会计师公会 1949 年会员情况调查表中显示赵友良、何育禧、王文彬[①]等是通过考试选拔而取得执业资格的。

但实施的考试制度与之前设想最大的差别在于：会计师考试条例由国民政府考试院统一制定，而不是由会计师考试检定委员会或会计师考试委员会制定。将考试院与会计师考试委员会的人员构成做下比较，考试院各职务都由政府官员担当，而之前设想的考试委员会，尽管政府与会计师在后者所占席位上有分歧，但是毕竟在制定考试相关制度中后者还有发言权，而此时会计师考试制定权完全由政府官员掌握，说明政府试图完全掌控会计师资格制定权的目的已然达到。

纵观注册会计师制度思想深化发展期，政府按照自身对注册会计师应该具备何种资格的认识，对资格条件做了前后多达四次的修改，其总体趋势是一再降低职业门槛，同时根据治国方略在资格条款中加入了许多政治色彩很浓的条件。政府能够按照自身意愿以及对注册会计师制度的认识修改资格条件，说明此时政府完全掌握了会计师资格条件的制定权和颁布权，其另一个目标是掌控惩戒会计师的权力。

（二）始终掌控注册会计师惩戒权

1918 年北洋政府颁布的《暂行章程》第十条明文规定：会计师如有不正行为及其他对于委托人违背或废弛第六条、第八条职务上之义务及违背第九条之规定者，由农商部撤销会计师证书或停止其业务。这条惩戒条款虽然十分简略，但明确了会计师惩戒权掌握在政府的农商部而不是会计师公会手里，同时规定了两种惩戒类别。

而 1927 年国民政府颁布的《会计师注册章程》第七章对惩戒进行了更加全面的规定。关于应付诸惩戒的行为，注册章程中不仅延续了 1918 年章程中的相关规定，同时因此时全国已建立起 4 处地方会计师公会，因而增加了会计师如违反公会章程也要交付惩戒的规定。关于惩戒权由谁掌控的问题，章程第二十六款规定"由财政部审查后行之，但会计师公会得依据决议呈请之"。由此看来，惩戒权仍牢牢掌握在主管行业的政府部门手中，甚至公会对违反内部章程的会员也无权处罚，留给公会的只是经民主决议后向政府报告的责任。国民政府将惩戒的种类扩充为以下四种，分别是：训诫、千元以下罚款、三年以下停职与除名撤销证书。

---

① 上海市档案馆藏资料，档号 S447-2-282，但没有记载参加考试时间。

比较北洋政府时期与国民政府 1927 年章程中会计师惩戒条款，政府不仅牢牢掌握着处罚违规会计师的权力，就连公会对于会员的惩戒权也一并没收，政府力图控制会计师行业惩戒权的思想表露无遗。

1928 年，财政部仍是会计师行业的法定监管机关，而 8 月 22 日《时事新报》全文刊载了时任工商部长孔祥熙向工商法规讨论委员会提出的《修正会计师注册条例草案》。孔祥熙所提草案与当时仍然有效的《会计师注册条例》关于会计师惩戒问题的区别在于：

第一，孔氏提出会计师惩戒机关应是工商部而不是财政部，并率先提出成立专门机构负责惩处会计师，同时对惩戒程序进行了初步规范。具体来说，孔祥熙认为惩戒程序首先由违规事务所所在地工商机关及法院向工商部呈请，然后交工商部下设的惩戒委员会具体实施惩处。孔氏设立惩戒机关思想的先进性体现在，第一次提出由专部负责处理会计师违规，体现了政府加强会计师行业管理，促进会计师制度有序发展的决心。但其不足之处在于孔氏认为惩戒会计师完全由政府机关完成，进一步剥夺了公会对于应付惩戒会员的民主评议权。因此从孔氏草案中不仅可以寻到国民政府工商部和财政部激烈地争夺会计师行业管理权的蛛丝马迹，似乎工商部比财政部更想独揽会计师惩戒权力。

第二，孔氏在 1927 年法规的基础上对处罚类别进行了修正。首先将 1927 年法规中的千元以下罚款条款增加了罚金下限，修正为五百元以上千元以下之罚金，接着将 1927 年法规规定三年以下停职增加了下限，修正后条款为六个月以上三年以下停职。孔氏对惩戒类别的修正，一定程度上加大了处罚力度，避免因处罚过轻而不能有效禁止会计师违规的情况发生。

虽然工商部长孔祥熙超越管辖职能，越俎代庖地提出修正草案，但从修正的惩戒条款来看，较财政部颁布的法规有了些许进步，不仅设想建立惩戒委员会专门负责惩戒事项，而且初步规范了惩罚程序，加大了处罚力度，同时预示着会计师监管部门的变化。

果然，至 1929 年 3 月会计师行业移交给工商部管理，该部颁布的会计师章程相对于 1927 年财政部的章程的特点是：第一，在后者的基础上对应接受惩戒的会计师范围进一步拓宽，从原来单纯处罚违规执业会计师，增加了对公会职员的惩戒，法规第 32 条规定："会计师及会计师公会职员有违反本章程及会计师公会章程之行为者交付惩戒，如其行为触犯刑法正条时仍依刑法规定处断"。第二，由于行业管理部门的变化，惩戒权随之由工商部掌握。体现出国民政府认为行业行政管理权和惩戒权应该相统一的思想。第三，首次设立专门负责惩戒的会计师惩戒委员会，委员会人员由工商部指派。会计师惩戒委员会的设立，一方面体现出国民政府对会计师行业的重视；另一方面，由该委员会全权负责会计师行业违规成员的处罚，体现出政府不仅构想由政府相关部门掌握会计师行业管理权，同时不断加强监管的思想。

而将 1929 年工商部正式颁布章程与 1928 年孔氏提出草案相比较，前者并没有将后者所有关于会计师惩戒的有益设想列入法规条文。两者一脉相承之处在于：1929 年章程将孔氏要求建立惩戒委员会的设想变成了现实，但并没有将孔氏草案中规范惩戒程序以及提高惩戒力度的思想贯穿其中，因而在惩处程序和处罚类别上仍然维持 1927 年法规不变。当然法规的建立和完善有一个渐进的过程，在随后颁布的法规中孔氏有关规范惩戒程序以及提高惩处力度的设想逐渐地体现出来。

1930 年由国民政府立法院制定的《会计师条例》第 22 条至 24 条均是会计师惩戒条款。规定惩戒部门仍为工商部下设的会计师惩戒委员会，但是较 1929 年工商部颁布的章程，1930 年法规的特点体现在如下三个方面：

第一，具体规定了交付惩戒的程序。首先要经公会决议是否应付惩戒或由相关人员举发，然后报告给当地工商行政部门，再由当地行政长官呈报工商部，最终才由惩戒委员会进行定夺。依据惩戒程序可以看出，公会和相关人员并不能越过当地的工商部门，直接将惩戒事项报告于工商部。可以想象惩戒事项在政府各级行政部门之间来回公文传递，惩戒委员会的办事效率自然不高，所幸当时真正交付惩戒的会计师不多，因而烦琐的惩戒程序对于会计师行业的影响不大。比较 1930 年法规的惩戒程序与孔氏的设想，前者比较注重公会对会员信息了解比较充分的优势，因此增加了由公会和相关人员向当地工商部门检举的步骤，而不是依照孔氏设想由当地工商行政机关和法院收集证据再向工商部呈报，因此说 1930 年法规惩戒程序虽然比较烦琐，但在孔氏设想的基础上有所发展。

第二，取消了对违规会计师千元以下罚款的处罚，并明确规定对会计师停业处罚时间的下限为六个月以上。修正后的惩戒条款不仅体现出孔氏要求加大惩戒力度的思想，而且在其基础上进一步提高，有助于规范行业竞争秩序，因而是具有现实意义的先进思想。

第三，明确规定了会计师应付惩戒的具体办法。条例规定如果会计师存在与非会计师共同行使职务或是专门从事索债业务、担任会计师职务以外的保证人，抑或者在合法约定报酬以外另取额外报酬等行为时轻则接受训诫，重则接受停职处罚。如果会计师执业时收买委托人的资产或者未得委托人许可，泄露委托人财务信息，轻则接受停职处罚重则接受除名撤销证书的处罚。条例还规定一旦会计师对于受委托业务有违背废弛职务上应尽的义务时，要接受除名并撤销会计师证书的处罚。根据会计师违规行为的轻重，条例明确规定了应接受的处罚类别，避免了监管机关徇私枉法，不仅有利于纯洁会计师队伍，而且有利于提高职业的社会声誉。

1935 年由于会计师行业的监管机关再次变动，归于实业部管理。同年 5 月实业部在 1930 年法规的基础上修订并颁布了《会计师条例》。1935 年法规在惩戒条款中与 1930 年法规的区别在如下两个方面：

第一，明确了监管和惩戒机关为实业部下设的会计师惩戒委员会，同时根据监管机关的变动适时地修正了交付惩戒程序，变更为先交地方实业行政官署再由其交实业部惩戒。

第二，在 1930 年惩戒条款的基础上修正了惩戒办法。

首先，第一次对会计师兼职问题做出了回应。条例规定如会计师在执业时兼任公务员或工商业经理、董事等职，需根据情节轻重接受轻则停职重则除名的处罚。政府严惩会计师兼职的思想，说明已经认识到独立性在会计师执业中的重要性，不仅强调了会计师应与工商业保持独立性，而且还强调会计师应保持与政府的独立性。政府产生这样的认识一方面说明其在监管会计师行业中逐渐摸索并开始认识到会计师独立性的重要性，另一方面也说明政府置身于会计师行业之外，因而能够本着理论，提出处罚兼职会计师的思想。与之相反，会计师及其职业团体根据中国会计师市场发展有限，会计师不兼职难以维持生计的实情，提出了与他们一直标榜的职业化思想相反的建议，一再要求政府放松对其兼职的监管以及减轻处罚。①

其次，首次引入动态考核会计师资格的方法。1935 年之前的会计师

---

① 具体分析内容将在本节会计师职业化思想"注册会计师兼职问题的进一步讨论"进行详细研究。

法规都是采用静态考核的方法，只要该申请人在申请时具备法规要求的各款资格，同时不存在法规禁止的各款事项，即可颁发证书。取得证书后是否一直满足条件，法规不再追究。而1935年法规规定：会计师执行业务时一旦发现其存在法规禁止的各款事项要接受除名处罚，其中包括有反革命行为判决有案者、吸用鸦片或其他代用品者以及受除名撤销证书处罚者。具有时代特征的是政府不但明令禁止申请人吸用鸦片及其代用品，而且规定执业会计师吸用鸦片要接受除名的严惩。说明政府决意以此维护会计师职业良好的公众形象，因而是具有进步意义的创举。而规定执业会计师一旦被发现曾受除名和撤销证书的处罚，将会面临再次除名的严惩，这项规定清楚地表明政府认为一旦会计师接受除名处罚，即永远被该行业拒之门外，该项处罚成了悬在中国会计师职业头顶的"达摩克利斯之剑"，使得会计师在执业时不得不严格遵守各项法规，珍视会计师称号。

政府产生掌控会计师惩戒权的思想，有其客观原因：对政府而言，会计师制度从初创期发展至20世纪30年代，其一直扮演着规则最后的制定者，自然认为他也是唯一合法判定会计师是否违规的裁判者。对会计师及其职业团体而言，他们为了迅速提高其职业的社会地位以及尽早地建立规范的制度，不仅不排斥政府掌控原本应该属于行业公会的部分惩戒权力，甚至主动提出由政府处罚违规会计师的建议。这点可以从1926年徐永祚为北洋政府设计的草案第25条中得到佐证，徐氏作为上海公会的发起人，虽然于1925年建立起会计师职业团体，但他仍在该草案中提出：惩戒会计师应由当时监管会计师行业的农商部而不是行业公会施行，公会至多拥有依照民主决议向相关部门的报告权。在惩戒权问题上，政府与会计师及其职业团体的思想如此一致，因而决定了会计师惩戒权始终掌握在政府手中，只是由于国民政府对于会计师行业应该由谁管理的思想一直不清晰，导致行业监管部门不固定，惩戒权也在相关部门辗转。但国民政府并不满足于仅监管执业会计师，此时各地以上海公会为蓝本，建立起大大小小不下十处的地方会计师公会，因而如何监管公会也逐渐进入了政府的视野，因此下文将着重分析政府逐渐加强对会计师公会监管的思想。

（三）逐渐加强对会计师公会的监管

1927年《会计师注册章程》第一次将会计师职业团体纳入监管范围。值得注意的是，国民政府此举并非针对会计师职业团体。如果我们将研究视野放宽到民国时期各种社会团体以及自由职业团体，考察政府监管思想转变的原因时，正如徐小群教授的研究指出："国民政府在孙中山'三民主义'思想的基础上结合了列宁主义和法西斯主义，在意识形态上设计了一个'社团主义'国家，主要由国民党中央党部负责制定一系列制度规章并实施控制，其中具有普遍适用性的规章有《人民团体设立程序案》以及修正案，而控制各自由职业团体的思想则体现在重新制定自由职业章程中。"① 因此，监管会计师公会只是国民政府以党治国理论和社团主义国家构想在会计师行业的体现。《注册章程》新增第六章对公会加以规范，其中五个条款主要从公会设立的程序、公会职员的设置、公会章程及内容三个方面进行了规定。

关于公会设立的程序。章程第 20 条规定：公会集合 20 人以上得设立会计师公会，并得联合各公会设立全国会计师公会联合会，但一省区域内至多仅得设立两公会。会计师非加入公会不得行使职务。

财政部对公会发起人数最低限制的思想，估计源于 1925 年上海公会设立时有 35 位发起人的启发。② 因此政府认为只有集合相当数量的会计师才能设立公会。而规定一省区域内至多设立两个公会，体现出国民政府限制公会数量的思想。限制公会数量的思想与公会发起人数最低限制的思想相辅相成，共同构成国民政府执政初期政府监管公会的思想。这是因为政府负责颁发会计师资格证书，因此掌握会计师注册人数，他们深知一旦对公会发起人数进行最低限制，就可以在一定程度上保证一个区域不会出现公会林立的情况；而规定一个区域内至多设立两个公会，就保证了各公会发起人数不会是寥寥数人。同时国民政府已预见到注册会计师制度的发展，必然会出现以地方公会为成员的全国会计师公会，而在当时构建全国公会的设想是相当先进的。

政府建立全国会计师公会的思想最早可追溯到北洋政府时期，从当时政府建议徐永祚、谢霖等人成立的公会更名一事可见端倪。徐氏等人于

---

① 徐小群：《民国时期的国家与社会：自由职业团体在上海的兴起，1912—1937》，第 96—104 页。

② 上海档案馆藏上海会计师公会资料，档号：S447－2－7 所载上海中华民国会计师公会发起人有：谢霖、徐永祚、陈柏、童诗闻、王梓康、赵祖慰、顾宪成、徐兆祺、顾宗林、郑忠矩、秦开、卢维周、沈立人、沈长庚、徐广德、吴应图、王道兴、陶企型、陈日平、俞希稷、熊宝荪、王海帆、王景义、黄日新、孙锜、柳晓明、郑世察、钮庭华、周仲卿、叶大年、周增奎、王福康、余崐、闻亦有、孙河环。

1925 年成立的公会，最初定名为中华民国会计师公会，地点设于上海徐永祚会计师事务所内。而当他们将公会章程递交政府审核时，政府认为该公会仅是设立于上海的一个地方性公会，不是全国性质的公会，不应以"中华民国会计师公会"命名，建议修改。最终徐永祚等人将公会定名为"上海中华民国会计师公会"。而截至 1927 年国民政府掌权时全国已设有 4 个地方会计师公会，尚无全国性的公会，因此国民政府鼓励各地公会筹划成立全国公会，这一构想在政府和会计师的共同努力下，于 1933 年才变成了现实。

国民政府对公会设立程序的规定，一方面避免了因模仿早期西方注册会计师在同一地区建立多家公会，形成不必要竞争的局面，体现出中国注册会计师制度中政府的主导特色；另一方面政府的规定也引起了注册会计师的异议，他们认为以 20 人为最低发起人数，与政府鼓励行业有序发展的本意不符，应降为 10 人。理由一是经济不发达区域内会计师人数非常有限，集合 20 人"实不易易"；二是按照现行法规，不满 20 人会计师的地区将不能建立公会，而不加入公会会计师就不能够合法执业，因此政府的此项规定实际上阻碍了经济落后地区注册会计师制度的发展。

会计师们的异议明确指出了法规可完善之处，第一，从地方公会建立时间及其地区来看，一个地区经济发展程度与该地区是否有会计师公会及其建立早晚有直接关系。20 世纪上半期中国最早建立公会的地区是上海，其次是平津、广东、武汉；再次是浙江、九江、南京、山东等地，可以看出建立会计师公会早晚与该地经济发达程度呈正相关，那些经济相对发达的地区在政府规范会计师公会相关法规出台前已经建立，而经济落后地区注册的会计师本来就非常有限，如果遵照章程必然很长一段时期不能成立公会，势必会阻碍注册会计师制度的发展。又因为会计师行业与工商业繁荣与否高度相关，会计师们担心政府这条规定甚至会间接阻碍落后地区经济发展。第二，会计师们非常敏锐地指出了法规的疏漏之处。具体来说就是法规完全没有考虑到那些因人数不足、不能建立本地公会的会计师，能否加入临近区域公会的问题。这一疏漏直到 1930 年工商部颁布的法规中才得到解决。

关于公会职员的设置。章程第 21 条规定：公会设置执行委员 5 至 13 人，监察委员 2 至 5 人。第 22 条规定：执行委员会为办理事务便利起见，得选出常务委员若干人主持事务，开会时由各常务委员担任轮值主席。国民政府该项法规具有强制性而且并不是基于已有公会人员设置提出的，因此上海公会不得不按照法规重新改组了公会，以执行委员会取代了原有的理事会。原本应该根据自身需要，自由设置工会职员和办事机构的会计师职业团体，却不得不在国民政府的监管之下按照法规重组，说明了国民政府已将公会纳入其监管范围之内，而这一思想从要求公会将章程呈报于政府主管机构审核就体现得更加明显。

关于公会章程及其内容。章程第 23 条规定：会计师公会应设定会章呈请财政部核准。第 24 条规定会章要包含以下各项内容：公会出入会的手续；职员选举的方法及职务；会员会及职员会的会议方法；公会建立的宗旨事业；维持会计师德义的方法；其他成立会务的必要方法。在国民政府掌权前建立的上海公会，虽也将其订立的会章呈报北洋政府审核，但因当时政府对注册会计师制度了解有限，因此北洋政府时期注册会计师制度前进的总体路线由职业界掌舵，政府除对公会名称提出修改建议外，对公会会章其余各款并没有异议。因此说会章送交政府审核，仅是会计师职业团体的一个姿态，他们以此向社会各界表明该职业团体是经政府核准成立的合法组织，并非真心希望政府对其施行严密监管。而国民政府初掌政权就明文规定会章必须呈请政府审核，且要包含政府认为应有的各项内容，标志着会计师职业团体真正进入了政府监管时期。

考察 1927 年《注册章程》中政府有关公会条款思想，其最主要的来源是 1926 年徐永祚拟定的《会计师法规草案》。两者的相似之处在于：第一，国民政府采纳了徐氏认为公会会章应送交会计师行业主管政府机构核准的建议，因此在法规中规定由当时主管会计师行业的财政部负责审核会章。第二，国民政府全盘吸收了徐氏认为会章内容应有的各款内容，而两者的区别在于：首先，是否对公会发起人数和一定区域内设立公会数量有限制。徐氏认为会计师应该在行使职务区域内设立公会，而对于发起人数和设立公会数量均没有限制。由于徐氏此时已经充分意识到会计师行业自我管理的重要性，因此徐氏章程中给予会计师较大的自由发展空间。国民政府吸收了徐氏要求在会计师法规中订立公会条款，允许会计师成立公会，并在徐氏的基础上有所发展，考虑得更加细致，其法规涉及公会发起人数以及同一地区公会数量，体现出政府作为会计师行业的监管人，要求行业公会规范、有序发展的思想。因为两者所处的立场不同，所以徐氏章程和政府章程在是否严格限制公会数量和发起人数上出现了比较大的分歧。其次，关于公会职员的设置。徐氏草案中认为公会应该设置理事 3 至 9 人；监事 1 至 3 人；还应设置评议员若干人，充分体现出公会这一以合约自由缔结的职业团体中民主协商的氛围。而国民政府认为要设置执行委员 5 至 13 人以及监察委员 2 至 5 人，一方面简化了公会办事机构和流程，有利于提高公会办事效率；另一方面减少了公会职能部门之间层层监督互相牵制功能的发挥并削弱了民主协商反复磋商的氛围。从中可以看出国民政府意欲加强对会计师公会的监管。

1928 年孔祥熙提出的《修正草案》中有关公会的内容比较简略，仅有两个条款，但与 1927 年法规比较，有如下特点：

第一，取消了对公会发起人数的最低限制，有利于经济落后地区注册会计师制度的发展，更有利于该制度在全国范围内的推广和平衡发展。

第二，大大拓宽了设立公会的地域及数量。孔氏认为会计师可以在各地任意成立公会但同一地区不得有 2 个以上公会，较 1927 年法规中规定一省区域内至多设立 2 个公会的规定拓宽了公会的地域范围。可以说 1927 年法规是按照当时中国注册会计师制度发展的情形量身定做的，当时中国注册会计师行业处于初步发展期，因此规定一省内至多设立 2 个公会不会阻碍制度的发展，而一旦注册会计师制度随着各地经济的发展而推进，1927 年法规就会成为该制度的桎梏。比较而言，孔氏的修正草案在设立公会问题上比较富有远见，操作上富有弹性，既保证了全国各地公会有序、平衡发展，又避免了限制太多，阻碍经济发达地区会计师事业的发展。

但 1929 年颁布的《会计师章程》在公会设立问题上并没有继承孔氏减少限制的思想，而是在各处体现出政府加强监管会计师公会的思想。

第一，对公会设立地区的限制。章程第 24 条规定：会计师集合 20 人得在省政府或特别市政府所在地设立公会。1929 年之前无论政府还是会计师，都一致认为执业会计师可以根据自身需要在各地任意设立公会，而从 1929 年开始国民政府认为会计师应该在省政府所在地及特别市政府所在地设立公会，此举一方面有利于政府监管公会的一举一动，另一方面奠定了日后全国会计师公会以各省和特别市为成员的格局。1929 年法规中限制公会设立地区的思想不及孔氏取消限制的思想高明，其缺陷表现在：首先延续了 1927 年法规对公会最低发起人的限制，不利于全国范围内会计师制度的平衡发展。接着，将公会设立地区限定为各省政府所在地及特别市政府所在地，除了便于政府进行监管外没有任何的优势，忽略了建立行业公会最主要动力是地区经济发展引致的需求。

第二，增加了公会章程必须包含的内容。在1927年章程的基础上政府要求会章内容中增订公会会费和职员任职年限的相关规定。关于增订会费的规定，说明政府有意引导公会章程向全面和规范的方向发展，在此之前公会章程中虽然有会员应承担会费及其他出资义务的条款，但对于具体应纳会费数额没有规定，因而政府出台此条款有利于公会的收支透明。关于增加公会职员任职年限的规定，政府根据公会章程中已有内容将其变为必备条款，因此是将不具备法律约束的会章上升为具备强制力的法规。

第三，规定了公会应向政府呈报事项及其频率。章程第29条规定：公会应随时向工商部呈报会员、职员姓名和住址的变更以备其查核。第30条规定：公会应每半年将会务及会员概况造具报告呈报工商部以便查核。对于第29条，因政府负责会计师注册事项，注册后的会计师如有转变公会以及更改姓名和住址之事，均应该向注册登记机关报告，以便及时更新信息，因此该条款的颁布无可厚非。但是第30条中要求公会每半年向主管机关呈报会务，明显表现出政府加强监控公会的思想。此时政府已经不满足于对公会会章框架结构做出修改指示，而是试图深入到公会具体事务中去，一方面可以监控会计师职业团体动向，保证该行业一直处于政府的严密控制之下并为其所用；另一方面有利于政府深入了解会计师行业，以便指引会计师制度未来发展方向。

1929年之后颁布的两部会计师法规在监管公会条款具体内容上十分类似，两者的区别在于公会监管机关的不同。与1929年由工商部制定的《会计师章程》相比较，两者对公会的监管方面略微有所放松，具体表现在：

首先，1930年法规完全取消了对公会设立地域及发起人最低人数的限制。仅在第16条中规定会计师非加入其所在地或最近的会计师公会，不得执业。似乎会计师们对此前颁布法规中相关条款的异议，此时终于被政府接受，该条款的颁布最大限度地给予会计师在全国各地设立公会的自由。并且首次明确了在没有公会的地区，会计师可以加入附近公会，解决了之前一直悬而未决的未设公会地区会计师如何合法执业的问题。其他诸如公会章程必须包括的内容、公会应向政府呈报事项及其频率，则完全继承了1929年法规，仍延续着政府加强监管会计师公会的思想，只在个别地方有所放松。

其次，1935 年法规继承了 1930 年法规中取消公会发起人数及设立地区限制的思想，并根据各地公会建立的实际情况，明确规定了会计师必须在执业地区加入本省或市会计师公会。这一规定导致了 20 世纪上半期中国注册会计师异地重复入会的情况，加重了注册会计师的经济负担，自然引起他们的不满，是国民政府所始料未及的。政府认为注册会计师必须加入执业区域公会，这一思想的缘由，很大程度照搬了其对律师业的管理。因律师与会计师都是自由职业团体，且前者发展早于会计师，同时会计师职业团体在职业兴起初期也时刻以律师职业团体为榜样，凸显两者的相似之处，因而国民政府自然从监管律师行业中借鉴来不少自认为适用于监管会计师行业的成功经验。关于限定律师执业区域，政府一直继承着 1912年颁布的《律师暂行章程》中第 22 条，限定律师必须在执业区域内加入当地律师公会的思想。而法律案件大多数局限于一定区域内，律师较少涉及跨省市之间调查取证，因此限定律师加入执业地区省市律师公会，对于办理业务并无大碍。但会计师审计规模较大的公司或商号账目时，动辄涉及数省市，并且公司、商号的规模越庞大，涉及的区域越广泛。因此仅在甲地加入公会的会计师势必不能前往乙、丙、丁等地办理审计业务，一方面委托人要在其公司开设分部的地区——委托各事务所进行审计，给委托人造成反复委托的麻烦；另一方面造成会计师各自为政审计账目，缺乏总体审计报告。总之，会计师认为他们的业务性质与律师不同，因而该条规定对于他们开展业务"滞碍难行"。

20 世纪 30 年代政府制定和颁布的会计师法规基本上以 1929 年法规为基础，较 1927 年法规体现出更多的加强监管公会的思想，仅在诸如是否限制发起人及设立公会地区问题上，较前期稍微有所放松。究其缘由，一是，截至 1935 年各地设立会计师公会的热潮已暂告一段落，政府此时监管公会的视角已由规范建立，转变为规范会计师入会，因而不再纠结于发起人和设立地区的问题。二是，政府已经摒弃了前期对公会较为松散的监管，转变为企图深入监管公会内部具体事务，以确保会计师公会被政府牢牢掌控，进一步使其会员变成为党国效力却不用政府发薪水的查账员。

从 1929 年开始，国民政府颁布的会计师法规明显地体现出会计师为不同委托人服务同工不同酬的思想，法规中明确规定：会计师受政府委托办理业务时，不得要求报酬，政府只会酌量给予交通费或旅费；而会计师受民间委托时要收取必要的报酬及旅费，因而政府开始尝试对会计师服务价格做出规范。

（四）试图监管注册会计师服务价格

此段时期内，政府对于会计师服务价格监管思想经历了从不监管到试图进行规范的转变过程，该思想转变过程可以从历次颁布或修正法规中体现出。

早在1927年《注册章程》第14条规定会计师受托办理职务时，得向委托人约定收取相当的报酬及费用。从该条文中可以看出，国民政府此时对于会计师服务价格监管思想仍然延续着北洋政府时期的特点：

第一，政府对于会计师服务价格完全不进行干预，服务价格由委托双方协商决定。

国民政府仍然保留着对会计师服务价格不进行监管的思想，最重要的原因是国民政府刚刚掌权，其对会计师职业的了解比北洋政府没有进步多少，因此法规条文中仍然带有北洋政府时期的烙印。而北洋政府时期，会计师法规基本由会计师草拟，因而体现出较多的职业界意愿。对比1926年徐永祚拟定草案第13条与1927年国民政府颁布的法规第14条一字不差，虽然政府有意主导制度发展，但此时主导注册会计师制度发展的仍然是业内人士。究其原因：首先，中国本土会计师制度虽然此时发展了近十年，但一路蹒跚而行，社会各界对于注册会计师职业认识仍然不深，对注册会计师服务的需求十分稀少。面对低落的需求以及外国在华会计师先入为主的竞争，本土会计师有必要适度采取价格策略以争夺市场。其次，国民政府刚刚掌权，急于在政治上控制会计师职业团体，因而还未考虑从经济方面进行控制，因此没有在掌权之初就对会计师服务价格进行规范。

第二，会计师服务同工同酬，不存在因委托人不同而差别定价的情况。

会计师服务同工同酬的思想仍来源于北洋政府时期，有力地说明了在北洋政府执政时期，会计师在制度发展中的主导作用，会计师为什么不在办理业务时对政府和民间企业施行差别定价策略？施行差别定价策略要具备两个条件，一是市场可以分割；二是不同市场中消费者价格需求弹性不同。单从理论上分析，当时中国的会计师服务市场完全具备这两个条件。但会计师没有施行差别定价策略，因而我们有必要分析一下经济理论背后深层的社会历史原因：首先20世纪初期的中国，国家审计无论从思想还是实务上仍较民间审计发达，对于执行民间审计业务的会计师来说，他们没有奢望政府部门会大量聘请他们办理审计业务，因此他们认为其主要业务来源于民间，没有必要施行价格歧视。其次，由于其西方同行不论在为政府还是企业办理业务时均没有施行价格歧视，因此中国会计师也依样画葫芦。

1929 年由工商部颁布的《会计师章程》第 3 条规定：会计师受工商部命令办理事件时不得请求报酬，但得酌情形给予相当之车马费或旅费。而第 21 条规定，会计师受托办理职务时得向委托人约定收取相当之报酬及费用，惟不得于约定报酬及实际费用之外，额外需索或与委托人订立成功后另受报酬之契约。分析以上两条，可以看出政府对会计师收费监管思想的变化：

第一，首次提出了会计师服务施行差别定价思想。即当政府作为委托人时会计师不得收费，而其他民间机构作为委托人时会计师必须按劳取酬，但明令禁止或有收费。根据政府与民间企业的价格需求弹性进行分析，政府对于会计师服务价格的变动相对于民间企业来说不敏感，因此在有效分割市场时，应对政府收取高价而对民间机构采取低价策略。而国民政府提出的差别定价思想正好与之相反，说明政府完全是将其喜好强加给会计师，无偿占有其劳动力的举措。仅从此一点就可以揭示出会计师正在逐步地丧失引领制度发展的权利，取而代之的是政府意志占上风时代的到来。国民政府产生差别定价思想的原因，现存资料并无记载。但是我们可以从两方面揣测这一思想的可能来源：一是从政府角度讲，国民政府掌权初始即行整理北洋政府财政，因此意识到注册会计师在财政管理方面的作用，估计聘用了不少注册会计师为其审计北洋政府的财政收支账目并向注册会计师支付了不菲的报酬，由此可能促使政府萌生差别定价思想。二是从会计师角度讲，他们不仅需要新任政府对其合法性的认可，而且还要依靠它继续扩大执业范围，因此作为日后得到优待的一种交换并避免政府将其作为陌路人加以镇压，很可能被聘会计师自愿降低收费甚至是免费提供了审计服务，为政府产生差别定价思想打下了基础。

第二，尝试对会计师收费行为进行规范。虽然法规对于会计师服务收费规范的力度不大，也没有提出具体收费标准，但却是政府对收费进行监管的第一步。条款主要从保持会计师与委托人经济上的独立性方面考虑，规范了委托双方订立合约时的收费行为，即会计师不得收取合约之外的费用，同时规定双方按服务成果的大小决定收费高低的合约也是无效的。政府严禁或有收费的思想在当时是比较先进的认识，说明它已经认识到注册会计师职业的特殊性，即会计师接受委托审计企业的财务问题，并将审计意见报告给公众，同时因存在的雇佣关系由委托人支付报酬，由此导致注册会计师在经济利益关系上不能做到与委托人完全独立。在这样的情况下如果允许或有收费存在，则会导致注册会计师在执行审计业务时严重背离独立审计原则，并很可能在利益驱使下发表不恰当的审计意见。虽然规范相当简略，但是政府首次对会计师收费行为进行规范，并且从保持该职业的独立性考虑，抓住了最主要方面，因此说这种思想在当时具有一定的先进性。

第三，赋予公会制定注册会计师各项业务收费标准的权力，但需呈报政府核准。章程第 31 条规定：会计师对于受托事件所收之报酬，应由会计师公会分别规定数目，呈由工商部核准备案。该条规定第一次以法规条文形式确立了公会具有制定会计师服务价格的权力，但是审核权仍掌握在政府手中。

而 1928 年孔祥熙提出的《修正草案》继承了 1927 年法规中会计师服务价格由委托双方自由协定的思想。说明 1929 年法规颁布之前政府和会计师职业团体都认为，会计师服务价格是会计师和委托人共同商定的，不应有来自双方当事人之外的职业团体或政府的干预。至 1929 年法规颁布，政府尝试规范会计师服务价格，但之所以将会计师服务价格标准的制定权交给公会而不是自己掌管，是因为其对会计师服务市场的了解虽较北洋政府时期有进步，但相对于公会，仍处于信息劣势。完全依靠政府掌握市场信息再制定各地会计师服务价格标准，必然要耗费很长一段时期，如果不赋予公会价格制定权，那么在法律真空期内任由会计师与委托人自由协商定价的方式会与政府加强监管行业、规范行业发展的思想相违背。因此国民政府不得已暂时将服务价格的制定权交给公会。但公会制定价格的权力并非不受干预，政府仍是价格标准的最终核准人并有对价格标准进行修改的权力。

但好景不长，公会持有定价权不到一年，政府就将该项权力从公会手中剥夺。1930 年 3 月颁布实施的《会计师条例》第 14 条规定："会计师受托办理事件，得与委托人约定受取相当公费，其公费章程由工商部定之。公务机关命令会计师办理事件时应酌给费用。"1930 年条例较以往会计师法规最突出的特点是：

第一，首次规定政府具有会计师服务价格的制定权。以法规形式赋予行业主管机关工商部该项权力，一方面表现出政府试图摆脱前期对会计师行业发展不能生发议论，任由会计师及其公会居于主导地位的状况；另一方面说明会计师及其职业团体正在逐步丧失行业内部施行自我管理的权力，取而代之的是政府的监管，因此标志着会计师行业管理模式已由以自律模式为主转变到以政府管理为主。

第二，发展了会计师服务差别定价的思想。较 1929 年法规中赤裸裸地体现政府有权无偿使用会计师劳动的定价思想不同，1930 年法规在措辞上更加婉转，但总的宗旨还是会计师为政府部门办理业务的服务价格应远低于为民间企业办理业务的价格。至于公务机关到底能酌给会计师多少费用，法规不明定，也许只是办理业务时必要的交通费，也许连必要交通费也不能全额支付，但至少说明国民政府意识到会计师不是隶属于政府的行政人员，而是靠办案收入维持生计的自由职业者，因此政府不能名正言顺、理直气壮地无偿使用。

1935 年实业部接替工商部成为新任监管机构并修订了《会计师条例》，但在监管会计师服务价格问题上完全继承了前者的思想，只根据主管机关变动的实情，从工商部手中取得了价格制定权。

虽然政府一再强调，制定会计师服务价格的权力在政府而不是公会，但政府始终没有制定出会计师服务的收费标准。但会计师收费并不是无据可依，1928 年上海公会制定了《会计师公费标准》23 条，首次对会员的服务价格进行了规范，此后修订章程也基本在此框架内变动，其他各地公会也参照上海公会制定的标准修订成适应当地经济条件的公费标准。有关公会制定会计师服务价格的具体内容，将在下文会计师职业化思想中详细论述。表面上看，政府拥有制定会计师服务价格标准的唯一合法权力，但实际上没有制定能力，因此对于公会制定及之后修订的收费标准持默许态度，并未对公会越权制定标准提出任何异议。因而就实际情况来说，政府掌握会计师服务价格制定权的思想在 20 世纪上半期流于形式，并未真正施行。

1935 年之后抗日战争爆发，严重阻碍了国民经济的发展，并且国民政府忙于战事，在此后的 10 年间并未对会计师法规进行修订或是重版。回顾国民政府开始执政到 1945 年颁布《会计师法》之前，这近 20 年的深化发展期内，国民政府尝试着对会计师收费行为进行规范并且试图制定收费标准，但从实际情况来说，政府监管会计师服务价格的思想并未有效实施，只能算是浅尝辄止的阶段，会计师服务价格的制定权仍然保留在公会的手中，这一方面说明在国民政府高度的政治控制和严密监管下，会计师公会仍然保有部分行业管理的权力。另一方面也说明即使是国民政府意欲以法规形式，强制将监管会计师服务价格的权力收归政府所有，但违背了处于信息劣势方不具备监管能力的实际情况，因而即便有强制力保障实施的法律条文也只能是形同虚设。下文中将从会计师及其职业团体的角度，研究他们如何在职业化思想的指引下对政府颁布的相关法规提出各项修改建议并与政府互动，共同推动该时期中国注册会计师制度不断完善、深化发展。

二　注册会计师职业化思想的深化

深化发展期内注册会计师及其职业团体基本摆脱了早期言必称英美，较少根据中国具体实情生发议论的情形，而是针对当时行业发展状况，对政府所制定并颁布的相关法规，提出了丰富并且观点鲜明的修改建议。因此下文主要从会计师注册资格、考试制度、行业管理机构、会计师兼职、职业道德思想、会计师服务价格标准制定及建立职业尊严七个方面进行分析，以此全面认识本时期注册会计师职业化思想如何在与政府的互动中向前发展。由于注册资格标准的难易程度直接关系到注册会计师行业是否能够有效地维护圈内人的利益、有效实施"封闭排他性战略"，因而注册会计师们率先对政府颁布的注册资格条款提出了较多的修改建议。

（一）对政府所颁法规中注册资格的异议

上文在政府监管思想中叙述了政府对会计师注册资格条件一再修订，但其总体趋势是逐渐降低注册难度的实际情况，与注册会计师要求形成封闭性职业圈，最终达到职业垄断的意愿相违背，因此该时期注册会计师及其职业团体对于政府颁布法规中的注册资格提出了很多意见。

20世纪上半期中国与西方注册会计师所处的社会环境以及制度建立方式都存在很大差异。前者不仅要面对来自行业外部非专业人员和来自西方执业能力更高的同行间的竞争，还要承受政府对其实施的政治控制。因而中国注册会计师首要的任务是摆脱政治控制，其次才是提高专业门槛以限制非专业人员的竞争以及有效运用民族主义话语减少西方同行在华的业务垄断。

1927 年 10 月 19 日上海公会对政府所颁章程中规定会计师申请人必须为国民党党员的条件表达了自己的看法，他们在章程颁布不久即向政府呈送公文，请求修改该条款。呈文中说：

> （上海会计师公会）金以为会计师执业之性质属于技术一类。与工程师、医师、建筑师相同，向与律师尤为类似。执行此类业务之人入党与否似无关系。现在充任律师并不以国民党员为限，何必对于会计师独加限制？且依照国民党国民政府法令，只有各级党部及政治训练部人员必须以党员充任，其他各级行政官吏亦均不限于国民党党员，……如此则会计师似更可免去入党之限制。①

从呈文中可以看出公会强烈地要求政府取消对注册会计师职业的政治控制，其理由也层层递进比较具有说服力：第一，强调了他们与其他自由职业的共同点。公会认为他们的职业也是以技术为生的自由职业。既然不要求其他自由职业入党，那么同样也不应要求会计师入党。第二，进一步强调会计师自由职业的特性。他们指出既然政府不强制各级行政官吏加入国民党，那么就更没有必要强制属于自由职业的会计师入党。以上论述有理有据，体现出会计师是自由职业的思想已经深深扎根于 20 世纪上半期中国会计师的头脑中，因此面对政府的有意拉拢，他们非常坚决地捍卫该职业在政治上的独立性。

10 月 24 日，国民政府接到呈文后，经中央特别委员会研究后签发了135 号令，称"本会第 6 次会议决意，任会计师者不必以国民党党员为限"，结束了会计师入党问题的争议，但直到 1929 年工商部主管会计师行业后颁布《会计师章程》时才正式将党员条件从会计师资格中取消，此后会计师们致力于评议法规中其他资格条款。

1928 年潘序伦率先对国民政府 1927 年颁布实施的会计师注册条件提出了自己的看法。潘序伦认为："（章程中规定）试验审查之举，实为国家对于会计师学识及经验之证明方法。旧章并无试验之规定，且于会计师学识经验两种，仅需其一，宽泛疏滥，迨臻其极。现在改颁新章，对于此

---

① 上海档案馆馆藏上海会计师公会档案资料，档号：S447 - 2 - 6。

点规定较严，可谓进步。"①

从潘序伦的一番言论中可以看出他对1927年颁布的会计师法规中注册资格条款总体来说比较满意，这是因为：第一，章程中再次以兼备经验和学识作为选拔条件，较1923年法规中规定两者具其一即可呈请成为会计师的条件严格许多。第二，首次在法规中规定采用考试选拔会计师的方法，确立了会计师考试制度的合法性。

但潘序伦并不满足于法规所规定的资格条件，指出："法规能规定者，仅其最低之限度耳。执行会计师业务之人，苟欲求于职务之上，得心应手，无忝厥职。不可不于法律规定资格之外，另求高深之学识、经验、才能及道德也。"② 潘序伦所指的资格条件含义较广，除包含经验和学识外，还包含会计师的专业胜任能力及职业道德。

关于会计师应具备的学识。潘序伦主张不仅应具有各种会计专门知识而且要具备商业常识。具体来说包括：商业管理、商业组织、工厂管理、商业理财、销售学、商品学、银行、货币、财政、关税、汇兑以及商业政策等；不仅应熟悉本国各项实业法规，对于民法、民事诉讼法、商人通例、公司条例、破产法、商标法、注册条例细则更应"习之有素"；如果对于各种商业情形有特别研究者尤佳。③ 就潘序伦要求会计师应具备的各项学识来看，会计师不仅是会计专家而且俨然为商业全能，同时掌握这么多门学科知识，对会计师是否过于苛求？潘序伦给出了他的理由：首先，会计师执业范围较广，不以某一行业为限，因此只有掌握全面的商业常识，才能对审计业务出具正确无误的鉴定证明。其次，会计师是经济商业专家，少不了接受委托出庭，因而有必要熟悉诉讼法等相关法规。潘氏对会计师应具备的学识条件，似乎主要根据其在西方攻读学位时所学各门课程制定而出。总体来说条件非常严格，能够完全具备上述条件，不知在当时是否只有潘氏一人。他给出的理由也比较充分，但潘氏的理由在今天看来并不是完全无误，第一，会计师即使具备充分的学识，其所出具的审计结论也不能保证被审计事项的正确性，而只能保证其公允性。因为即便是20世纪上半期，诸如存货计价已有多种方法存在，因此并不存在准确无

---

① 潘序伦：《中国之会计师职业（二）》，《银行周报》1928年12卷10号，第19页。

② 潘序伦：《中国之会计师职业（二）》，第19页。

③ 同上书，第20页。

误的审计结论，因而潘氏认为掌握充分学识是为了保证发表正确无误审计结论的说法过于夸大了会计师的作用。第二，潘氏认为会计师由于事务上的发展，经常与法院有所交涉，因此要熟悉相关法规，并特别提出要熟悉诉讼法。潘序伦的上述主张对会计师来说过于严格，会计师毕竟不是律师，他不需要出庭为委托人做辩护，因此潘氏此论模糊了会计师与律师职业的业务范围。但当时会计师中确有不少同时兼任律师职业，如陶爱成、李文杰等人。

关于会计师应具备的经验。潘序伦认为："查账之职业，实带有技术的性质。与医师之治病相仿佛，断难全于书本中求进步。譬如弈，尽悉其各种规律，而未熟悉其临阵时之应运，则步步皆荆棘矣。……会计师于各种商业均可发生业务关系，其有五年十年之经验者，当可与各种性质不同之委托事件中，取得相当之经验也。"[①] 潘氏认识到会计师是一门以查账技术为生的职业，因此纸上谈兵终觉浅，这种认识十分准确而具有先进性，避免了片面追求书本知识而不注重查账经验的错误导向。

关于会计师应具备的专业胜任能力。潘序伦主要从职业特点出发，从对人、对事两方面出发，指出"会计师对事对物应有精细、敏速之观察，公平正确之判断。对人应有机警、温和、忠勇诚实之性格。处理事务应有缜密而有规律之习惯。盖会计师所接之事物及人良窳美恶，无不备具，而事务有时忙迫异常，非赖有上述各种之才能，实难以应付裕如"[②]。可以看出潘氏主要从技术应用以及人际交往和沟通两方面论述了会计师的专业胜任能力。虽然与我国目前注册会计师职业能力框架相比，只涉及其中七项能力的两项，但是不可忽略的是早在80多年前潘氏就提出了这样的观点，足见民国时期我国注册会计师职业发展及其理论水平都有了长足的进步，似乎可以以此回应当前学者认为近代中国注册会计师制度及其职业发展十分缓慢的片面观点。[③]

关于会计师应具有的职业道德。潘氏认为在四项会计师资格中虽无一可缺，但前三项重要程度都不及职业道德一项，是因为"会计师之职业，

---

① 潘序伦：《中国之会计师职业（二）》，第20页。

② 同上。

③ 较多研究中国当前注册会计师制度的学者持有这种观点，如：易琼在其博士学位论文《行业制度变迁的诱因与绩效——对中国注册会计师行业的实证考察》中持有这样的观点；刘海英等人在《我国注册会计师制度的发展及其变革》一文中也有相同的论断。

实为商界保障信用而设，苟其有不道德行为，而自丧信用，则此项职业即失其根本存在之理由"[①]。潘序伦强调会计师道德的重要性，是因为他认识到会计师职业的本质是保障社会信用、维护公众利益，而一旦自身道德沦丧，带给该职业的将是灭顶之灾。因此他指出：第一，会计师"应具有不屈于任何诱惑或威胁之勇气与信念，依其学识、经验、才能所及，观察账目之是非与确误，从直报告，毫无隐徇"[②]；第二，"尤应保守其超然独立之地位，不握政权、不营商业、不在于己身有利害关系之事，行使其职业上应有之职权"[③]；第三，"绝不泄露职务上所得悉他人商业上之秘密"[④]。潘序伦所言的"道德"基本与职业道德相同，唯一的区别是潘序伦还认为不屈于诱惑和威胁，公平正直发表审计结论也是会计师应该具有的道德条件，这是政府所颁法规及会计师公会章中所不曾涉及的。

与潘序伦认为 1927 年法规中资格条件较为严密，大体尚可的观点不同，田斌从三个方面指出了政府颁布法规中资格条件应该修改的地方：

第一，建议将申请人最低年龄从 25 岁提高到 30 岁。田斌指出提高申请人的年龄主要出于三个方面的考虑：首先，依据当时会计师法规，无论免试还是考试取得资格，均要求学识与经验并存。因此按照正常学制和取得经验的年限来说"事实上无 25 岁即能呈请受试、面试为会计师者。与其等于虚文，何如参照事实改为 30 岁"[⑤]。其次，由于中国当时各行业都没有建立统一的会计制度，更没有统一的会计准则，因而"以 25 岁少不更事之少年"不能胜任会计师肩负改革整理中国会计制度的重任。最后，降低申请人的年龄限制不仅会促使年轻人投机取得会计师资格，一方面加剧了当时僧多粥少的情况；另一方面会对发轫未久、根基未固的注册会计师制度形成冲击。

田斌陈述的上述理由，明显地体现出要求提高职业门槛，形成排他性职业垄断的思想。要求提高申请人年龄限制的思想具有现实意义，一方面他率先指出放松申请人的年龄限制，很可能在会计师服务市场中发生"劣币驱良币"的情形，最终导致注册中国会计师制度的崩溃。在没有形成良

---

① 潘序伦:《中国之会计师职业（二）》，第 20 页。

② 同上。

③ 同上书，第 20 页。

④ 同上。

⑤ 田斌:《修订会计师注册章程之管见》,《银行周报》1928 年 12 卷 16 号，第 19 页。

好制度环境的情况下，他的担忧不无道理。另一方面，似乎他也认识到会计师资格条件的宽严程度，也要考虑到市场对于会计师服务的需求状况，不仅是因为中国刚刚建立的会计师制度需要严定执业人员的入行资格以利于该制度继续发展，还因为本土会计师业务十分有限，有必要限定执业人数以维护执业会计师的利益，达成排他性职业垄断的目的。

第二，建议增加申请人具备一定学识并在事务所实习 5 年以上，同样可以免试取得会计师资格的条件。由于 1927 年章程中规定会计师免试取得资格的条件为：在大学修满会计学科目 20 学分以上，并在财政部认为合格的企业、机关或政府部门担任主要会计职员 7 年以上。田斌首先指出申请人在事务所的实务经验绝不逊于在机关担任主要会计职员，因此政府有必要承认申请人在事务所的实习经验；其次根据考试取得资格的申请人需在事务所实习年限与企业机关实习年限的折算比例，计算出申请人免试取得资格需要在事务所的最低实习年限，因当时法规第 5 条对考试取得资格的申请人实务年限规定"在会计师事务所充任事务员 2 年以上……或者在财政部所认为合格之企业、机关、官厅公署或公务机关充任事务员 3 年以上"[1]，因而他认为以事务所实习 2 年与企业机关实习 3 年等价来算，申请人只要在事务所实习 5 年以上，就相当于在企业机关实习 7 年以上。

第三，建议取消章程中有反革命行为者不得申请的条款。田斌首先指出应以经验、学识、道德和才能作为选拔会计师任选的标准，而"反革命既与学识、经验、才能风马牛不相及，又与道德无关"[2]；接着他指出法规应具有稳定性，不能以暂时的反革命行为作为会计师的取缔标准；最后田斌认为在革命时期无论何人，如犯有反革命罪即可"按律治刑"，而不应在会计师法规中做重复规定。田斌以上言论，体现出建议政府减少对会计师的政治控制的思想，因而在当时是十分具有进步意义的，说明他清醒地认识到会计师并不是隶属于政府的公务员，而是为工商业服务的自由职业者。

比较潘田两人对当时会计师资格条件发表的言论，两者都认为应严定会计师资格，提高职业门槛。但两者的区别也十分明显：首先，两者着眼点不同。前者认为法规条款仅是会计师资格的最低条件，因而需要在法规

---

① 田斌：《修订会计师注册章程之管见》，第 19 页。

② 同上。

之外形成更加严密并被职业界普遍认可的资格条件，因此潘序伦着力建立职业界内部的评价标准。而后者似乎认为法规条款是唯一约束会计师选拔程序及其执业行为的规则，因此着力于完善现行法规条文。其次，两者语境中会计师资格包含范围广狭程度不同。前者所指的会计师"资格"较后者所指的内容广泛，除包括一般意义上会计师资格中的学识经验外，还包括专业胜任能力和职业道德；而后者"资格"则专指会计师应具备的学识与经验。

总之，会计师除对法规中的党员条款反响比较强烈外，对于1927年法规中的资格标准总体比较满意，较少提出修改建议，即使有也是在原有条款基础上的小修小补。

1929年工商部颁布的法规，除取消申请人必须为国民党党员的规定外，并未采纳此前会计师及其公会严定资格条款的修改建议，反而根据政府的意愿放宽了资格条件。但会计师及其公会对此并未做出回应，这一方面说明会计师准入规则的制定权已完全从会计师手中转移到政府，因而职业团体修改资格条件的言论不再得到政府的关注；另一方面也说明执业会计师为了扩大该职业在公共场域的影响力，有意壮大职业群体，因而两种因素综合起来促成会计师们对降低的资格条款保持了沉默。

1930年由立法院制定、国民政府颁布实施的《会计师条例》资格条款虽然承认考试取得会计师资格的合理性，但由于迟迟没有制定出具体规则，因此考试制度并未真正实施，政府反而再次降低了免试取得资格的条件。

面对又一次降低的入行资格，潘序伦的评价是"（条例）对于会计师之学识、经验两项资格，更未能为完备之规定"[1]。具体而言"在学校卒业，兼任教员者，其缺乏实际上之经验，无可讳言。至于任职两年以上之规定，流弊颇多，未可赖为充分会计经验之保证"[2]。可以看出潘序伦对条例规定申请人应具备的实务经验提出了异议，他认为会计课程的授课经历以及在公司的做账经验，都不能成为会计师查账经验的替代，更不能作为选拔合格会计师的依据。这是他对资格条款异议的进步之处，但他并没有提出相应的解决方案，只寄希望于会计师考试制度早日实施，过于夸大

---

[1]　潘序伦：《中国之会计师职业》，第19页。

[2]　同上。

了考试制度的作用。考试制度的实施充其量只能检验申请人是否具备相关学识，而无法度量申请人是否具备实际查账经验。而田斌早在 1928 年就提出政府应承认申请人在事务所实习经验的思想，这是潘序伦思想中所不及之处。

徐永祚与潘氏的观点不尽同，他认为："（《会计师条例》）关于会计师资格之规定，大略与美国相同，亦必有专门之学识与相当之经验，始能取得会计师之资格。"① 似乎徐氏对政府颁布法规中的会计师资格条款比较满意，甚至与美国会计师资格相提并论，并未提出任何修改建议。徐氏与潘氏对于会计师资格问题存在差异的主要原因，不仅在于两者不同的学历背景，而且还在于两者在制度发展的不同阶段起领导作用。第一，徐氏没有留学背景，因而对于西方先进的会计师制度了解仅限于书本上的感性认识；而潘氏有多年的留学经历，对西方先进的会计师制度有比较深刻、全面的了解，因而能够提出更高的标准。第二，徐氏作为中国会计师制度创立期的领导者之一，目睹了制度建立之初的种种不易，较潘氏更加了解恶劣的制度环境，因而徐氏易于看到现行法规较之以往的进步之处；而潘序伦作为深化发展期的领导人之一，易于从现行法规中找出与西方制度的差距。

虽然作为会计师群体的精英人物，徐永祚和潘序伦对政府所颁的会计师资格条款比较满意。但上海公会遵循了其"发表关于会计师及其会计法制定或修改之意见并讲求其实行方法之方法"的建会宗旨，对政府颁布的资格条款提出了具体修改建议。1934 年 5 月上海、浙江、南京、广东、汉口、九江、平津、山东等 8 家会计师公会，联合向立法院、行政院及实业部呈文，要求修改资格条款，建议在实务经验条件中承认申请人在事务所的实习经验，即申请人具备一定学识后如"在执行会计师职务之会计师事务所助理重要会计实务 2 年以上者"，经主管机关审查合格后也可取得执业资格。公会在呈文中陈述修改理由为：

> 会计师之执行职务不限于一方，无论官厅、机关、公司、商店、工厂，凡以会计事件委托，皆可接受办理。因此……在会计师事务所助理重要会计事务两年以上其所得之经验，当不亚于在学校授课或在

---

① 徐永祚：《中国会计师事业》，第 147 页。

机关、公司办理会计。若不许其作为乙项资格（实务经验），未免偏枯。又会计师执行职务，在在皆系处于指导与监督纠正之地位，亟须富有高级会计学识之人为之辅助，方能处置得宜。所谓高级学识，当然指具有甲项资格（专门学识）者而言，若在助理期间，不许作为乙项资格，则为会计师者，不免难得高级助理人员。亦于执行职务时不无妨碍。①

职业团体的上述思想，延续了此前田斌要求政府承认申请人在事务所的实务经验的观点。首先，会计师执业范围较广，因而在事务所的实习经验至少应与法规规定在学校、政府或公司企业担任会计教师或会计人员的经验相等同。其次，从承认申请人在事务所的实习经验，有助于执业会计师顺利执业角度，论述了承认申请人在事务所实习经验的必要性。一方面说明公会认为当时中国已执业会计师的专业知识有待于提高，因此需要受过系统会计学训练的大学毕业生在事务所实习，以帮助其顺利承办业务；另一方面说明公会认识到审计理论不断更新、审计方法不断进步，因而此举有助于保障执业会计师专业胜任能力同步提高，类似于今天注册会计师后续教育。

公会上述思想的先进性在于他们提出申请人在事务所实习有助于提高会计师的专业知识这种十分新颖而正确的观点。首先，以动态发展的眼光看待会计师专业知识的变化。如何对会计师进行知识更新，保障其专业胜任能力？公会提出的创新观点是：事务所接受经系统会计学训练的毕业生作为助理人员，以帮助执业会计师顺利承办业务。接着，以超前意识和宽阔的视野提出执业会计师专业知识更新的问题。20 世纪上半期，即便是注册会计师制度相对发达的英美等国也没有提出会计师后续教育准则，因而上海会计师公会的观点相当超前。并且当时政府与会计师将大部分注意力集中于如何提高入行资格，而公会还考虑到如何更新执业会计师的专业知识，对比而言，公会关注职业领域的视野明显较为宽阔。

对比公会与田斌要求在法规中增加事务所实习经验的思想，两者的差异也十分显著。免试取得会计师资格，规定申请人应在事务所的实习年限上两者出现了分歧，前者认为具有 2 年以上即可，而后者认为至少应 5

---

① 上海档案馆藏上海会计师公会资料，档号：S447－2－3。

年。两者出现分歧的最大原因是，政府所颁的入行资格条件一再降低，因而针对不同时期的资格条款提出修改建议，出现分歧也在所难免。1928年田斌提出修改建议时政府颁布的资格条件较高，而到1934年公会提出修改建议时政府所颁资格条件已经降低，因此公会提出免试取得会计师资格的建议，只相当于1927年条款中申请人应具备的应试资格之一。

所幸的是，这次政府完全采纳了公会的建议，在1935年实业部接管会计师行业时修订了法规中的资格条款。

1937年，会计师张忠亮对执业人员应具备资格发表了看法，其观点与潘序伦广义会计师资格的思想十分类似，基本上是对潘氏观点的精练，他也认为法规规定的会计师资格条件仅是最低标准，会计师应具备的学识资格还有："经济学的基础知识及应用；工商管理及理财；通顺的作文能力；普通会计、成本会计、特种会计及会计制度之研究；熟悉审计原理及实务；商事法规；各种税款的计算"①，此外"经验和品性也是很重要的条件"，"理解力和决断力也很重要"，同时他指出会计师个人的"人格和德行也是很该注意的"。

张忠亮有意借鉴潘序伦关于会计师应具备资格的观点，有力地说明了潘序伦在当时会计师行业的领袖地位，其一言一行成为其他执业者模仿的对象。一方面表明了中国注册会计师行业仍然十分幼稚，注册会计师仍然唯权威所言而不能发表自己的观点。另一方面也暴露出20世纪上半期无论是会计学者，还是执业会计师对当时中国注册会计师制度的研究都十分匮乏，在既没有制度积累也缺乏制度研究的近代中国，是无论如何也不可能迅速建立一个完善的注册会计师制度的，一定程度上解释了中国注册会计师制度无法顺利推进的原因。

在执业会计师普遍要求提高入行资格的呼声下，会计师龚树森提出的会计师资格应与国情相适应的思想显得势单力薄，无人声援。他在所著的《审计学概要》中指出："大凡对于有资格会计师之志愿者，宜按照国情，以适当标准，定其资格之有无。若开始即设程度甚高之条件，则非所以促进会计师发达之道也。"② 同时指出："在会计师制度未发达之国家，经验一项，尚非必要条件。"似乎他对政府之前规定申请人只具备学识或经验

---

① 张忠亮：《审计学》，第12—13页。

② 龚树森：《审计学概要》，正中书局1937年版，第42页。

其中之一，即可获得会计师资格的规定比较赞同。从上述言论中看出，龚氏认为不应在制度初创期就制定过于严格的标准，否则会阻碍注册会计师制度发展。结合当时情况分析其思想具有的合理性在于：他似乎意识到资格标准过高，执业会计师人数不能迅速扩大，导致会计师服务价格一直维持在较高水平，而在注册会计师制度刚刚起步发展的国家中，过高的服务价格会使需求低落，会计师服务市场不能有效扩大，因而反过来阻碍了行业的发展。但是他只提出了"适度"的概念，并没有具体给出衡量标准，似乎认为在当时的国情下，只需要对申请人学历作规定即是难易适度。并且他对于维护自身信用重要性的认识不及其他同行深刻，因而片面地认为降低入行标准，增加执业人数有利于行业的发展，忽略了注册会计师行业完全凭借公众对其信任办理业务，一旦让不具备资格的人执业，无异于自丧信用，最终也会阻碍行业发展这样一个事实。

之后，田斌和奚玉书又精辟论述了应严密限制入行资格的观点，虽不是针对龚树森的提议，却表明了当时业内的主流思想仍是提高入行资格。田氏认为："一事之兴在质不在量。固不仅会计师业为然也"[1]。奚玉书也说："会计师积极资格，在会计师考试未举行前，须兼重学历与服务经验两端，深为合理。盖学识为应导实务之基，经验为修正学理之所缺，二者兼具，始足以言会计之运用，是以为会计师者，必须有学识与经验，方能胜任愉快也。"[2] 回应了片面认为提高会计师执业人数，有利于行业发展的认识。指出中国注册会计师行业发展只有靠提高执业质量。如何提高执业质量？最主要依靠标准较高的入行条件，严密把关入行会计师的执业素质。因而此前龚树森的提议昙花一现，并未产生实质影响，很快就湮灭在会计师们一片提高入行资格的呼声中。

由于1935年实业部修订并颁布的《会计师条例》，关于资格条款完全继承了1930年条款内容，并没有根据会计师要求提高职业门槛的思想修订法规。因而自1935年到1945年颁布《会计师法》前这一段时期内，会计师对于资格条款的评论戛然而止，只有少数会计师不加评论地介绍相关章程，与前期积极倡言、热烈评论法规条款形成了鲜明对比。出现这种情况的原因：一是，职业群体意识到资格制定权已完全掌控在政府手中，并

---

[1] 田斌：《修订会计师注册章程之管见》，第20页。

[2] 奚玉书：《我国会计师事业》，《公信会计月刊》1939年2卷3期，第84页。

且政府对业界的评议置若罔闻，因此职业群体已没有动力去评论相关法规条文。二是，这一时期会计师行业的精英人物大体上对法规规定的资格条款比较满意。但潘徐两人对法规中资格条款不做评论的具体原因不完全相同，徐永祚认为较之以往法规中会计师资格条款，现行条款有了很大改进，因而较少对现行条款提出修改建议。潘序伦则认为法规只能规定资格条件的最低标准，因此对法规条款不做苛求，而致力于行业内会计师资格条件的建立以及会计师考试制度的施行。三是，此段时期抗日战争的爆发，一方面政府忙于备战，无暇顾及会计师法规的修订，因此一直沿用1935年法规直到抗战胜利。另一方面，战争重创了会计师赖以为生的工商业，因此会计师忙于维持生计，对会计师法规的研究有所停滞。四是，会计师寄希望于实施考试制度以解决会计师资格问题，因而自1930年政府公布《高等考试会计人员会计师考试条例》后，会计师们对资格问题的关注细化为如何完善考试制度，着力于评论政府颁布的考试条款，因此下文中将对该问题进行详细研究。

（二）对政府颁布注册会计师考试制度的评析

1927年国民政府第一次以法规条文形式确立了会计师考试制度的合法地位，《注册章程》第4、5两条分别规定了管理会计师考试的部门为财政部下设的会计师考试委员会及参加考试者应具备的资格。[①]

田斌率先对会计师考试条款提出了修改建议：

关于考试委员会等之规定，应修改为"会计师试验由国府考试委员会设立会计师考试委员会。由国民政府考试委员会行之（在考试委员会未成立以前得由工商部代之）。会计师考试委员会由国府考试委员会聘任审计院长官1人、司法部长官1人、大学会计学教授2人、会计师联合会所推举之会计师3人、财政部长官1人、考试委员会委员长及委员为当然委员（在国府考试委员会未成立以前以工商部部长及商业司长为当然委员）共9人共同组织之"[②]。

同时建议增订"会计师试验期暂定每3年举行一次，试验科目于细则

---

① 条款具体内容见附录C。
② 田斌：《修订会计师注册章程之管见》，第20页。

中另定之"①。

总结田斌上述修改及增订建议，将其归纳为以下五点：

一是，建议修改管理考试部门的隶属，由章程规定隶属于财政部变为隶属于国民政府考试委员会。田斌的理由是：首先"按照先总理之建国大纲，明定中央得设立考试院或委员会，专理考试事宜，…… 此种组织不久即将实现。即由专责机关办理，何必另生枝节而违定法"②。接着他认为财政部为掌管国家财政的机关，"无异于私经济机关之会计主任"，因而注册会计师行业不应由财政部管理，更不应该管理注册会计师考试。

二是，建议修改考试委员会中会计师委员的选任方式，将法规规定由主管机构聘任制转变为由会计师职业团体推举制。田斌认为章程中规定由政府聘任富有经验与学识的会计师，而"所谓'富有'标准，非同业中人鲜能知其详"③。同时他担心政府采取的聘用制会使得"下启奔竞之风，上开贿赂之门。殊失廉洁之道"④。

三是，建议修改会计师考试委员会当然委员人选，将财政部会计司司长及会计司第一科长作为当然委员人选的规定，改为由财政部长官、国民政府考试委员会委员长及委员担任。

四是，考虑到国民政府考试委员会未建立前，管理机构以及当然委员的人选的变通问题。在国民政府考试委员会建立前由工商部代替，下设会计师考试委员会，以工商部部长及商业司司长为当然委员人选。

五是，建议在法规中明定注册会计师考试时间，在施行细则中明定考试科目，推进了考试制度的细化。田斌认为此举的理由在于：第一，"（法规对考试时间没有明文规定）则预备受试验者徘徊道左，惶惶然不知试验期之为何日。在当局方面恐亦因循时日，浸假试验之说等为虚文"⑤。第二，田斌认为3年举行一次考试比较符合实际情况。第三，田斌认为中国应借鉴英美两国经验以早日在《施行细则》而不是《会计师注册章程》增订考试科目，以保持法规的稳定性。

从上述田斌修改注册会计师考试制度的建议及其陈述的理由中体现出

---

①　田斌：《修订会计师注册章程之管见》，第22页。

②　同上书，第20页。

③　同上书，第21页。

④　同上。

⑤　同上书，第22页。

其思想的先进性及局限性。其先进性首先体现在要求修改考试委员会会计师委员的选拔方式上：

第一，他清楚地认识到相对于业内人士政府处于信息劣势，因此政府应该将会计师委员的选拔权交给既掌握较多信息，又具有一定权威性的全国会计师职业团体——会计师联合会。他的这一思想继承并发展了徐永祚早在1926年制定的草案中要求行业拥有较多自主权的思想，因而与徐氏的观点相同，都强调由职业团体选拔而非政府聘用。

第二，他敏锐地提出由处于信息劣势的政府选拔会计师委员，会造成大量不具备真才实学的会计师相继贿赂官员以谋取职位的情况出现。因而其改变会计师委员选拔方式的思想具有相当的前瞻性和现实意义。

第三，田斌考虑到在国民政府考试委员会建立之前，如何推进会计师考试制度发展，即由工商部代替国民政府考试委员会先行建立会计师考试委员会。因而其推进会计师考试制度的思想是基于实际制度环境，而非纸上谈兵。

第四，体现在要求明定考试时间上，与徐永祚要求每年至少举行一次注册会计师考试及审查的观点不同，田斌从供求角度出发，分析3年举行一次考试的理由，"今日工商业尚未发达至若何程度，（对于会计师服务）需要不迫切"，体现出他认为会计师行业是一个需求导向性的行业。因此其供给与需求相适应的思想，较徐永祚更多地考虑到中国注册会计师市场十分有限的实情。

但其思想的局限性也相当明显，最主要体现在由谁管理会计师考试委员会的问题上，其思想十分混乱。他一方面认为在国民政府考试委员会建立前，应由工商部而不是财政部建立并管理会计师考试委员会；另一方面并未对会计师行业的隶属问题提出异议，又默认了财政部全权管理会计师行业的权力。

当然在注册会计师考试制度的初创时期，我们不能期望学者及注册会计师提出完善的考试制度，况且田斌是继徐永祚设想建立注册会计师考试制度后，对政府颁布的考试条款提出建议的第一人，其思想在当时具有一定的前瞻性。

尽管法规明确规定采用考试制度选拔注册会计师，但是正如田斌所担心的那样，该项制度很长一段时间内形同虚设并未实施。对此注册会计师们提出了自己的看法，1930年徐广德指出："（我国）于会计师资格之取得，尚未采用试验主义，实为重大缺陷。……似宜由考试院从速颁布会计师考试章程，而其人选方面，亦设委员制，广集各方面之高级专门人员组织之"①。

比较徐广德与田斌关于会计师考试制度存在如下相同点：第一，两者都认为应由国民政府考试委员会，而不是行业管理部门负责建立专门机构，管理会计师考试事项，因而与徐永祚的观点不同。注册会计师关于考试委员会隶属思想的变化，一方面说明孙中山的《建国大纲》中建立国民政府考试院的设想对中国自由职业考试选拔制度产生了深刻影响，注册会计师制度发展过程中渗透了不少的政治因素；另一方面，也说明注册会计师力图借助国民政府考试委员会下设机构，负责注册会计师这一自由职业的考试选拔事项，进一步提升该群体的社会声誉及地位。第二，两者都认为专门机构委员应广集各方高级专门人才，而不应完全由政府官员担任。即注册会计师和学者均认为在管理注册会计师考试的政府部门中，业中人应占有相应席位并具有发言权。

但是两者也存在差异。首先，田斌对于专门负责注册会计师考试机构的人员构成及人员选拔方式上均较前者详细，同时具有可操作性。其次，田斌对设立的注册会计师考试委员会的职责有明确的定位，即负责制定考试规则及科目。而徐广德对考试委员会职责定位不明，将本应属于注册会计师考试委员会的制定考试章程的职责，完全赋予国民政府考试委员会，因而按照前者的逻辑似乎没有必要设立会计师考试委员会，这是徐广德不及田斌之处。因而徐广德关于注册会计师考试制度的思想，无论是详细程度还是可操作性上，都大大逊色于田斌的思想。

国民政府采纳了注册会计师关于职业选拔考试由国民政府考试委员会组织建立的提议，1930年12月27日国民政府考试院颁布《高等考试会计人员会计师考试条例》，但没有相应建立管理会计师考试事项的机构，因此该条例并不是专门为选拔会计师制定的。1930年考试条例的颁布一方面扩充了中国注册会计师的来源，由以往主要从民间会计从业人员及接受过系统会计训练的学生中选拔注册会计师，增加了从政府高级会计审计官员中选拔的途径；另一方面加剧了原本就十分严重的注册会计师兼职问

---

① 徐广德：《会计师责任问题之研究》，徐广德会计师事务所1930年版，第38页。

题，同时在中国注册会计师行业中第一次出现了不执业的注册会计师。①

1933 年潘序伦著文率先对《考试条例》提出了看法，他认为：

> 我国考试院对于高等会计人员之考试，只希望其为政府机关拔取适当之会计人才。故所试科目，类多偏于行政方面。至于会计师考试，不过以之附于会计人员考试之内，并不为之另列专试。此在考试院图省事起见，固甚得计。不过会计师系为工商社会服务之专家，与高等考试及格之会计人员，全为政府服务者不同。故其执行业务上所需要之学识与经验，亦迥乎不同。何能强令削足适履，以贻害于工商界哉。……倘使我国不为会计师另订考试条例，另定必试科目，则日后即使实行考试，恐及格充任会计师者，为政府机关服务有余，为工商服务则不足也。②

从上述言论中可以看出，潘氏认为当时注册会计师考试制度最大的症结在于，注册会计师考试与政府选拔会计官员的考试混为一谈，因而其选拔标准偏离了为工商业选取合格注册会计师的初衷。因此他再次强调了会计师职业与政府会计、审计官员的区别：首先，两者的服务对象不同。注册会计师职业的服务对象是工商业，而政府会计、审计官员的服务对象是政府。由此引出两者的第二个区别，所需的经验与学识不同。注册会计师主要承担民间审计，因此需要具备企业查账经验和相关会计知识；而政府会计、审计官员承担国家审计，因而需要掌握官厅会计、审计经验及政府会计、审计理论。既然两者存在着明显的区别，那么以选拔政府会计、审计人员的标准来选拔注册会计师，只是硬要注册会计师"穿上"明显"不合脚"的考试制度，注定了在此之后中国注册会计师职业走不快、走不远。

揣测政府此举的意图，潘序伦认为一是由于政府仍然对注册会计师职业的自由职业特性不甚明了，因而无视注册会计师与会计官员的区别。二

---

① 据上海档案馆藏资料，档号 S447-2-265 记载，1931 年上海、平津、浙江、广东、武汉各公会会员兼职情况，调查南京会计师公会 31 人，其中未执业人数达到 29 人，占南京公会被调查人数的 93.6%，而未执业会计师大部分是国民政府的会计、审计官员，南京公会被调查的大多数会员不执业的情况在当时可谓独树一帜。

② 潘序伦：《中国之会计师职业》，第 21—22 页。

是，假使政府对两者的区别有所了解，仍将两者选拔考试混为一谈，则是国民政府考试院行政上的失职。

因此，潘氏提出了两点改进考试制度的建议：第一，严格区分政府选拔会计审计官员考试与选拔注册会计师考试。第二，修订注册会计师考试科目，增加各种工商业会计原理与应用科目，并减少行政法规科目。①

潘序伦修订考试制度思想的进步之处在于：第一，他非常明确地提出注册会计师职业与政府官员的区别，并强调前者自由职业的特点。第二，针对政府《考试条例》提出了具体的修改方法，有助于政府纠正前期偏离正常选拔注册会计师的程序。但其思想也存在一定的局限性，具体体现在其分析注册会计师与政府官员的区别时，只注意到注册会计师为工商业服务，忽视了其为政府承办大量查账业务的实情，因而没有从政府也是注册会计师业务委托人之一，注册会计师也要与政府保持独立性的角度论述应另颁章程选拔注册会计师的缘由，使其论据稍显不足。

之后，注册会计师朱龚凤与律师吴之屏1933年合著的《律师、会计师办案法式大全》及注册会计师张忠亮1937年在其所著《审计学》中，都对考试院颁布有关会计师考试程序、考试科目的条例进行了较详细的介绍，但未发表任何评论。

因此本时期内，对政府颁布的注册会计师考试制度最全面和富有创新精神的评议当属潘序伦一系列改革考试制度的提议。它代表着当时中国注册会计师群体中对于考试选拔制度的最先进的思想，在其之后再没有注册会计师对此制度发表评论。但潘序伦改革考试制度的种种思想，只是当时中国注册会计师对于完善本土会计师考试制度的一种设想，政府并未采纳，因而注册会计师考试自始至终未能与政府选拔会计、审计官员的考试划清界限。

考试选拔注册会计师制度是否在20世纪上半期的中国真正实施？回答是肯定的。虽然对其实施的具体年月无从考证，但1935年实业部修正颁布的《会计师条例》第3款"在会计师考试未举行以前，凡中华民国人民，具有左列资格，经实业部审查合格者，得为会计师"，此规定似乎可以说明会计师考试制度实施于1935年之后。同时据1949年《上海会计师公会会员情况调查表》记载的166名会员中，其中赵友良、王文彬通过

---

① 潘序伦：《中国之会计师职业》，第22页。

考试院高等会计、审计人员考试及格后取得注册会计师资格，而何育禧则通过交通部附属机关会计人员高等考试及格后取得注册会计师资格。[①] 因而从现存资料来看，似乎考试选拔注册会计师并不局限于考试院举办的高等会计、审计人员考试，申请人通过其他政府机关的相关考试也可取得执业资格。这使得20世纪上半期考试取得注册会计师资格的现实情况更加复杂，但限于目前没有搜集到此方面的官方资料及当时注册会计师评论，因此本书只能笼统地认为，注册会计师考试制度思想在注册会计师和政府的努力下，在20世纪三四十年代部分得到了施行。

从上文中注册会计师关于专业选拔考试由谁组织管理的言论中，似乎可以发现职业群体内部对行业由谁监管的问题存在分歧，因而下文对此问题展开研究。

（三）注册会计师行业监管机构的认识

国民政府掌权后，即由财政部颁布了《会计师注册章程》，确立了其管理会计师行业的地位。而在财政部仍为法定管理部门时，工商部长孔祥熙向工商法规讨论委员会提出的《修正会计师注册条例章程草案》，引发了行业管理权归属问题的议论。草案第9、10两条规定了工商部具有审核会计师资格并核发证书的权力。第14条规定"会计师受工商部及各省市工商机关之监督"，孔氏设想由工商部代替财政部行使监管会计师行业的权力。

1928年8月《时事新报》全文刊登了孔氏所提草案内容，注册会计师对草案规定由工商部监管注册会计师行业的条款的态度是"殊堪愕怪"，上海公会迅速向工商部呈文请求撤销孔氏的该提案，其在呈文中指出：

> 查16年（1927年）8月17日由财政部颁布会计师注册章程7章18条及覆验章程8条，又17年（1928年）5月4日核会计师服务细则6章19条，限制国内各会计师皆遵照此项章程呈请财政部核批给照，……会计师完全归财政部管辖，不兼隶于其他各部。……工商法规委员会为专门研究工商法规而设。会计师职务既非工艺品之制造又非公司商号之组织，实为经济上与会计上之学术，含有纯粹理财之意味，前北京政府误认为其受工商业委托为多，遂划归农商部主管。……今我国民政府鉴知昔日北京政府措置之非，划归应归属之财

---

① 上海档案馆藏上海会计师公会资料，档号：S447-2-282。

政部主管，正与律师之不属于工商部而归司法部主管同一理论，岂可
狃于前日之非，而弃今日之是。……财政部并未撤销主管会计师部分
实务之明令，工商部又未丰有管理会计师注册实务之法条，则工商部
似未便既有修正《会计师注册章程》之行为。①

从上述呈文中看出注册会计师们认为财政部是唯一合法且合理的行业
监管机关，工商部修改行业监管机关的提议不仅不合法而且不合理。具体
而言，财政部主管的合法性在于，当时会计师法规均明确规定财政部具有
唯一合法监管会计师行业的权力。其合理性在于，注册会计师职业为工商
企业理财获得收入，因而应归属于政府的理财机关——财政部管辖。

上海公会还召集了临时执监联席会议，讨论行业隶属管理问题。并联
合武汉、平津公会向财政部、工商部分别发函"以图维持财政部隶属"，
在呈文中公会重申了他们的观点：认为"工商部此项提议实足混淆统属、
分歧法制"，并进一步指出："会计师为执行财政上、会计事项上专门人
才，……职业之隶属应以业务主体之专门性质为标准而不以委托客体之界
别为转移。"② 上海公会的呈文回应了政府及部分学者认为注册会计师与
工商业关系密切，应隶属于工商部的认识。他们分析遵循的逻辑路线是：
首先将注册会计师职业定性为"财政上、会计事项上之专门人才"；接着
承认注册会计师职业与工商企业有密切关系的实情；然后提出判断注册会
计师职业隶属的方法，是以业务性质而非委托人的隶属关系为标准；因此
得出注册会计师职业应隶属于财政部管理的结论。上海公会联合武汉、平
津公会向财政、工商两部的呈文在行业隶属问题的分析，较之前呈文更加
富有逻辑性，因而更加具有说服力。

虽然大多数注册会计师认为财政部应具有该行业监管权，但少数学者
表达了自己不同的看法。田斌早在孔氏之前就曾著文，对当时行业监管归
属问题提出了一些建议，他说：

---

① 上海档案馆藏上海会计师公会资料，档号：S447 - 2 - 6，此呈文由江万平、童诗闻、赵
祖慰、许超、周砥、杨大训、汪洪章、孙钟尧、叶大年、蒋信昭、奚玉书、潘肇邦、吴端淼等16
位会计师共同起草。

② 上海档案馆藏上海会计师公会资料，档号：S447 - 2 - 196。

财政部会计司之职务，系掌管国家岁计，固无异于私经济机关之会计主任。而会计师则显然为社会上之超然业务。以学历为其资本，而取赢酬。……会计师与工商业关系较与官厅、学校及公营企业机关者为大，自应隶属于工商部商业司。日本会计士法明定须得农商务大臣认可。前北京政府会计师暂行章程亦指定归农商部注册，可见会计师由财政部会计司直辖或监督，在成例上、理论上具不可通。①

显然田斌认为注册会计师行业应隶属工商部管理，援引成例并分析了其合理性。对比公会呈文及田斌的提议，两者在论述行业监管权归属问题上存在以下几点差异：

第一，两者强调了注册会计师行业的不同特点。公会强调注册会计师为工商业办理审计业务，"理财"的特点。认为注册会计师的性质与职能都属于财政会计范畴，自应归主管理财的财政部管辖。而田斌强调注册会计师地位"独立"的特点，他认为财政部是工商企业的"会计主任"，因此其地位与工商企业不独立，注册会计师行业要保持独立性就不能归其管理。

第二，两者从不同角度强调了注册会计师与工商业的关系。前者强调注册会计师只是为工商业提供理财服务而自身不是工商企业组织，因此不应由工商部对其进行管理。后者强调注册会计师与工商业的密切关系，因而应归工商部管理。

第三，对待成例的态度不同。前者指出国民政府修正了北洋政府时期将注册会计师行业归于农商部管理的错误，因而划归工商部虽有成例在前，但不可"狃于前日之非，而弃今日之是"，以批判的精神对待以往将该行业划归主管工商事务部门管理的做法。相对而言，田斌引经据典地指出，注册会计师行业管理权由财政部掌管与成例不符，体现出其思想比较保守的一面。两者对待成例的态度说明，会计师公会更加富有创新精神，试图中断施行多年的制度带给人们巨大的思维惯性，以扭转制度的路径依赖。

但是公会对行业监管机构的认识并未对政府变更行业监管机构的政策产生影响。1929年3月工商部取得了注册会计师行业的监管权并重颁了相关法规。注册会计师王梓康在法规颁布1个月后即向公会审查委员会呈

---

① 田斌：《修订会计师注册章程之管见》，第20—21页。

文，表达了行业监管机构变更的看法，他指出：

> 国民政府成立，会计师改隶属于财政部，彼时因政局变更管辖不
> 同，覆验资格犹有可说。今则财工两部同隶于国民政府之下。既经财
> 政部加以覆验其资格之健全已无疑义，又何必多次一番手续。设将来
> 设专部，岂不又须覆验，如此不特烦不胜烦，即会计师之资格亦时时
> 随管辖机关变更而永无固定之日矣。①

　　王梓康对行业管理机构变更的提议，延续了公会对行业监管机构的认
识，但他并没有从财政部监管的合理性及合法性角度论述，而是从被监管
者的角度指出执业资格重新审核、资格条件随主管机构频繁变化，不利于
行业稳定发展以及给执业者带来的影响。一是，已执业会计师资格反复被
审核，执业者烦不胜烦。二是，注册会计师入行条件时松时紧，造成中国
注册会计师执业能力参差不齐的情况。
　　每一次监管机构的变更，都牵涉到新任监管部门如何对待在前任监管
机构管理期间取得执业证书的会计师的资格问题。20世纪上半期中国政
府的做法是在重颁新章时，由新的主管机关对已执业会计师资格进行重新
认定，经认定合格并缴纳一定数额的覆验费后，方能换发执业证书，而且
必须在一定期限内进行覆验，逾期者相当于自动放弃执业资格。因而就执
业会计师而言，监管机关的频繁变更不仅增加了其经济负担，而且使得他
们疲于应付监管机构交接时各种行政事务，增加了执业成本。因此王梓康
从注册会计师的切身感受，表达了希望维持原监管机构的愿望。最值得一
提的是，王梓康一针见血地指出了中国注册会计师入行资格标准随政府监
管部门的变动而变化的情况，揭示了中国注册会计师行业与西方的显著差
别即入行资格的制定权由政府主管部门掌握，从一个侧面说明了中国注册
会计师宏观管理模式是"行政管理"而非"立法管理"。因此单从这点认
识来说，他指出了中国注册会计师制度发展过程中的症结所在，其思想具
有较强的现实意义。遗憾的是，似乎王梓康认为维持原监管机构不动，就
能解决会计师资格标准随主管机构变化的问题，是以一种静态的眼光看待
制度发展，没有将其思想进一步推进，针对监管机构频繁变动的情况提出

---

① 上海档案馆藏上海会计师公会资料，档号：S447 - 2 - 180。

会计师制度法制化的设想。

虽然王梓康维持原行业监管部门的提议并没有对政府决策产生任何影响，此后监管部门又经历了工商部、实业部之间的变动，但其指出注册会计师资格随监管机构变化而变化的思想启发了国民政府决意将注册会计师制度法制化的设想，据赵友良先生研究：1930 年国民政府公布《会计师条例》后就着手制定《会计师法》，因抗日战争爆发直到 1945 年才完成立法程序，正式公布[①]，又一次体现出注册会计师及其职业团体与政府两者思想的互动。

此后注册会计师及其职业团体不再对行业监管部门的变化发表评论，只是在回顾行业发展过程时简略介绍历次监管部门的变化。如徐永祚、奚玉书、朱龚凤、陈德容都注意到中国注册会计师制度演进过程中监管机关多次更迭的情况，但至多介绍随主管机关变化过程中相关法规的修订和颁布情况以及在各部门监管时期颁发的执业证书数量，并未对此发表意见。注册会计师及其职业团体对待监管机关这一问题的态度经历了 20 世纪 20 年代的热切参与、积极评议到 30 年代的静默，再一次说明注册会计师意识到政府越来越多的掌控制度发展方向，而注册会计师及其职业团体关于行业发展的建议越来越少地得到政府的采纳，中国注册会计师制度变迁模式已经发生了实质性的变化。另一方面，注册会计师似乎意识到政府试图以立法管理模式代替以往的行政管理模式。而在立法管理模式下，注册会计师入行资格不再随着监管机构更迭而变化，因而由谁对其进行管理不再如以前那么重要，所以不再对此问题发表评议。

在政府较多参与注册会计师制度建立的国家与地区中，究竟注册会计师行业应该由政府哪一个部门进行监管？似乎可以从日本、韩国、我国台湾地区及大陆现行注册会计师法规中找到答案。日本在其《公认会计士法》及之后的多次修订和补充中一直以大藏省为其会计师行业的最高管理机关，就职能来看大藏省相当于财政部，而自 1998 年日本将金融检查部门从大藏省独立出来负责监管会计师行业，后于 2000 年与大藏省金融局合并为金融服务总局，负责监管日本的会计师行业。与日本类似，我国台湾地区会计师行业监管机构 1983 年由经济部变动为财政部，2004 年又变动为由行政院金融监督管理委员会进行监管。而韩国及我国大陆现行的法

---

① 赵友良：《社会审计理论与实务》，上海财经大学出版社 2000 年版，第 28 页。

规中都明确规定由财政部负责监管注册会计师行业。从上述国家及地区注册会计师制度的实践，说明不同的国家与地区由于市场开放及发育程度不同，在不同的历史时期有各自的选择，并无一成不变的定规。

（四）注册会计师兼职问题的进一步讨论

与1927之前只有徐永祚一人注意到兼职问题不同，此时期内无论是注册会计师还是其职业团体都纷纷对政府限制注册会计师兼职条款提出修改建议，从其言论中既体现出注册会计师职业化思想的发展，同时也揭示出当时中国注册会计师艰难的处境。

1927年国民政府完全采纳了1926年徐永祚草拟法案中有关限制注册会计师兼职的条款，第一次在法规中明令禁止兼职，因而中国注册会计师向职业化过程中又迈进了一步。

潘序伦十分赞同政府禁止注册会计师兼任他职的做法，因此在其《中国之会计师职业》一文中率先对该条款进行了详细介绍，但并未提出任何修改建议。对限制注册会计师兼任官吏或其他有薪金公职的条款，潘氏指出："此条之设，盖防止会计师利用官吏公职之权力而营其私利也。"① 对限制注册会计师兼营商业条款，指出："此条之设，所以维持会计师在商业上超然独立之地位。绝无自身利害关系参杂于其间也。"② 对法规规定注册会计师不得以会计师名义行使职务的条款，他指出："盖因此等事项与会计师本身发生利害关系，苟任其以会计师名义行使职务，实有失其超然公正之态度也。"③ 潘序伦从注册会计师兼任他职有损其独立性，因而不能客观、公正地发表审计意见的角度指出注册会计师要同时保持对公、对私独立的必要性。潘序伦此时限制注册会计师兼职的思想，其作用只是解释了法规条款的合理性，因此对中国注册会计师职业化进程的推动意义不及此前徐永祚的限制兼职思想。

1929年会计师法规中政府延续并发展了限制注册会计师兼职思想，在1927年法规基础上修订了会计师兼营工商业条款，修订为"会计师执行职务时不得兼营商业，但如与职务无碍并得工商部许可者不在此限"，并增订了禁止注册会计师在与其有亲属关系的业务中执业的条款，政府限

---

① 潘序伦：《中国之会计师职业（二）》，第21页。

② 同上。

③ 同上。

制注册会计师兼职思想又向前迈进一步。对于限制兼职条款，1929 年 4 月王梓康会计师指出：

> 会计师兼营商业，欧美各国屡见不鲜，但与业务无碍可矣。则如本埠外籍会计专家亦多兼营商业，初未闻有所禁止。若云必须得工商部之许可，则同业中兼营商业者约有十之七八，且将来商业职务有所变更：例如今日为甲行之会计主任，明日迁为乙行之经理皆须一一呈准该部而后方可就职，是不特该部不胜其烦，即会计师亦有坐失时机之憾。①

从其上述向公会的呈文来看，似乎他对政府限制注册会计师兼任政府官员比较赞同，唯独对限制注册会计师兼营工商业提出了反对意见：一是基于国外同行兼营商业十分普遍的现状，提出中国政府应对此适度放松的观点。欧美等国的注册会计师制度一直被中国注册会计师视为榜样，而外国在华会计师更为中国会计师提供了近距离学习的机会，因此王梓康提出前两者都兼营工商业的理由十分具有说服力。二是基于对中国注册会计师兼职问题十分严重的现状，提出法规条款的不可行之处。王梓康认为当时中国注册会计师兼营商业者占 70%—80%，面对如此严重的兼职情况，对政府而言，不可能对其一一进行审核；而对于注册会计师而言，对兼职情况进行呈报增加了其执业成本。因此王梓康指出无论从监管方还是被监管方而言，限制注册会计师兼营商业对两者都不利，似乎在当时的制度环境下政府对注册会计师兼职不加干涉是一种帕累托最优状态。

就王梓康看来，政府以限制兼职推进注册会计师职业化进程过于超前，因此要求政府放松对注册会计师兼营商业的限制，该设想虽然是根据当时中国以及国外会计师兼职现状提出的，比较切合实际。但是就限制兼职思想发展来看，王梓康的思想反而是一种倒退，其思想的先进性和前瞻性都远不及徐永祚和潘序伦。

因而上海公会并未对王梓康的提议发表意见，究其原因，一方面，公会十分了解其会员的艰难处境；但另一方面，公会似乎赞同政府严格限制兼职的做法，以此提高注册会计师职业的社会声誉。两难的处境中，公会

---

① 上海档案馆藏上海会计师公会资料，档号：S447－2－180。

仍然保持了其一贯以推进会计师职业化为目标的做法。

　　因而王梓康会计师的意见并未对政府决意严格实施限制会计师兼职思想造成任何影响。政府在 1930 年会计师法规中完全禁止会计师兼营工商业的行为，继续发展了徐永祚限制兼职的思想。与政府积极推进会计师专业化的思想不同，执业者再一次认为政府过于迅速地推进专业化而没有考虑到会计师实际执业状况。

　　会计师江万平 1930 年 3 月向公会呈文表达了对政府严格限制兼职的看法：

> 　　兹工商业尚未发展，会计师事业方在萌芽之时，执行会计师职务者应如何努力服务以期助长工商业发展自不待言然。而会计师虽身负社会如此重务，而实无升斗之俸给。今日社会又尚未知会计事业之重要，委事无多，酬款尤薄。以上海属会论，会员百余人能以会计师自维生活者百不及什之八九，咸赖兼职之维持。上海为全国工商荟萃之区，知识昌明之域，且犹如此，他可无论。今若严限兼职，则鱼与熊掌势必舍其不足为生之会计师而他之也。如是则全国之会计师百难留一，欲以之提倡会计事业促进工商诚恐缘木求鱼。[①]

　　从上述言论中看出，江万平也对政府严格限制会计师兼职的做法持反对意见。首先，江万平清醒地认识到会计师是一种没有固定薪金，完全靠承接业务取酬的自由职业者。其次，他指出兼职的合理性在于恶劣的执业环境不能保障绝大多数会计师维持生计。最后，他认为在当时的执业环境下若严格限制会计师兼职，理性的会计师必然放弃执业，导致行业萎缩，反而会阻碍会计师行业的发展。其分析不应严格限制兼职的理由是 20 世纪上半期中国注册会计师在既要保持独立性又要面对恶劣执业环境，这种两难境地下的产物。

　　江万平放松限制兼职思想的闪光之处在于：他从会计师的角度分析了其与政府单次静态博弈中两者的战略空间及各自的最优选择，我们根据其分析构造一个 2×2 的静态博弈来分析其思想的合理性。

　　首先博弈的参与人是：政府、会计师；

---

① 上海档案馆藏上海会计师公会资料，档号：S447 - 2 - 3。

　　政府面临的选择是：严格限制兼职（限制）、放松限制兼职（放松）；

　　会计师面临的选择是：退出会计师行业（退出）、不退出同时兼任他职（不退出）。

　　为了简化问题，我们假设政府是否严格限制兼职其总收益都是0，但是采取两种策略的监管成本不同，严格限制的监管成本为a，放松限制时监管成本为0。由此可得政府采取严限策略时净收益为－a，采取放松策略时净收益为0；而会计师面对严格限制兼职时如果选择退出那么他既不会受到惩罚也不会在该行业得到收益，因此其净收益为0，在政府采取严格限制兼职时仍然不退出，其收益为b，而政府对其惩罚为c，由"若严限兼职，则（会计师）……必舍其不足为生之会计师而他之也"可知，会计师在政府严格限制兼职的条件下其最优选择为退出，因此可知b－c＜0；而如果政府采取放松监管策略，会计师选择退出则其净收益为0，选择不退出且此时政府不会对其进行惩罚，因此其收益为d。（其中a，b，c，d＞0）

　　其博弈树如下：

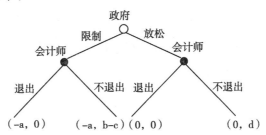

　　按照逆向归纳法我们得出子博弈完美纳什均衡为｛放松，（退出，不退出）｝，即政府选择放松监管的条件下会计师选择不退出行业且继续兼职是该博弈的均衡路径，而一旦政府选择严格限制监管，则会计师最优选择是退出。

　　与会计师大多数将兼职归咎于工商业对其业务了解有限，因此需求不多的观点不同，会计师徐广德在《会计师责任问题之研究》一书中十分赞成政府严格限制兼职的做法，但他将造成中国注册会计师兼职的原因直指政府，指出："（会计师）就法定职务言，真可谓一无所有，俨同游骑无归，事之滑稽无过于此。……是故在负立法之责者，倘认为会计师绝对不能兼职，当从速在法院编制法内，规定会计师地位。"① 在徐广德看来，注册会计师没有法定业务而只能以自由委托业务为生，但"当事人只图得过且过，敷衍目前，没有进而委托专门家之勇气"，造成了注册会计师没有业务可办理的状况，因此解决办法是依靠政府强制力规定注册会计师法定业务增加业务数量。其思想的先进之处在于，从全新的角度提出解决兼职问题的办法，有助于中国注册会计师的职业化。但其思想的局限性在于只看到规定法定业务能够解决兼职问题的有利一面，没有认识到强制施行法定审计时可能带来审计质量下降，导致职业声誉下降的不利一面。

徐广德依靠法定业务解决兼职问题的思路与制度思想形成期徐沧水和徐永祚依靠法定业务推进注册会计师制度的设想十分类似。中国注册会计师在制度发展的不同阶段都试图依靠政府强制力以解决发展过程中的难题，说明中央集权思想给中国知识分子留下了深刻烙印，即便受过西方自由主义熏陶的中国上层知识精英仍然不由自主地依靠政府解决市场经济中遇到的困难。但是徐广德依靠法定业务解决兼职问题的设想并没有得到政府的回应，政府依旧致力于制定更严格限制兼职的条款。

面对政府快速地推进限制会计师兼职，1934 年 5 月上海公会连同浙江、南京等全国各地 8 家公会联合向政府呈文，首次对法规中限制兼职条款提出了如下 3 条修改建议：

第一，建议将条文第 11 条修改为"会计师于登录后，不得兼任官吏，但以会计师资格受公务机关聘任者，不在此限"②，公会完全肯定了政府限制会计师担任政府官员的做法，但认为会计师受公务机关聘任不应视为兼职，要求增加会计师可以在政府机关兼任的职务。

首先，公会指出会计师兼职问题在中国的普遍性。以上海公会这样一个建立最久发展最快的公会而言，其会员专任会计师职业比率不及 4%③，其他各地情况更不容乐观。

其次，公会指出"会计师职业收入不足以维持其地位上应有之生活"。公会提出的其会员不得不兼职的理由既体现出会计师职业群体对自

---

① 徐广德：《会计师责任问题之研究》，第 37—38 页。

② 上海档案馆藏上海会计师公会资料，档号：S447 – 2 – 3。

③ 上海市档案馆藏资料，档号：S447 – 2 – 3 记载：上海公会会员 270 余人之中，专业此职者（会计师）仅 10 余人，其他皆有兼职。

身中产阶级地位的认识，同时也体现出正统儒家消费思想。

会计师认为他们是处于政府与社会之间的自由职业者，既不同于政府官员也不同于一般体力劳动者，他们将自身职业定位为中产阶级。不可否认，在向现代化转型过程中即使是完全从西方引进的会计师职业，仍然不能摆脱正统的儒家思想。公会持有的会计师因其"职业收入不能维持其地位上应有的生活标准"这一观点简直就是孔子消费思想在 20 世纪 30 年代的翻版。孔子"俭不违礼，用不伤义"的消费思想，要求社会中每个成员必须按照个人所处的社会等级生活，而会计师认为他们属于社会上层（会计师要求办理外勤业务时交通及食宿都以"头等"供应，即使其助理员也要以"二等"供应），因此有必要从兼职中取得收入以维持其中产阶级社会地位必要的生活开支。

最后，鉴于会计师普遍兼职及事实上不可能放弃兼职的现状，公会指出政府限制会计师兼职问题不能强力疾行只能徐图发展。①

第二，建议将法规第 12 条修改为"会计师不得兼营工商业，如与职务无碍，得会计师公会查核许可者，不在此限。但对于所营工商业及其有关系之事件应回避之"②。公会要求政府放松会计师在兼任工商业职务的限制，并试图增加公会的行业监管权。公会指出：

> 现行条例不得兼任原意为会计师担任清算人、破产管财人等职均掌管委托人之财产，若允许其经营工商业，难免挪用自谋之弊。但此等行为当地公会执行委员会，均为当地同业信用之人，情形自必熟悉。若予以权，由其察核，则此弊自可不防而防。况会计师业尚未发达，其人自有财产，若一并不准其经营，似欠公允。③

既然事实上不能完全禁止会计师兼职，应将会计师兼职时对其执业独立性影响程度做出判断。公会认为由其而不是工商部作为评判人的优势在于，它对行业信息的了解程度远胜于政府，因此公会认为此举可以解决会计师兼任工商业职务对其独立性的影响。我们认为公会提出的解决方法在

---

① 上述公会观点原文见上海档案馆会计师公会资料，档号：S447 - 2 - 3。

② 上海档案馆会计师公会资料，档号：S447 - 2 - 3。

③ 同上。

当时比较可行。但是公会提出会计师拥有财产，若严格限制其兼职，"似欠公允"的说法，违背了会计师的职业化思想，暴露出职业团体在维护团体利益时往往会忽略社会公众利益。

第三，建议对条文第 13 条中"亲属"字样限定范围。由于法规禁止会计师以职业名义办理与其本身或其亲属有利害关系的业务，因此公会建议对亲属范围进行界定，有助于提高法规的严密性。

总体而言，公会反对政府严格限制兼职的思想不过是对各地会计师意见的综合。此时公会转而支持会计师反对政府严格限制兼职，表明面对恶劣的执业环境，中国会计师不得不放弃其一直刻意维护的公平、独立的职业形象来解决其生计问题。一方面说明从西方舶来的会计师职业在中国发展过程中的特殊性；另一方面也说明在不完全具备制度环境的情况下，根据英美日等国的经验由政府主导并实现了会计师制度的跨越式发展，虽降低了制度设计成本，但制度运行成本非常高。制度运行过程中各阶段的问题交织在一起，如会计师生计问题与职业化问题同时并存，加剧了制度发展的复杂性。

严格限制兼职是职业化思想的一部分，理论上应由会计师及其职业团体提出并加以发展。而在 20 世纪上半期的中国，反而是政府提出了严格限制兼职的思想而会计师加以反对。由政府提出严格限制兼职这种职业化思想，一是体现出政府监管思想与会计师职业化思想在长时期互动中，两者出现了交融，边界变得不明显。二是体现出中国注册会计师制度发展的特点，即政府始终参与其中且在制度发展过程中其作用逐渐加强。三是说明政府在监管实践中其监管思想也在逐渐发展、进步的特点。而注册会计师一反常态地反对严格限制兼职，与此前要求提高入行资格、施行专业考试制度的职业化思想似乎有所背离。但从 1934 年上海公会向政府呈报会员兼职状况中可以大致了解当时注册会计师兼任的职业以及兼职的严重情形，由此找到注册会计师背离职业化思想的缘由。公会共调查到 186 位会员①，其中兼营商业者有 45 人次，兼任教师、教员及编辑者有 29 人次，兼任银行业、保险业、交易所及信托业 70 人次，兼任公职及律师者有 18 人次。当时著名的注册会计师均有兼职，有些甚至身兼数职，徐永祚兼任公司监察人、校长及上海市参议员；谢霖兼任银行秘书；潘序伦兼任国民

---

① 具体情况见上海档案馆藏会计师公会资料，档号：S447-2-237。

政府统计处会计局副局长；奚玉书兼任银行及商业职务。

就限制兼职思想的发展而言，政府始终领先于会计师职业界，从理论角度看，职业界限制兼职的思想不但没有发展反而有所倒退。但造成职业界限制兼职思想不能发展的一部分原因在于政府，由于政府逐渐放松了会计师入行资格，造成执业人数逐年激增的状况，导致原本就十分有限的会计师市场供大于求，最终造成了会计师不能专营此业的结果。

就政府、公会解决兼职问题方案的可行性来说，政府以制定严格的条款试图采用"堵"的办法来解决注册会计师兼职问题，在当时中国的社会、经济及注册会计师制度环境下不可能奏效。而公会提出暂时放松对兼职的限制"徐图发展"的做法，采用"疏导"的办法来解决兼职问题，因而具有可行性。虽然中央政府并没有根据公会建议修订会计师法规，但从 1934 年 9 月上海市社会局向上海会计师公会签发的训令来看，在执行层面上地方政府采纳了公会放松对注册会计师兼职进行限制的提议。[①]

（五）职业道德思想的发展

除了限制兼职思想外，本时期注册会计师对政府所颁法规中其他职业道德条款也发表了意见。

1927 年法规基本照搬了徐永祚所拟草案，但在职业道德条款中政府对徐氏草案相关条款进行了删减，由 8 条简化为 6 条。因此颁布后即引起了学者田斌的注意，他提出应在法规中增订一条，即"会计师不得直接或间接分给本人职务上所生之利益或为此种之预定。但每年有以酬劳所得提出若干分给办事员者不在此例"[②]。田斌认为会计师不得以支付佣金的方式招揽业务，但可以向其事务所助理会计师支付酬劳，与当代美国注册会计师《职业守则》中规则 503 "佣金规定"十分接近。

他给出的理由是：第一，"会计师系超然地位，非雇佣性质……不能照普通商业经营方法，大事广告、有捐客揽做之行动"[③]。第二，"会计师所得之多寡与其属下事务员之勤堕诚狡有关。且查账种种亦多为属下之劳

①　上海档案馆藏会计师公会档案，档号 S447 - 2 - 237 所载上海市社会局会字 8091 号训令：查该会所陈各节，既经呈明，确系实情，应准该局于不违反会计师条例施行细则第 6 条原则之下，酌量从宽处理。

②　田斌：《修订会计师注册章程之管见》，第 22 页。

③　同上。

力，故应提出若干成作为奖励金"①。虽然田斌的职业道德思想来源于徐永祚草案，也不及后者全面，但其进步之处：一是他十分正确地陈述了注册会计师不应支付佣金取得业务的理由；二是修订了徐氏草案的相关条款使之更加严密。徐氏草案中规定：会计师不得将本人职务上所得之利益分给他人，或为此种预约；并不得因受托职务关系，分给他人以手续费，或为此种预约。按照徐氏草案似乎注册会计师分给助理员奖金也应明令禁止，因此田斌对此进行了修订，使之更加具有可行性。但其思想的不足之处在于他完全忽略了徐氏草案中规定注册会计师不得与委托人在合约中订立或有收费的条款，因而田斌的职业道德思想仅在局部对徐氏思想有所发展，但总体而言不及徐永祚职业道德思想全面。

如前文所述，20 世纪 20 年代潘序伦持广义的会计师资格思想，因此其职业道德思想包含在会计师资格中进行论述。他指出会计师执业时不得存在如下行为："收买职务上所管理之动产或不动产、宣布办理职务上所得之秘密、因玩忽职务对于受托事件失其良善管理之义务、用不正当手段招致委托"②，上述都是与会计师职业有关的特定道德规范。潘氏还提出"雇佣之事务员均须品行端正，不得有损害会计师地位之行为"③，即提出助理员要具备基本的社会公德，属于一般的道德规范。

对比潘序伦与徐永祚职业道德思想，前者并没有禁止会计师担任索债人及与非会计师共同使用"会计师"头衔的行为，而其禁止会计师执业时的各种行为在后者 1926 年所拟草案中都有规定，因此单从这点来说潘氏职业道德思想不及徐永祚。但潘序伦不仅关注与职业有关的特定道德，还注意到助理员应具有基本的社会道德，因而比较全面地规范了事务所雇员的职业道德，这点又比徐氏考虑得周全，总体而言两者职业道德思想难分伯仲。

到 1933 年潘序伦进一步发展了其职业道德思想，将职业道德从会计师资格中划分出来单独进行论述，并对政府和公会制定的职业道德规范进行了点评。潘序伦指出：

---

① 田斌：《修订会计师注册章程之管见》，第 23 页。

② 潘序伦：《中国之会计师职业（二）》，第 21 页。

③ 同上。

会计师之职业道德，亦可从积极与消极两方面着想。所谓消极之道德者，即会计师行为之限制，不得与此限制之外，执行职务，所以保存会计师之身份与人格，而防止其有不正当之行为者也。所谓积极之道德者，即会计师应具有公正之品格，诚笃之心地，廉洁之操守，勤奋之精神，以恢张其信用，而发挥其效能者也。……凡关于会计师之消极道德，类多有法律为之明文规定。但若积极道德，自不能恃法律以求改进，必于法定限制之外，同业互相切磋砥砺，以提高其程度。①

潘序伦此时职业道德思想的主要特点如下：

第一，将注册会计师职业道德划分为消极与积极两方面。其所指的消极道德就是与职业有关的特定道德规范，而积极道德即为职业道德中的一般道德规范。潘序伦认为法规仅能规定消极道德的最低限度，因此注册会计师实际执业时应遵守更高标准的职业道德规范，"方能见重于社会"。而法规无法对积极道德进行规范，因此只能靠注册会计师自我约束，具体包括：公正、诚信、廉洁、勤奋。

第二，潘序伦认为应发挥公会施行行业监管的作用，在行业内部达成共同遵守的职业道德规范。其思想中注重发挥公会在处理行业事务中的作用，以期在当时的社会、政治条件下最大限度地实施行业自律，因而较徐广德借助政府解决行业发展过程中困难的设想，更多地体现出了注册会计师自由职业的特点。

第三，潘序伦指出会计师职业道德法规建设过程中体现出的制度变迁特点。他指出上海公会为"整肃会员风纪"，在公会章程中订立了严格的职业道德规范，政府修订会计师法规时"即将此种规定，大都纳入法规之中"。由此可见，职业道德规范的变迁方式首先是由会计师职业团体意识到制定规则相互监察的必要性并制定职业道德条款，之后政府将其上升为具有强制力的法规条款，因此具有强制性变迁与诱致性变迁正向交替的特点。

而后，会计师朱龚凤在其著作《律师、会计师办案法式大全》中从惩戒角度详细介绍了会计师违反职业道德各条款相应需接受的惩罚。会计

① 潘序伦：《中国之会计师职业》，第26—27页。

师张忠亮在其著作《审计学》中也介绍了会计师法规及会计师公会会章中相关职业道德条款。遗憾的是，两者都未对职业道德条款生发议论。1940 年会计师金宗城著文《会计师道德问题》，完全从一般道德层次列举会计师应遵守的规范。因此比较而言，潘序伦 1933 年的职业道德思想代表了近代中国会计师在此方面最全面的认识。

总而言之，除去兼职问题外会计师的职业道德思想不如其他思想丰富，因而注册会计师与政府在此方面的互动也十分简单，并没有在兼职问题、会计师资格及考试制度等职业化思想中呈现出两者跌宕起伏的互动。究其原因：一是除限制兼职外，职业道德思想其他方面较少牵涉到注册会计师的物质利益，因此无论从关注人数及程度都远不如其他的职业化思想；二是职业道德规范在各国会计师职业中具有普遍的共性，因此可以比较容易地借鉴西方已有的经验。

（六）注册会计师服务价格的探讨

会计师对服务价格的探讨起步较晚，因为无论是北洋政府 1918 年颁布的《会计师暂行章程》、国民政府 1927 年颁布的《会计师注册章程》，还是 1926 年徐永祚草拟的章程都规定：会计师受托办理职务时，得向委托人约定受取相当之报酬及费用。因而可以看出早期职业界及政府都认为注册会计师服务价格应由受委托注册会计师与委托人自由商定而不应受到来自第三方的干预。由于会计师认为他们的职业为社会公众服务，维持社会信用，因而含有"公共"意味，因此在 20 年代上半期他们将其服务收费定名为"公费"，因此下文中所指的"公费标准"等同于会计师服务价格。

1. 对服务价格标准制定权归属的探讨

早在 1923 年徐永祚萌发建立职业团体的思想时，曾设想职业团体的职能之一是"规定会计师报酬之标准额"，因此他是我国 20 世纪第一个提出公会具有会计师服务价格标准制定权的人，而这似乎与其 1926 年制定出的草案中承认会计师服务价格由委托双方自由协商的思想前后矛盾。但仔细分析后两者并不矛盾：首先，徐永祚 1923 年设想中国会计师职业团体的职能时完全借鉴了国外经验，因此比较全面，是中国未来建立公会努力的目标而不是其具备职能的真实写照。接着，1926 年徐氏制定出草案时，上海公会虽然已经建立但尚未制定出价格标准，因此在尚无规则可循时徐氏自然将会计师服务价格决定权赋予了市场。

会计师吴应图继承了徐永祚的思想，在1925年上海会计师公会成立之际即呈文要求公会决定公费标准，他指出：

> 会计师事业在我国仅粗（初）具萌芽，……尤以征收公费，漫无标准，最为困难。盖征收费过多，即有乖促进经济事业发达之宗旨，过少复不足以保职务之独立，而维持本业之尊严。长此放任，且恐流弊丛生。兹值公会成立，以谋同业公益为前提，吾人日常最感困难之问题，幸得有解决之机会，拟请公会斟酌情形，折衷事理，议决一种公费标准。[①]

从呈文内容中看出他从执业会计师角度表达了对委托双方自由商定服务价格的看法，认为十分困难。而困难在于中国会计师同时肩负着促进经济发展与维持职业应有社会地位的重任，吴应图认为在职业初创期内自由协商服务价格不能兼顾上述责任。因此他将难题抛向公会，认为应该由公会制定收费标准。吴应图的上述言论，第一次明确地指出在市场经济发育不全、会计师职业刚刚起步的条件下，应该由公会对会计师服务收费进行规范，而不应自由放任。说明吴应图急切地盼望行业自律，使会计师行业一开始就处于有序发展的状态。

公会接受了吴应图的提议，也因为公会认为它负有"研究订立同业规例"的职责，因此其业务研究会随即着手研究公费标准问题，至1928年第11次执监联席会议通过了《会计师公费标准》，共7章23条，其中将服务收费划分为论时收费、论案收费及提成收费，并分别订立了标准。规定会计师每小时收费10元，每天以4小时计，每日不低于30元，助理员每小时2元，每天以6小时计，每日不低于10元；论案收费视案件之繁简及所需时间计算；提成收费视承接业务资金数量按不同提成率计酬。似乎公会制定标准的主要目的是防止会计师低价揽客，因此仅规定了最低价格标准，没有对最高收费做出限制。

国民政府显然对于公会订立收费标准的做法比较赞同，在1929年修订会计师法规中明确赋予公会制定服务价格标准的权力，法规第31条规

---

① 《上海会计师公会年报》所载《吴应图请决定公费标准案》，上海档案馆，档号：Y4-1-335。

定：会计师对于受托事件所收之报酬应由会计师公会分别规定数目呈由工商核准备案。虽然政府赋予了公会制定收费标准的权力，但其权力仍然受到政府的监督，这说明当时中国注册会计师行业管理模式是政府管理和自律管理相混合的模式，只是自律管理的比重稍微多些而已。

不久政府的态度就发生了转变，在1930年颁布的《会计师条例》中第14条规定：会计师受托办理事件，得与委托人约定受取相当公费，其公费章程由工商部定之。虽然政府收回了制定收费标准的权力，但并未制定出任何标准，因此实际上上海公会制定的收费标准仍发挥着规范服务价格的作用。

随着政府监管会计师服务价格思想的转变，注册会计师辛景文向上海公会呈文建议修改《公费标准规则》。公会制定原规则第一条规定：会计师受托办理职务时依照会计师注册章程第14条之规定所收取之报酬及费用，应根据本规则规定范围收取，不得低减，但法令有明文规定者或公益慈善事项不受本规则之限制。辛景文指出此条规则应修改为：会计师受托办理职务时，在主管官署未依照会计师条例所规定，制定会计师收取公费章程前所收取之公费，应根据本规则收取。他认为既然法规明文规定由工商部制定收费标准，因此制定收费标准属于行政范围"自不容他人越俎代谋"，但在政府未制定出时由委托双方自由协商。公会制定出的公费标准"正所谓以济政府之阙，示会员划一之的"，但仍应顾及政府是唯一合法的会计师公费标准的制定人。上海公会认为辛景文的观点"确有见地，应照改印发"①。

辛景文上述思想一是体现出他清楚地认识到此时主导制度变迁的力量已由会计师群体转向政府，因此他们不能像往常一样畅言注册会计师制度中的任何问题，而是要考虑其合法性；二是体现出注册会计师群体尽量以一种小心翼翼地姿态处理公会与政府的关系，承认政府具有制定会计师服务价格标准的权力，以避免政府认为公会在争夺行业监管权而对其进行镇压。

而注册会计师朱凤龚则对当时会计师法规中相关条款表示了赞同。第一，他指出对会计师收费进行规范的合理性。首先，会计师自由职业的性

---

① 《本会关于制定、修订会计师公费标准规则及修改条文等问题》，上海档案馆藏资料，档号：S447-2-179。

质决定了其不能只尽义务而不享权利。接着，如果会计师出于自身利益考虑将服务价格提高，那么"为会计师计则得矣，而当事人势必受厥损害"①，因此政府规定由相关管理机关订立公费标准十分有必要。

第二，他分析了政府相关管理机关迟迟未能制定出公费标准的原因在于"其一为事务有繁简，第二为地方有荣枯，第三为当事人有贫富"②。朱凤龚列举的三点原因均从信息不完全角度说明了政府立即制定出收费标准的困难之处。

第三，他陈述了当时会计师行业收费的实际情况。在政府没有制定出规则时，就上海地区而言，会计师仍遵照公会制定出的标准进行收费。关于计算酬劳方式，虽然公会规定可以有计时、计件及提成计酬三种方式，但朱凤龚指出当时全国各地会计师办理业务时99%采取计件取酬方式，少则百元多则上万。③

第四，对政府施行会计师服务公、私差别定价的规定表示赞同。前文分析了1929年政府萌发了会计师服务施行差别定价的思想，而朱凤龚作为执业会计师指出他们对政府部门委托办理的业务不便多索报酬，但会计师为自由职业，又"未便枵腹从事"，因此两者兼顾只有酌量降低应收取的费用。体现出会计师面对政府施行差别定价、剥削会计师劳动力的做法时，只有无可奈何地选择赞同。

2. 对服务价格标准的评议

在职业界争论由谁对服务收费进行规范的同时，一部分注册会计师对公会制定的价格标准提出了自己的看法。潘序伦将英美两国会计师公会与上海会计师公会的服务收费标准进行对比后指出："我国会计师所定之公费标准，较之英美各国，相差颇远。此一因国内之经济程度，不远英美。更因我国会计师事业，方在萌芽，自应将报酬一项，减至最低限度，以期委托之易于普遍也。"④

可以看出潘序伦认为注册会计师服务收费高低与各国经济水平及行业的发展程度息息相关，因此中国注册会计师服务收费标准应该比西方同行

①　朱凤龚、吴之屏：《律师会计师办案法式大全》，上海法政学院1933年版，第42页。

②　同上。

③　同上书，第38页。

④　潘序伦：《中国之会计师职业》，第40页。

低廉。因而潘序伦对于上海公会制定的收费标准比较赞同，至少在当时中国的社会经济情形下是合理的，因此并未提出异议。

注册会计师张忠亮在其所著的《审计学》中也提及上海公会修订后的收费标准但并未对此发表评论，似乎也认为收费标准是合理的。

而学者吴子津对此提出了相反的观点，认为应降低收费标准以促进中国注册会计师事业的发展。首先，吴子津经过对比后也得出"我国会计师公费标准与英美日三国相较实低廉多矣"的结论。但他认为不同国家的注册会计师收费标准不具有可比性，因此中国注册会计师收费标准不应该参考国外标准制定。然后从原则、实情及经济三部分论述中国注册会计师收费标准有必要降低的理由。原则上的理由，吴子津指出在看似公平的收费标准下隐藏着不公平，原因在于论时计费标准完全没有考虑到中小企业的实际负担能力，提出"视其资力之大小而异其公费率"的观点。实情上的理由，吴子津指出内忧外患严重摧残着中国的经济，造成中国工商企业普遍只具有中小规模的现状。对于中小企业来说，百元以上的会计师公费支出即是重大开支，导致注册会计师业务只能"出于极少数企业之门，而不能发挥其效用"。经济上的理由，吴子津分别从"私经济"和"公经济"两方面分别展开。对于私营经济来说，注册会计师服务价格过高，往往使得企业主望而却步，结果"会计师非但不能施展才能，且坐视整个国民经济之衰落不为援手，而成为消极意义下之罪人"[1]。对于国家财政来说，吴子津认为注册会计师为企业担任常年审计，证明其财务报表的正确性，以此向税务机关报税，则国家不用再费手续进行调查。如果注册会计师收费过高，则公司企业必然不愿聘请注册会计师查账而宁愿受税务机关的调查。总而言之，吴子津以局外人身份对当时中国的会计师公费标准提出了批评，其中不乏"国民经济衰落消极意义下之罪人"的十分尖刻的评论。

吴子津的批评虽然尖锐但是仍具有其进步意义。第一，他指出会计师收费标准与一国经济及注册会计师行业发展状况高度相关，因此各国会计师收费标准不具有可比性。他非常正确地把握了制定会计师收费标准最主要的两个参考因素，因此在 20 世纪上半期中国注册会计师行业远远落后于英美等国时，制定会计师收费标准不能实行"拿来主义"。第二，他敏

---

① 吴子津：《修订吾国会计师公费之标准》，《会计杂志》1936 年 8 卷 2 期，第 113 页。

锐地觉察到会计师收费应该以企业实际负担能力为基础，而不能不论大小都统一收费。第三，他强烈地意识到注册会计师行业无论对私营经济还是国家财政都有巨大的推动作用，因而是比当时分不清会计师与律师有什么区别的学者高明很多的认识。第四，最值得一提的是吴子津并不是泛泛地空谈降低收费标准，而是提出了具体的修改方案。他提出计算收费总额的公式：每日公费额 = 公费计算基数 × 公费率。而公费计算基数又有如下四种：以资产总额为基数、以资本净额为基数、以资本额为基数（资本额可以按额定股份额计算也可以按实收股本计算）、以净利润为基数。通过对比各种方案的优缺点，吴子津指出以资本额计算收费总额最合理，就当时中国企业财务状况及最大限度地保持注册会计师公正性来说，他的方案确实具有可行性。

　　因为吴子津是圈外人，他能够从中小企业以及政府的角度感受到注册会计师收费过高，因此提出降低收费标准的新建议。但其思想的局限性也很明显，具体表现在：首先，他仅从计时收费标准未顾及不同企业负担能力的缺陷就得出注册会计师收费过高的结论，是以偏概全的认识。前文中注册会计师朱凤龚指出当时全国注册会计师收费 99% 是计件收费，如果注册会计师的调查属实则吴子津的批评并没有正中靶心。其次，吴子津将委托注册会计师业务数量少及国家经济衰落的原因部分地归于注册会计师收费过高，唯独没有从注册会计师角度考虑问题。民国初年的中国注册会计师虽然承载着振兴国家经济及维护社会信用的巨大职责，但他们仍是自谋生计的自由职业者，因此在 20 世纪上半期的中国解决上述问题并不能单纯依靠降低注册会计师收费标准。

　　对于会计师收费标准是否过高的问题，会计师与非会计师有截然不同的看法。徐永祚指出："（公会规定的收费标准）虽系规定最低额，不得再减。但较之英美则相差诚不可以道里计也。"[①]潘序伦也认为当时会计师收费已经"减至最低限度"。可以看出徐永祚与潘序伦作为执业者都认为当时中国注册会计师收费过低。

　　会计师与非会计师对于该问题为何有如此大的分歧。究其原因：

　　第一，中国注册会计师在职业化思想的指导下致力于努力提升职业的社会地位，而社会地位的体现必须以一定的收入来维持其相应的生活方

---

① 徐永祚：《中国之会计师事业》，《会计杂志》1933 年 2 卷 1 期，第 51 页。

式，因此注册会计师必然不会提出减低收费的思想；而作为非会计师，他们只看到注册会计师肩负的巨大责任，但对注册会计师自由职业者的身份和中产阶级的地位似乎认识不足，因而有且仅有局外人能够提出降低收费的思想。

第二，中国注册会计师职业完全仿照西方建立和发展起来，而且中国注册会计师上层精英人物大部分具有留学背景，因此他们自然将其报酬与其西方同行进行比较，得出中国注册会计师收费不高的结论；而非会计师对该职业了解不深，因而主要从国内普通工商企业的角度对会计师收费阐发议论。因此立场不同，自然得出相反的结论。似乎并不能简单地评判出孰优孰劣，因为即便是今天注册会计师收费问题也尚未完全解决，因而我们也不能苛责 20 世纪上半期的学者和注册会计师对此有非常高明的认识。

其一，20 世纪上半期中国注册会计师收费标准总体而言一直比较平稳，但平稳中有略微上涨的趋势，没有出现降低收费标准的情况。如上海注册会计师计时收费标准最初标准（1928 年）为每小时 10 元，每日不低于 30 元，到 1947 年仍是每小时 10 元，但每日最低收费上升到 50 元。究其原因，也主要是最初规定会计师每日以 4 小时计，至 1933 年以后每日以 6 小时计，这个收费标准至少保持到了 1947 年①，因此注册会计师每日计时收费上涨主要是因为工作时间延长。其二，注册会计师收费标准逐渐科学化。最初对于计时、计件收费都仅规定最低标准，至 1933 年开始规定了最高上限，注册会计师收费只能在一个区间内波动而不能超过这个区间，一方面有利于企业预估聘任注册会计师的开支以做到心中有数，鼓励其聘用；另一方面，进一步规范了注册会计师收费行为。其三，规定注册会计师办理业务时发生的交通及食宿费用，都应以"头等供应"，即使助理员也应以"二等"计算。明显地体现出注册会计师群体对自己社会地位及阶级属性的判断，他们是中上层阶级而不是下层的体力劳动者。

（七）职业尊严的建立

在中国注册会计师职业逐步向职业化发展的过程中，本土会计师也萌发了建立职业尊严的思想。不仅如第二章分析，中国注册会计师要求成立

---

① 由于抗战后发生了严重的通货膨胀，因此会计师收费标准按照当时公布的"中国职员生活指数"进行了调整，即通货膨胀后收费标准 = 原收费标准 × 生活指数，具体见《公信会计月刊》9 卷 6 期和 10 卷 2 期。

职业团体，他们还要求制定统一的制服和证章、要求具有与律师相同的司法待遇等。因此下文将对其职业尊严的发展进行分析。

1. 制定注册会计师制服和徽章

上海公会不仅致力于注册会计师资格的提高、实施行业自律以及维护会员利益等活动，而且积极投身于建立职业尊严。上海公会率先提出要求制定注册会计师制服及徽章，指出注册会计师在办理对公业务及参与公共事务时没有统一制服以明示职业的问题。公会认为：

> 盖（注册会计师）对经济社会既须昭大信于公众，而于行政司法均有赖其辅助，虽非法院特设人员，但裁判经济事实又必依为根据，因是会计师行使职务不得不出席法庭及机关公团或辅佐裁判或参预（与）会议，然其身份地位固与他人不同，即其识别应有明示，况法庭上之行使职务者，上自庭长推事，下至法警庭丁，莫不有特殊之制服。[①]

从上海公会的上述言论中可以看出，公会认为注册会计师既然肩负"昭信大众"及"辅助司法行政"的重任，常常需要在法庭、政府机关、社会公共团体执行公务或参加会议，因而要求在出席会议及执行公务时能够统一着装，以示其职业身份，体现出强烈的职业尊严感。

公会同时指出注册会计师在办理对私业务时也没有明示其职业身份的标志问题：

> （注册会计师）任整理、清算则须对所有财产实施检查保存；任破产管财、遗嘱执行则又须广事检索，分别调查；任纳注册又须与该官机构咨询请求，其他如鉴定、证明亦莫不有考察旁证必要，虽此等行动根据职权应受保障……但若不示以身份职务之明证，实难得其谅解而收实效，因此种种，实又非有明显识别不可。[②]

---

① 《上海会计师公会》，台北"中研院"近代史研究所档案馆，档号：17－23－13－（2），第41—50页，转引自杜艳娜《民国时期上海会计师公会研究（1925—1937）》，华中师范大学硕士学位论文，第25页。

② 同上。

　　公会还列举了注册会计师在办理业务时常常因其没有职业标志遭到阻挠，因此要求在执业时能有明示其职业地位的证章可以佩戴。表面上看公会要求制定注册会计师制服和证章仅仅是为办理业务方便及以示区别，实质上是维护注册会计师的职业尊严及建立职业归属感。职业尊严的建立是中国注册会计师职业化进程中又向前迈进的一步，上海公会提出制定注册会计师制服及证章的提议说明中国注册会计师开始在公共领域凸显职业特色以示与律师职业的区别。上海公会建立职业尊严思想的先进性不仅在于其第一个认识到注册会计师统一着装、执业时佩戴徽章有利于提升职业地位，而且公会拟定了三种制服和证章样式，以备政府采纳。

　　经过公会艰苦卓绝的努力，政府终于同意了其请求，财政部于1928年7月核准并颁行了制服及证章式样。同年颁布的《会计师服务细则》第五章第26条规定："会计师出席法院或重要会议行使职务时，应服制服。制服式样由公会拟定呈部备案"，第27条规定："会计师除前条外，对外行使职务应悬证章。证章式样由公会拟定呈部备案。"关于制服式样始终比较固定，但证章式样变化较大。财政部核准的证章式样为"银质圆形，中刊日形，日中刊一'计'字。日外圈圆，四边加字。上首为'国民政府注册会计师'，下为'上海会计师公会之委员'"①，实业部主管时对证章式样进行了修改。实业部主管时期注册会计师制服及证章式样如图3.2至图3.5所示。

　　图3.5中两枚现存于中国会计博物馆的会计师证章虽与史料记载实业部核准的证章式样略有差异，其中第一枚由国民政府核发，第二枚由上海会计师公会核发。尤其是第一枚，从其斑驳的外形仍可以清晰地辨别出证章中白底红字金边的"会计师"三个字；从这枚徽章的造型及磨损程度推测来看应该有实际的悬挂用途而不应是枚纪念章。说明20世纪上半期中国注册会计师执业时确实佩戴过中央政府和公会核发的证章以彰显其职业身份，尤其是中央政府核发证章中熠熠生辉的"会计师"三个字是近代中国注册会计师职业身份自我观和职业群体认同感的具象表征。也同时说明会计师建立职业尊严及归属感的思想经由中央政府的认可，在制度层面得到了执行，体现出职业界与政府的良性互动关系。20世纪上半期英美及日本等国的注册会计师执业时是否佩戴徽章，就目前本书所搜集到的

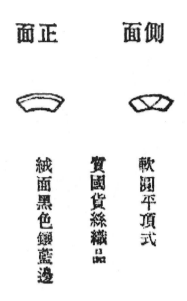

图 3. 2　制服帽样式

图片来源：朱凤龚、吴之屏合编：《律师会计师办案法式大全》，上海法政学社 1933 年版，第 76 页。

国外文献而言，没有相关记载。因此会计师执业时佩戴徽章凸显职业身份，似乎又是"中国特色"。

如果说公会要求制定注册会计师制服及其徽章还属于建立职业尊严的外在形式，那么下文将要分析的提高注册会计师司法待遇思想则是从实质上建立注册会计师群体的职业尊严。

2. 提高注册会计师司法待遇

上海公会产生的提高注册会计师司法待遇的思想，再一次将视线紧紧锁定在职业化程度较高的中国律师。上海公会认为注册会计师与律师存在以下的相同点：第一，两者取得职业身份的方式相同，都要经过政府特许。第二，两者职业属性相同，都是以专业知识服务大众的自由职业者。第三，在办理经济案件时两者处于同样重要的地位，即都可以参与经济诉讼，并在法庭上进行公证和辩论。因而上海公会提出虽然两者职业地位相同，但在司法待遇方面，"律师独得优越，此非职务身份关系，实因一有

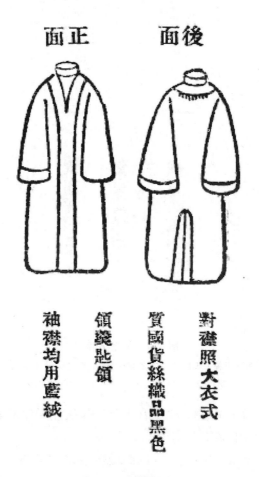

图 3.3　制服样式

图片来源：朱凤龚、吴之屏合编：《律师会计师
办案法式大全》，上海法政学社 1933 年版，第 76 页。

法律明定，一少条例依据耳"①。可以看出会计师公会认为律师的司法待
遇高于注册会计师，对于后者来说是不公正的，而造成这一现象的原因完
全是现有法规明定了律师在法庭上应该享有的一切待遇而唯独空缺注册会
计师司法待遇的相关法规，因此公会极力说服政府颁布相关条款以确保注
册会计师得到同等的礼遇。

---

① 《上海会计师公会》，台北"中研院"近代史研究所档案馆，档号：17 - 23 - 13 -（2），
第 41—50 页，转引自杜艳娜《民国时期上海会计师公会研究（1925—1937）》，华中师范大学硕
士学位论文，第 24 页。

准核府政民國

師　計　會

證員會會公師計會海上

銀質長方形　分上下三格

上下二格藍地白字

中一格白地藍字

上中二格用隸書

下一格用篆體

反面刊明號數如123等字

图 3.4　证章图

图片来源：朱凤龚、吴之屏合编：《律师会计师办案法式大全》，上海法政学社 1933 年版，第 77 页。

国民政府核发会计师证章　　　　　上海市会计师公会证章

图 3.5　现存于中国会计博物馆的民国时期会计师徽章

图片来源：中国会计博物馆藏品。

　　公会从三个方面具体列举了注册会计师司法待遇不如律师之处，其一为礼貌、其二为办事便利、其三为地位。如果说注册会计师还可以忍受其在法庭上受到的礼貌程度不如律师，且关于地位问题主要通过在法规明定注册会计师应受到的礼遇即可解决且已呈文政府。那么最令注册会计师不能忍受的是在法院办案时不如律师便利，律师有阅卷室和休息室各一间，而注册会计师统统没有。

　　注册会计师朱新民和蔡业最先向公会呈文表达了提高注册会计师司法待遇的建议，他们指出其被江苏省高等法院聘任为清算人办理案件时，法院未设会计师休息室和阅卷室，因此办案时暂借律师阅卷室，"会计师在法院办理案件在设备上无所表示，何能使各当事人识别，应请（江苏省高等法院）函知各级法院添设会计师休息室及办公室方能对外表示"①，注册会计师的一番话语透露出浓重的职业认同感，他们要求法院设立会计师阅卷室和休息室，并且不愿与律师共享一室，认为这样不能对外明示注册会计师与律师职业的区别，因而要求法院专设。在 20 世纪初，中国注册会计师在引进及介绍这一新兴职业时十分强调其与律师职业相似之处，而到 20 世纪三四十年代注册会计师职业化程度提高时他们的态度为之一变，开始强调两种职业的巨大区别，似乎不能容忍也极力避免任何将注册会计师职业与律师混为一谈的言论和做法。

　　朱新民等的提议得到了上海公会的赞同，因此 1934 年谢霖协同注册会计师王海帆与江万平以公会常务委员的身份联名向江苏高等法院，上海第一、第二特区地方法院呈文，要求在法院为注册会计师专设阅卷室和休息室，呈文指出：

　　　　近年来会计师事业渐行进展，受委出庭事件日益增多，在法院方面仅有律师休息室或阅卷室之设而对会计师尚付阙如，难免不存向隅之憾。且敝会会员大都在本省市执行职务者常常有出席法院，因无是项设备，往往深感不便。爰经敝会会员大会决议函请法院添设会计师休息室及会计师阅卷室等。②

---

① 上海档案馆藏会计师公会资料，档号：S447 – 2 – 226。
② 同上。

　　从呈文内容可以看出，要求在法院专设会计师休息室及阅卷室的想法是职业群体的共同意愿。而法院也分别给予了及时的回应，江苏省高院回函称已为会计师腾出一间房屋作为休息室及阅卷室；江苏省第二特区地方法院在回函中称"本院办公房屋逼窄，添设为难，所有会计师阅卷室合设在律师阅卷室内，会计师休息室暂时无法可想"[1]；第一特区地方法院称"本院未设有会计师休息室以前，各会计师来院执行职务请暂借坐律师休息室等语张贴于律师休息室门首"[2]。从回函来看，各法院似乎都赞同公会常务委员会的决议，但是在具体做法上略有差异且均没有达到注册会计师要求的待遇。其中江苏省高院采取的措施最为接近注册会计师的提议，为会计师专设了休息室和阅卷室，只是两室并于一室中；第二特区地方法院则仅在律师阅卷室内添设会计师阅览席位，没有设立休息室；第一特区地方法院则仅在律师休息室内添设会计师休息席位，似乎没有设立会计师阅卷室。从法院来说，他们似乎都认为律师理应受到较高的司法待遇，注册会计师的提议虽然得到了一些关注，但是还没有引起足够重视。而此后注册会计师并未对此问题再发表提议，似乎说明法院逐步设立了会计师专用的阅卷室及休息室，在职业界的努力下最终提高了注册会计师的司法待遇。

　　3. 垄断注册会计师头衔及业务

　　在中国注册会计师职业化进程中同样伴随着会计师垄断其职业头衔及业务的斗争。马克斯·韦伯研究发现在职业化过程中会形成"具有特权的成员"，而这些成员会致力于达成排他性封闭战略（closure）以收缩职业圈，以使得职业圈内的成员垄断这些特权。而用其理论分析20世纪上半期中国注册会计师制度时，这些经政府注册成为会计师的人就是具有特权的成员，因此他们垄断其头衔及法规赋予他们的业务。

　　具体表现为1931年上海公会向上海信托股份有限公司去函，要求后者擦去其公司玻璃窗上"会计师业务"字样，并改正其公司的印刷品中相关内容。可以看出上海公会认为"会计师"头衔是被那些具有一定资历并经政府审核、注册后能够办理相关业务的人员所专有，其他人不得使用该头衔，更不能办理相同业务。公会此举目的在于代表全体会员以维护

---

①　上海档案馆藏会计师公会资料，档号：S447-2-226。

②　同上。

注册会计师群体对"会计师"称号的垄断及办理法定业务的权力。

　　垄断会计师头衔及业务的做法不仅以垄断行业特权为目的，有时还伴以维护职业声誉。1937年注册会计师潘杰民向上海公会呈文称发现业余会计服务社等组织"专以代工商业设计会计制度等。闻该社既无一定地址又未呈请注册，而其业务大致采袭本业之后尘。似此巧立名目滥设社团显属非法兜售业务，恶意破坏同业信誉"①。在他看来这些未经政府注册的服务社属于非法组织，并且其业务范围与注册会计师大体相同，因而在社会各界尚未广泛了解注册会计师职业时，恐怕公众对此难以区分，一旦会计服务社承办业务出现差错，反而破坏了合法的注册会计师职业的声誉，因此建议严加取缔。潘杰民思想的进步之处在于他从维护职业声誉的角度论述非会计师不得执行业务的理由，即非会计师执行会计师业务不仅抢夺了原本已经非常有限的市场而且会严重破坏注册会计师职业建立的良好声誉。

　　总之，本时期注册会计师萌发的职业尊严虽然不如其他职业化思想那么丰富，但却表明中国注册会计师十分自豪并珍视"会计师"头衔，他们采取种种措施凸显并提升职业地位，以达成垄断称号、执行业务及维护职业声誉的目的。

第四节　监管思想和职业化思想互动的衰退期（1945—1949）

　　由于前一时期职业界与政府就注册会计师制度发展的各个方面展开了激烈而富有成效的互动，因此相比较而言本时期两者的互动十分有限。可以说政府与注册会计师轰轰烈烈的互动在本时期已经结束，取而代之的是政府的监管思想完全主导了制度的发展，注册会计师的言论已经退居到无足轻重的状态。虽然两者的互动急剧衰退，但注册会计师的职业化思想以及政府的监管思想仍然各自有所发展。

一　政府监管思想的成熟

　　值得一提的是1945年6月国民政府颁布了中国第一部《会计师法》，

---

① 上海档案馆藏会计师公会资料，档号：S447-2-181。

从而结束了会计师章程一直属于行政法规的时代，实现了章程的法制化。就内容而言，《会计师法》无论从监管范围还是力度都明显加强，体现出更多的政府监管思想，下文将从会计师资格、监管范围、监管力度方面分别分析监管思想的发展。

（一）按照政府意愿再次降低准入条件

《会计师法》规定可以通过两种途径取得注册会计师资格，即通过专业考试或通过相关部门的审核。该法第 2 条规定：

> 对于具有下列资格之一者前条考试得以检覆行之：
> 一、高等考试会计审计人员考试及格后分发任用或学习期满审查成绩认为优良者
> 二、曾在公立或经教育部立案或承认之国内外专科以上学校会计、银行、商业、工商管理、经济等科系毕业并在政府机关或公司任会计主要职员三年以上或在会计师事务所助理重要会计事务三年以上成绩优良者
> 三、曾在公立或经立案之大学独立学院专门学校任教授副教授讲授会计重要科目二年以上者
> 四、曾任荐任审计职务三年以上者

由于政府没有相应颁布会计师专业考试规则，因而该考试仍附属于政府选拔会计、审计官员考试中，因此就考试取得注册会计师资格角度而言，1945 年《会计师法》中取得执业资格的条件并没有比 1935 年法规提高，至多只是相等。而就免试取得执业资格而言，《会计师法》进一步降低了入行条件。具体体现在：

第一，关于学历资格。此前颁布或修订的会计师法规均要求申请人具有大专以上学历，而该法第 2 条第 4 款中规定具有 3 年以上审计经验不论其是否具有相应学识，即可免试取得注册会计师资格。将兼备学识与实务经验才能取得执业资格的条件降为只具备实务经验即可。与此前政府往往在法规中注重学识而忽略实务经验不同，此时似乎更看重申请人的实务经验，体现出政府监管思想的变化。这一方面说明政府在监管注册会计师行业发展中逐渐意识到在错综复杂的审计实务中积累的经验对注册会计师能够顺利承办各种业务的重要性，因此体现出其思想发展的一面。另一方面

从此条规定"曾任或荐任审计职务"来看，只是针对在政府部门担任审计的官员而定，又体现出其思想的落后性。由于国家审计与民间审计无论从目的还是服务对象来说均存在巨大差异并且后者实务更加复杂，因此将执行国家审计与民间审计的实务经验等量齐观，一方面说明政府对两者的区别仍然不甚明了，另一方面说明政府的"官本位"思想促使他认为曾任政府官员的申请人理应得到比较宽松的资格审核，由此制定出曾担任政府官员的申请人可以不通过考试取得注册会计师资格的不公平现象。

第二，关于实务经验资格。此前法规均要求申请人在一定规模以上的公司企业担任会计职务，1935 年法规仍规定申请人在实收资本 10 万以上的公司积累的记账经验可以算作实务经验，而《会计师法》第 2 条第 2 款完全取消了对公司规模的限制，因此实际上降低了申请人取得实务经验的难度。政府取消了对注册会计师积累实务经验的公司规模的限制，最重要的原因是抗日战争使得国民政府的财政处于崩溃边缘，出现了非常严重的通货膨胀，因此政府无法以货币来度量企业的规模，索性取消限制。这一方面说明国民政府在当时社会经济条件下不再限制取得积累实务经验的公司规模不失为一种明智之举。另一方面说明在注册会计师与政府的努力下新式会计核算方法在公司制企业中较 20 世纪初普及，因此似乎政府在无法用货币度量企业规模时，仍然保留了申请人至少懂得用新式会计方法做账的底线。

而入行资格其他条件基本与以往持平，因此总体而言会计师入行资格再一次降低。一方面体现出政府完全掌握着注册会计师资格条件制定权及审核权，因而可以在其中加入较多的政府意志，阻碍注册会计师群体形成职业圈施行专业垄断。另一方面，说明政府基于对当时社会经济的判断，以期注册会计师能够对恢复经济产生巨大的推动作用，降低入行资格鼓励会计师注册人数的增加。

（二）监管范围由本国注册会计师扩大到外国在华注册会计师

1945 年前北洋政府和国民政府共颁布和修订了 6 部会计师法规[①]，但其监管范围都仅为中国公民，而那些一直在中国各大通商口岸执业且为数

---

① 以汪精卫为首的伪华北临时政府也曾于 1940 年 9 月 7 日颁布过一部《会计师条例》，本书未将其算入，也未将其列入研究范围，因为除修改个别条款外，其余条款与 1935 年国民政府颁布的《会计师条例》完全相同。

不少的外国注册会计师从来没有被纳入中国注册会计师法规体系中。从中国出现本土会计师算起，到1945年颁布《会计师法》的近30年时间外国在华注册会计师执业时不受中国注册会计师法规的约束。而1945年《会计师法》的颁布和实施结束了这种状态，法规第40条规定："凡外国依其法律准许中国人充任会计师者其人民得依中国法律应会计师考试，前项考试及格领有会计师证书之外国人在中国执行会计师职务应得经济部之许可"。首次将会计师资格申请人的范围由"中华民国人民"放宽到外国公民，但附加的条件是该国允许中国人从事注册会计师职业。这一规定体现出国民政府在处理国内事务中自主地位的提高，结束了外国列强在中国肆意瓜分领地、建立租界而不受中国法律管辖的情形，因此政府扩大监管范围的思想具有一定的进步意义。关于外国公民如何取得执业资格，规定无论其是否具有外国会计师执业资格，如果要在中国取得执业资格只有通过中国的会计师考试，显然对外国会计师资格不予承认，因此从这一方面来说此时政府监管思想反而不如1929年法规中体现出的监管思想先进，因为1929年法规承认国外会计师资格因而对其在中国执业给予免试。可能是民族主义思想促使国民政府虽然规定国外会计师可以在中国执业，但是有意设立一定壁垒而保护中国本土会计师，又有其现实意义。

《会计师法》第41条规定："外国人经许可在中国执行会计师职务者，应遵守中国关于会计师之一切法令及会计师公会章程，违反前项规定者除依法令惩处外，经济部得撤销其许可并将所领会计师证书注销。"该条法规首次规定外国会计师非经中国政府许可不能在华任意执业，第一次将外国在华会计师纳入了监管范围中。另外，规定外国会计师执业时需与本土会计师一样遵守中国有关法律法规，如果违反相关法规除依法受到惩处外，其在中国的执业资格也将被撤销。该条法规体现出国民政府不仅将外国在华会计师纳入了监管范围，而且对其实施"国民待遇"，即外国会计师不但需要遵守中国会计师法律规范而且如违反上述规范将同样会受到惩处和取消执业资格，而没有任何特别权力，因而也是这部法规中十分值得称赞的地方。

（三）进一步加强对注册会计师公会的监管

国民政府不仅将监管范围由本国会计师拓展到外国在华会计师，而且加强了对会计师公会的监管。具体体现在如下几个方面：

第一，限定了建立全国会计师联合会的地域与发起程序。法规第26

条规定只能在国民政府所在地设立全国会计师公会联合会。第28条规定全国会计师公会的发起人最低为7个地方会计师公会并且需经过全体半数以上通过才能建立。国民政府1927年颁布的《会计师注册章程》第20条也曾赋予会计师建立全国会计师联合会的权力，但对其建立的地域及程序均未限定。比较而言，1945年国民政府将全国会计师公会也一并纳入了监管的视野，虽然规定全国公会发起程序有利于会计师行业有序发展，但是对其设立地域的限定完全是为了方便政府实施严密的监管，除此之外没有科学性和可行性可言。

第二，明确规定了监管公会的部门及其监管内容。1935年会计师法规中规定由监管会计师行业的政府部门对公会章程内容进行核准，此外公会只需每半年向主管机关呈报会务及会员业务概括即可，政府对公会的其他事务并不过问，因而公会尚存较大的活动空间。而1945年《会计师法》明确规定公会的"目的事业受主管经济行政官署之指挥监督"，此外其他事务均由社会行政官署监管。两者监管职责的划分是：公会章程内容的核准权仍归经济部，除此之外均受社会行政部严密监管，同时公会召开会议时需上述两部派官员出席并核阅会议记录。比较而言，1945年法规体现出政府试图将会计师公会的一举一动都置于严密的监控之下，而派官员出席公会会议完全置会计师群体于言论不自由的状态，给这一原本应该自由的职业又戴上了政治"锁链"。

第三，增加了公会违规的处罚条例。1945年前颁布的相关法规中均没有处罚公会的规定，而1945年法规中首次加入处罚违规公会的方法。规定公会如违反了法令或公会章程时按照其情节的轻重将受到如下惩处：警告、撤销其决议、整顿、解散。从监管理论角度来说，政府增加公会的惩处条款有利于注册会计师行业规范发展，但监管有助于行业发展要满足以下三个条件：一是，政府追求社会福利最大化而不是自身利益最大化；二是，政府掌握完全信息；三是，政府的监管政策具有公信力。而对于国民政府来说并不具备上述有效监管的任何条件，因此从现实角度来说，增加惩处公会条款不仅不能促进行业发展反而会成为国民政府排除异己的口实，一旦公会为维护行业利益对法规条款有所异议时，政府就可以拿出惩处条款对其进行处罚，由此可以解释在前一阶段积极参与注册会计师制度建设的公会为什么在此时期突然变得三缄其口。

此时期政府监管思想达到了顶峰，一方面体现出政府对于国内政治经济事务自主权的提高，另一方面说明政府尽力摆脱在制度发展过程中注册会计师群体对其政策的评议，实现政府主导制度发展的态势。尤其是监管会计师公会思想的发展完全限制了职业群体的活动能力及其创新力。此时期内注册会计师很少对政府颁布的会计师法规进行评议，不仅结束了监管思想与职业化思想的互动，而且抑制了注册会计师职业化思想的发展。

二　注册会计师职业化思想的抑制

与前期注册会计师就职业发展的各项议题提出丰富而具有建设性意见的局面不同，此时期政府监管思想的发展限制了注册会计师职业化思想，因此本时期会计师及其职业团体的职业化思想相对而言比较贫乏。下文将对本时期有限的职业化思想进行梳理。

（一）建立全国性的注册会计师职业团体

需要说明的是中国注册会计师早在 1933 年就成立了全国性的职业团体——中华民国全国会计师公会，但在抗日战争时期遭到破坏，因而 1946 年底各地会计师公会再次建立起全国性质的职业团体——全国会计师公会联合会，本书为了行文方便将两者一并在此分析。

中华民国全国会计师公会成立前，各地前后共成立了 8 家会计师公会，于是 1933 年浙江、山东两公会致函上海公会，请求发起筹备组织全国会计师公会，目的是整顿会计事项及统一全国注册会计师事业发展。上海公会执监联席会议公推江万平、奚玉书、谢霖等为筹备委员，召集筹委会以讨论筹备事宜，最终于当年 9 月在上海成立了中华民国会计师公会。奚玉书指出："我国各地方之公会组织，相当于美国之省公会，而全国协会为一全国会计师团体，以各省市为单位，其所属会员即为上海、平津、浙江、广东、武汉、南京、重庆、山东、九江、青岛、江苏等各公会，此则协会又相当于美国之国家公会组织。"①

奚玉书对全国会计师公会与各地会计师公会的隶属关系的判断是完全正确的，而且与美国会计师公会体系进行了简洁明了的类比。并且他明确指出全国公会建立的必要性及其性质。他认为"惟公会以地方为组织单位，设公会间无适宜之联系，则吾国全国会计师以致无统一之团体，此所

---

① 奚玉书：《我国会计师事业》，第 84 页。

以吾国全国会计师协会之组织，不啻为'公会之公会'也"①。

他认为全国公会建立的必要性在于：第一，加强各地会计师公会的联系；第二，使得各地会计师公会有其行业利益的统一代表。因此将全国会计师公会定性为"公会的公会"。其观点完全正确，代表了当时会计师对全国性职业团体最清楚的认识。虽然他对于全国公会建立的必要性及其性质的理解是正确的，同时列举了上海会计师公会改组后的执行委员名单与中华民国会计师公会第一届职员名单，但他并没有意识到虽然上海公会仅是后者的一个会员，但两者职员多有交叉，实际上海公会承担了大部分全国公会的职能。而出现此现象的原因，一方面由于上海公会是全国公会主要筹备单位，同时全国公会也设立在沪。另一方面说明上海公会在各地公会中具有举足轻重的作用，甚至可以说在全国公会建立前乃至建立后，上海公会在行业中都扮演着领头羊的角色。因此奚玉书没有意识到全国公会建立时就缺乏领导各地公会处理行业事务的威信力及必要经验。

而正是由于全国会计师公会存在这样的"先天缺陷"，抗日战争时期全国会计师公会随着各地公会"渐见涣散"以及沦陷地区公会的瓦解而不复存在。因此抗日战争结束后，各地公会又发起了筹备全国性会计师同业公会的提议。与1933年不同，政府对全国会计师公会的发起程序及设立地点均做了规定，因而注册会计师遵照相关规定于1946年12月在南京成立了全国会计师公会联合会。与以往注册会计师积极讨论行业事务不同，此时他们对于全国公会的成立并未发表言论，究其原因，一是，注册会计师的精英人物此时都担任着政府高官，因此其言论不再代表注册会计师而是其监管机构。如潘序伦此时以行业监管部门负责人——经济部次长参加全国会计师公会的成立大会，徐永祚时任上海市参议员。二是，参加全国会计师公会成立大会的会员中许多兼有国民代表大会会员的身份，为注册会计师行业增添了更加浓重的政治因素，因此在缺少了行业精英及增加了政治因素的环境下注册会计师不再热衷对行业事务发表评论。

（二）提出注册会计师立法和执行层面存在巨大差距

纵观20世纪上半期中国注册会计师制度的发展，仅仅用了不到30年的时间就完成了会计师法规由行政法规上升为法律的过程，而且就会计师相关法律规范的内容而言，此时期法规条款的严密性及科学性均有显著提

---

① 奚玉书：《我国会计师事业》，第85页。

高。但注册会计师赵灼、蔡经济、高永康等 5 人 1948 年在《访问香港会计师观感》一文中指出国民政府在注册会计师法规立法层面与执行层面上存在巨大差距。他们指出香港注册会计师业虽然"其（业务）范围不及我国会计师法规定之广，其历史不及我国之悠远，其发展之速，殊出人意料之外，考其原因，无非政府与商人，均绝对信赖会计师，有以致也"①。可以看出香港注册会计师行业的发展状况深深刺激了中国注册会计师，他们经过比较认为英属殖民地香港的注册会计师行业发展速度如此之快，并不是依靠其完备的立法而是与政府对该业的鼓励和社会对该业的信任密切相关。因此他们得出中国注册会计师行业发展缓慢的原因是"法令赋予会计师之业务，徒有虚名，而无其实"。具体而言：

> 如所得税之征课，法令明文规定，以自动申报为主，……惟历年核定，多出于迳估，遇有申报之商号，则不恤寻疵抵隙，苛事吹求，务使尚知守法之商人，不堪麻烦，而忍受无理之估定税务人员，非视合法执业之会计师为业务之助手，而反忌会计师指导商人守法，彼等口中如何尊重会计师，信赖会计师，惟暗地则不惜以种种手段，摧残会计师应尽之义务及其应享之权利，于是世界上认为最优良最合理之税制，橘逾淮则枳，形成摊派，……于是会计师，虽有法定代办纳税之资格，但实际徒有虚名，既无以效力于国家，亦无以协助商人，言之殊足痛心！②

首先，注册会计师指出在立法层面上他们具有帮助商人办理纳税的法定业务，但实际上并不能顺利开展业务的现状。其次，他们分析了不能开展业务的原因在于政府的阻碍作用，政府将注册会计师看作商人的合谋，因此对其申报的税额采取不信任的态度。因而注册会计师认为政府的这种做法有悖于其在立法中鼓励注册会计师行业发展的精神。职业界首次反思了中国注册会计师制度中立法与执行层面的关系，他们认为："在立法上（我国）实与欧美各国并驾齐驱，香港则更无足论。独政府主管机关，既

---

① 赵灼、蔡经济、高永康等：《访问香港会计师观感》，《公信会计月刊》1948 年 13 卷 2 期，第 36 页。

② 同上。

无行立法之精神，更自寻烦恼，不知取助于合法执业之会计师，遂致会计不成会计。所得税不成所得税，会计师之业务，亦无形摧残。"① 从以上言论中可以看出注册会计师虽然肯定之前近30年会计师法规在逐步完善，但指出我国立法与执法并不同步，正是政府执法观念远远落后于立法，阻碍了中国注册会计师执行法定业务，导致所得税制度不能尽快推行，新式企业会计制度不能普及。

其思想的先进之处在于清醒地认识到中国这种由政府主导行业建立及发展的模式存在巨大弊端，即政府易于将自身利益而不是社会利益作为最大化目标，因而由这样的政府进行行业监管，最终监管可能比市场做得更坏而不是更好，形成了近代英属殖民地香港与中国注册会计师行业发展速度的鲜明对比。

不可否认政府采用估计方法摊派所得税而不采用经注册会计师查账后确认的应税所得税的方法征税，不仅有利于政府多收税款且对注册会计师审计业务形成了挤出效应。但将其置于当时中国的社会经济环境中考察，这种征税方法又具有一定的合理性和可行性。首先，企业会计制度虽经注册会计师倡导有所改进，但记账体系的改进受到企业两权分离程度低、使用新式记账方法的成本高昂等诸多因素制约，因而至20世纪40年代末绝大多数企业会计制度尚未达到能够明确核算各期营业利润的程度。其次，20世纪三四十年代中国经济处于恶性的通货膨胀中，物价不仅每日变动即使同日早晚也有巨大差异，因此正确计算应税所得对于注册会计师和政府来说都是不可能办到的事情。因而在这样的社会经济环境下，明确计算企业应税款的途径只有政府派审计官员或聘用注册会计师对企业账目进行审计，此举无疑会增加政府的行政成本且实际上也不可能办到，因此说政府施行的所得税征收办法在当时而言是最节省行政成本的。

上文详细分析了20世纪上半期中国注册会计师制度如何在政府监管思想与会计师职业化思想的互动下曲折发展的过程，两者在不同阶段呈现不同的互动状态，因此下文基于上述实证研究从理论角度分析总结20世纪上半期中国注册会计师制度变迁的特点。

---

① 赵灼、蔡经济、高永康等：《访问香港会计师观感》，《公信会计月刊》1948年13卷2期，第36页。

第五节 注册会计师制度变迁的理论分析

一 注册会计师制度变迁的特点

根据上文第二节至第四节的分析，可以看出政府监管思想和注册会计师职业团体职业化思想的互动存在阶段性发展的特征，且以国民政府执政为其分水岭。因而按照制度变迁理论对中国注册会计师制度发展路径做细致的分析，大致可以分为以下三个阶段：第一阶段，正向交替阶段。从1918年北洋政府正式颁布《会计师暂行章程》到国民政府执政前；第二阶段，逆行交替发生阶段，即从1927年颁布《会计师注册章程》到1945年国民政府颁布《会计师法》之前；第三阶段，为强制性变迁阶段，从1945年颁布《会计师法》直到1949年国民政府执政结束。从制度演化角度而言，第三阶段存续的时间十分短暂，因此本书仅将其作为逆行交替状态完成的一个时点，因而并入第二阶段一起分析。需要说明的是，在制度层面分析时本书未将1913年杨汝梅率先向中国人介绍会计师制度至1918年谢霖向政府呈请成为注册会计师前这一阶段纳入分析范围，主要是因为现存史料的不足，既无法十分肯定1913年是否为中国最早引入会计师概念的年代，也无法查证杨汝梅介绍会计师制度的原始史料，同时因为这一阶段无论学者还是政府都没有推动或建立注册会计师制度的实质性举措，因此本书将分析重点落在1918年9月政府颁布《会计师暂行章程》到1949年中国共产党执政前的这31年间。

总结上文注册会计师职业团体引导的诱致性注册会计师制度变迁的目标有：第一，形成注册会计师的专业垄断，即形成较高的入行资格标准，以排除非会计师从业。第二，建立一套提高注册会计师服务市场效率的规则。第三，由注册会计师职业团体施行行业自律。

正向交替阶段的强制性注册会计师制度变迁仍然沿袭诱致性变迁时的三个目标，在市场失灵或微观主体推动力不足时，由政府强制力进行推动。而逆行交替阶段的强制性变迁不完全延续诱致性变迁的目标，而是政府较多地按照自己的意愿推动注册会计师制度演进。当逆行交替完成时则制度变迁模式完全演化为强制性变迁模式，强制性变迁不再延续诱致性变迁的目标。因此下文我们利用上述理论分析不同阶段注册会计师制度变迁的特点。

（一）1927 年前呈现正向交替的特点

由前文实证研究可知，20 世纪初一些受过西式会计教育的学者率先注意到中国没有本土会计师，因而华商在遇到经济纠纷时往往得不到公正待遇的实际情况，他们认为这样不仅有辱民族尊严更重要的是加剧了白银外流，因此谢霖草拟法规向政府呈文要求建立注册会计师制度。而此时北洋政府对该职业及制度完全不了解，因此以谦虚的态度采纳了学者的建议并不加修改地颁布了谢霖草拟的章程。因此从制度变迁角度来说，中国注册会计师制度的建立是由一批受过西式会计教育的爱国学者在看到制度不均衡（中国没有注册会计师职业）引致的获利机会而中国人无法得到，因而进行的自发性变迁，是一种诱致性变迁模式。随后政府完全按照诱致性变迁的方向和目的以法令的形式进行推动。因此 1918 年北洋政府颁布的《会计师暂行章程》完全体现了强制性变迁以诱致性变迁为基础的正向交替模式。

我们可以依据上文提到的判断标准对 1927 年前中国注册会计师制度变迁模式进行总结。

第一，从形成注册会计师专业垄断来看，入行条件由学者制定，政府加以颁布，并且学者和从业者均认为"规定极严"。1918 年到 1923 年修订章程前只颁发了 18 份会计师证书，1923 年放宽资格后北洋政府执政期间也不过颁发了共 284 份会计师证书，相对当时近 4 亿的人口来说，简直是凤毛麟角。尽管资格条款存在很大的改进空间，但是就当时的国情来说这样的资格标准足以形成注册会计师专业垄断。

第二，从建立提高注册会计师服务市场效率的行业规则以及按照规则施行行业自律来看，直到 1925 年中国才建立起第一个会计师职业团体——上海会计师公会，因此在公会建立前政府颁布的暂行章程是唯一的法规，但从其来源来说，暂行章程也是行业法规。上海公会成立后制定了一系列行业规则其中最主要的是公会章程，章程对注册会计师的权利和义务提出更高、更明确的标准。行业管理方面，北洋政府时期政府只负责审核会计师资格及惩戒违规执业者，而这两项管理责任也是会计师主动要求政府承担的，政府对其他方面并不过问。因此说会计师公会建立前，行业管理大致处于自由放任时期，会计师在提高职业声誉的强烈愿望下依靠自身道德进行个人自律；行业公会建立后，公会承担了职业道德准则的制定权、部分的监督与惩戒权以及会计师服务定价权，较大程度实现了行业自律。

总体而言从 1918 年到北洋政府执政结束时，中国注册会计师制度呈现出明显的强制性变迁与诱致性变迁正向交替模式，会计师及其公会是制度变迁的主导力量。在注册会计师制度的舞台上，剧情和台词都由注册会计师设计，北洋政府仅是穿上戏服按照既定角色进行表演的重要人物而已，并不能左右"剧情"的发展。而到 1927 年国民政府执掌政权时，注册会计师制度变迁开始呈现另一番景象。

（二）1927 年后呈现逆行交替的特点

与北洋政府不同，国民政府不仅在军事力量上强大许多，而且对社会经济的控制力也明显加强。因此其不再满足于扮演一个对推动剧情十分重要的角色，而是更多地参与到"剧本"的修改中，力图在注册会计师制度中加入自己的意愿并主导制度发展。但政府没有很快就逆转职业界主导制度变迁的局面，原因是会计师职业团体在国民政府执政期间也得到了长足的进步，继北洋政府时期在上海、平津、武汉三地成立会计师公会后，国民政府执政时期浙江、九江、南京、山东、江苏、重庆、青岛和广西等地先后成立了会计师公会，同时还成立了全国性的会计师组织，如 1933 年成立在抗战时期解散的全国会计师公会及 1946 年建立的全国会计师公会联合会，因此随着职业团体的壮大注册会计师们增强了与国民政府进行讨价还价的能力。

国民政府 1927 年颁布的会计师法规即呈现出逆行交替的特征，具体表现在政府在会计师资格条件中加入了申请人必须为国民党党员的条款，同时规定有反革命行为者不得申请。"党员条款"遭到了注册会计师行业的强烈反对，上海会计师公会曾多次呈文要求修改此条款。所幸的是此时虽然强制性变迁开始与诱致性变迁的目标发生背离，但国民政府还能够接受修正，因此在法规颁布不到 2 个月就放弃了党员条款并最终于 1929 年的会计师法规中将此条废除。但从 1930 年开始国民政府完全掌握了会计师法规的制定权，此后逐渐减少接受会计师团体的建议，到 1945 年颁布《会计师法》完成了强制性变迁对诱致性变迁的逆行交替，使得制度变迁模式演化为强制性变迁模式。

因此我们再次依据上文中提到的判断标准对 1927 年之后国民政府执政期间，注册会计师制度变迁模式进行总结。

第一，从形成注册会计师专业垄断来看，早在 1927 年颁布的《会计师注册章程》中规定会计师资格选拔以考试为主，以审查为辅；而在 1931 年考试院发布的《高等考试会计人员会计师考试修正条例》虽然规定考试分为三试，三试合格才能取得会计师资格，但在考试科目中多偏重于行政法规的考察，鉴于此，会计学界有识之士呼吁应另颁会计师选拔考试的专门条例，然国民政府置若罔闻，始终没有制定会计师专业考试制度。既然考试制度不严密，会计师提议应提高免试资格以防不学无术之辈进入该行业，但国民政府并没有完全采纳会计师的建议。总体而言会计师法规中资格条件日渐降低，与注册会计师要求提高职业门槛的意愿背道而驰，偏离了诱致性变迁要求形成专业垄断的目标。

第二，从建立提高注册会计师服务市场效率的规则来看。会计师公会制定出的行业规则有《会计师公费标准》以及根据执业环境变化逐步修订的职业道德准则。以上行业准则的制定不仅有利于维护执业者的合法利益也有利于规范会计师执业时与客户、同行的行为，有助于提高市场效率。但是政府制定并实施的会计师法规在很大程度上降低了市场效率。首先，由于当时会计师法规较长地停留在行政法规阶段且行业管理部门反复变化，由此造成会计师执业证书需反复覆验才能得到新管理者承认的局面，增加了执业成本。其次，由于政府同时施行了放松入行资格和严格限制兼职这两种目的截然不同的政策，一方面降低入行条件打破了注册会计师的专业垄断，另一方面施行严格限制兼职政策促成注册会计师形成专业垄断，使得职业界无所适从。并且要求执业者将其兼职及变动情况一一向主管机关汇报得到允许后方能兼职，使得注册会计师感到"烦不胜烦"而且有"坐失时机之憾"。再次，政府完全掌握注册会计师的惩戒权，规定惩戒时要按照行政程序层层报批，公会不仅没有直接惩戒其会员的权力并且不能越级申请惩戒，严重降低了剔除违规执业者的效率。最后，政府立法层面与执行层面存在巨大差异，执法过程中不仅不鼓励注册会计师从事法定业务而且处处阻挠，使得良好的制度无法真正发挥效用。因此说国民政府按照自身利益最大化的目标颁布及施行的会计师法规很大程度上降低了注册会计师服务市场的效率。

第三，从注册会计师职业团体施行行业自律来看，国民政府试图掌控行业管理微观层面的权力包括：会计师资格的认定及审核权、监督与惩戒权、会计师服务定价权。仅留给会计师公会职业道德准则制定权。但是实际上政府处于信息劣势，因此迫不得已默许了公会制定服务价格标准的权力，公会保有了部分的管理权。国民政府时期注册会计师行业最终形成了以政府管理为主、自律管理为辅的模式，背离了行业自律模式。

总之，国民政府执政期间的注册会计师制度变迁模式明显呈现出逆行交替的特征，诱致性变迁和强制性变迁经历了势均力敌阶段到最终成功实现逆行交替，其最重要的原因是政府过多、过深地参与到行业管理中，阻碍了市场这只"看不见的手"发挥作用。因此下文中我们转而分析总结制度发展过程中会计师行业监管模式的变迁特点。

二　注册会计师行业管理模式的变迁

依据管理主体的不同，理论界认为可以将注册会计师行业管理模式分为自律管理、政府管理以及独立管理三种（谢德仁，2001，2002；秦道武，2007）。其中自律管理模式即注册会计师行业内部的自我管理和自我约束，其特点在于行业管理微观层面事务均通过行业组织实施和控制，包括会计师资格的认定、执业技术规则和职业道德的制定，并由行业组织监督会计师对行业管理规则遵循状况并给予惩戒。同时会计师服务定价由市场完成，职业组织的章程也无须经政府批准。而政府管理模式即政府对会计师行业实施监管，其特点在于政府颁布相关法规对会计师执业资格、执业范围、职业道德准则以及对会计师施行监督与惩罚等进行规范，甚至服务定价也由政府掌握。而独立管理模式是由同时独立于政府和行业自身的机构对行业管理的微观层面进行管理。独立管理模式是"安然"事件发生后导致英美两国注册会计师行业采取的新管理模式，因此在本书研究的这一时期内尚无此模式的思想与实践，本书忽略此模式。而主要分析20世纪上半期中国注册会计师行业管理是否存在前两种管理模式。

（一）正向交替下的管理模式

纵观中国注册会计师制度发展史，民国时期会计师职业团体的独立性最强，尤以上海会计师公会为典型，即使1933年成立的中华民国会计师公会的影响力也有所不及，并且两者的主要负责人多有重叠。因此，下文以上海公会作为民国时期会计师职业团体的代表。

在注册会计师制度演进遵循正向交替的北洋政府时期，注册会计师的管理模式最接近于自律管理模式，行业微观层面的管理事务基本上由公会组织实施。公会拥有制定职业道德准则、监督会计师遵守法规的权力及部分惩戒权。政府拥有会计师资格认定和审核权（但会计师拥有资格条件的制定权），政府也承担对会计师的监督与惩戒。但政府拥有的上述管理权并不是其主动承担的，而是会计师在制度建立初始为了提高职业的社会地位而主动要求政府承担的，究其原因与当时的制度环境密切相关。

首先，20世纪初的中国人尚未完全摆脱理财做账之人社会地位十分低下的认识，因此专门从事理财审计的会计师急于提高职业地位，而由政府对其执业资格进行审核与认定并对违规者进行惩罚是提高其职业地位的最佳路径。其次，中国注册会计师制度建立时尚无执业会计师，更没有行业组织，但是注册会计师认为行业的有序发展离不开管理，因此行业管理的职责自然就落在了政府肩上。最后，中央集权思想的盛行使得民众和政府达成了政府理所当然地可以对行业事务进行管理甚至是控制的共识。

而法规明确规定会计师服务收费由事务所与委托方商定，因此服务定价完全由市场完成。会计师公会成立时其章程确实交由政府批准，但值得注意的是北洋政府除对公会名称提出正确的修改建议外并未修改其他条款，因此说公会章程仍然是会计师群体意志的体现。而民初注册会计师的这一举动只能说明他们想借政府批准公会章程的机会来表明公会建立的合法性。

虽然北洋政府时期注册会计师行业的微观管理并不都是由公会来实施，但公会表现出极强的控制力，很少受政府管制。同时，公会内部以章程形式约束会员行为，使公会行动得到执业群体广泛支持，这对政府决策产生了非常大的影响。公会章程中的职业道德条款被政府采纳并将其上升为会计师法规条款。因此北洋政府时期，注册会计师及其职业团体主导了注册会计师制度的发展，行业管理模式是以自律管理为主、政府管理为辅的混合模式。

（二）逆行交替出现下的管理模式

出现逆行交替下的南京国民政府时期，注册会计师职业团体仍具有较强的独立性，会计师公会还是民间组织而非政府职能部门，但政府对微观管理层面介入的程度逐渐加深。政府通过法令赋予公会的行业管理职责仅有负责制定详细的执业技术规则与职业道德准则、监督会员并将违规会员交政府执行惩处的职责，由此剥夺了公会对其会员的惩戒权。同时政府曾以法令短暂地赋予公会制定会计师服务价格标准的权力，虽然此后将其收回，但当时各地社会经济及会计师执业情况相差较大，政府并不具备制定服务价格的能力，因此历任主管机关都没有发布会计师公费标准的方案。在此期间，上海公会制定的《会计师公费规则》实际上成了各地公会制定服务收费的参照，而政府对此采取了默许的态度。因此虽立法层面确立了政府制定价格标准的权力，但执行层面上仍由公会掌握服务定价权。而政府逐渐掌握了会计师资格制定权并在资格条件中加入了不少政治条款，同时仍持有对会计师资格审核及认定权；政府不仅开始主动规范公会章程内容，而且要求公会按照政府的意愿进行改组，同时严密地监控公会各项事务并有权对其进行惩处。

与此同时国民政府还积极推动制度发展以解决会计师市场失灵问题，其颁布的法规不仅提高了会计师的法律地位而且拓展了其执业范围，如1929 年国民政府颁布的《公司法》第 157 条规定："监察人得代表公司委托会计师调查董事会造送得各种表册，核对簿据，调查实况，报告其意见于股东会"；"凡本国人所有会计事项得查核证明，非有本国会计师为之，不生法律效力"。确立了会计师对股份有限公司法定审计权以及对华资企业会计、审计业务的垄断权，上述执业范围的拓展是无法依靠市场和行业组织的力量实现的，因此体现出明显的政府管理模式的特征。

总之，国民政府时期注册会计师制度变迁中政府逐渐掌握了主导权，在制度中任意加入政府的意愿，到 1930 年颁布的《会计师条例》明显表现出较多的政府管理的特征。但是注册会计师及其职业团体仍然保持着与政府的独立性，仍然在一定程度上保持着微观层面的行业管理权，虽然这些管理权在政府逐渐加强的严密监控下有逐渐缩小和减弱的趋势，但不可否认的是，国民政府时期的注册会计师群体仍保有较大的活动空间及与政府讨价还价的能力。因此注册会计师管理模式最终演变为政府管理为主、自律管理为辅的混合模式。

三　注册会计师职业化过程的特点

职业的职业化是指职业团体如何组建并形成职业，以及如何通过促进成员符合行为规范以保持职业团体的社会地位。因此一种职业的职业化过程主要涉及以下两方面研究，即执业人员如何依托自身特有的专长对所提供服务的市场实施专业垄断即形成封闭性的垄断群体，以及如何提高职业的社会地位。因此下文我们主要从这两方面分析 20 世纪上半期中国注册会计师职业化过程中的特点。

（一）注册会计师实现了社会地位的提高

中国注册会计师职业化过程中始终伴随着提高职业社会地位的问题，但在职业发展的不同阶段采取的方式略有差异。

20世纪初，注册会计师们首先依靠政府对其入行资格进行认定和审核以及对违规会计师实施惩戒的方式凸显注册会计师的专业性。接着，他们将注册会计师职业与律师职业相提并论，彰显会计师也是自由职业的特性。注册会计师提高职业地位的策略是成功的，经过不懈努力后社会公众已能够将注册会计师与账房先生区分开来，但似乎在提及自由职业地位时过于强调与律师职业的相似性，因此公众往往将其与律师混为一谈。但当时律师职业的社会地位较高，因而至少从一个侧面说明注册会计师已经摆脱了社会公众认为其社会地位低下的看法。

随着会计师公会的建立，注册会计师群体开始有组织地提高职业的社会声誉及地位。首先，公会制定了严格的职业道德规则，不仅规范会计师的执业行为，也有利于向社会展示其良好的自律形象。其次，公会以律师职业为榜样提高了注册会计师的司法待遇。最后，公会以会计师辅导工商业及政府办理查账事务为由，成功说服政府同意其参与到所得税改革及各种经济法规的制定中。

经过注册会计师及其职业团体持续不断的努力，20世纪中期中国注册会计师不但卓有成效地提高了社会地位而且也提高了其经济地位，这点可从注册会计师办理外勤业务时发生的交通费和食宿费均按照"头等"供应得到印证。注册会计师俨然以会计上、商业管理上以及指导宏观经济的专家身份接受委托办理各项业务，其经济地位也达到了中产阶级的水平。

（二）注册会计师丧失了对职业的封闭排他权利

虽然依靠政府显著提高了社会地位，但却以丧失形成职业圈对会计师服务市场实施专业垄断的能力为代价。造成这一现象的原因在于20世纪上半叶中国注册会计师资格条件的制定权掌握在政府而不是职业群体手中，特别是注册会计师制度处于逆行交替模式下，政府主导的强制性变迁严重偏离了职业群体实施的诱致性变迁目标。这种强制性变迁对诱致性变迁的偏离在注册资格条件中表现得尤为突出。

据马克斯·韦伯在其著作《经济、诸社会领域及权力》中研究：在竞争的环境中一个竞争群体会找出另一个竞争者群体某些易于辨认的外部特征作为将其排除的口实。尽管内部的竞争仍然存在，联合行动的竞争者们会组成一个一致对外的"利益群体"建立秩序，以正式垄断的方式限制竞争，这就是"排他性封闭"过程。注册会计师在激烈的竞争中形成的利益共同体即会计师公会，他们通过提高新会计师入行资格来形成封闭性的垄断群体，达到垄断会计师服务市场的目的。20世纪初中国注册会计师职业也试图形成封闭性的垄断群体，以达成垄断国内注册会计师业务的目的。对于中国注册会计师职业的两类竞争对手，外国在华会计师以及中国不具备从业资格的非会计师，中国注册会计师采取了不同的策略。对于前者，中国注册会计师有效地利用了"民族主义"的策略，禁止外国同行在租界会审公廨中担任双方当事人都是华商的经济纠纷仲裁，这一策略在国民政府的支持下成功地得以实现。对于后者，注册会计师试图利用推行专门考试选拔制度及提高免试资格的条件以形成专业垄断。由于国民政府掌握会计师资格制定权及认定权，根据本章第二节至第四节分析将各年颁布法规的资格难度比较后列表3.1。

表3.1 中国注册会计师新增注册人数与注册难度表（1918—1948年）

年份	新增注册人数	难易程度
1918.9—1923.4	18	1
1923.5—1927.7	266	0.5
1927.8—1929.2	268	1.2
1929.3—1929.12	184	0.5
1930.1—1937.12	1036	0.3
1938.1—1944.12	1189	0.3
1945.1—1948.12	938	0.25

资料来源：由潘序伦《中国之会计师职业》及《会计史资料》第四卷第3043、3054、3056、3061页整理而得。

注：资料中没有记载1943年、1945年及1949年注册的会计师人数，因此本书分别用1943年及1945年举办的专门职业及技术人员考试及格统计表中的会计师及格人数代替注册人数，与实际注册人数会有出入，至于1949年由于缺乏资料记载无法列入表中。

根据表3.1的数据将中国近代会计师注册人数与注册难度的数量关系简单绘制成图3.6。

从图3.6可以看出政府制定的会计师注册资格在北洋政府与国民党政府执政期间都经历了由难到易的变化。北洋政府执政期间，注册资格由

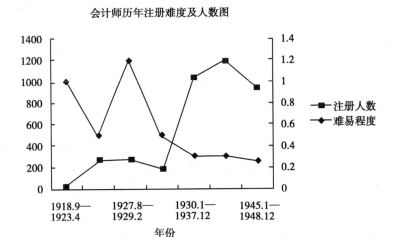

图 3.6   会计师历年注册难度及人数图

1918 年章程的难度系数 1 降低到 1923 年修正章程的难度系数 0.5。国民政府执政期间，财政部颁布的 1927 年章程注册难度达到了顶峰，难度系数为 1.2，但之后颁布的注册资格难度逐年下降。因此在 20 世纪上半期中国注册会计师注册资格难度总体呈现逐年低落的趋势，与会计师群体提高注册资格的愿望背道而驰。而与注册难度逐年低落趋势高度相关的是新增注册人数逐年上升，两者负向依存的关系非常明显。北洋政府时期，会计师注册难度从学历与资历兼备降到具备其一即可，注册人数呈现井喷式的增长，由 1918 年章程有效的 55 个月内仅注册 18 人激增到 1923 年章程有效的 50 个月内新增注册 266 人，注册人数增长了 14.8 倍。国民政府执政期间，1927 年章程难度最高，在此章程有效的 18 个月内新增注册 268 人，年均新增 179 人；1929 年章程注册难度开始降低，在章程有效的 9 个月内也新增注册 184 人，年均新增 245 人注册；随后 1930 年章程及其修订章程注册难度进一步降低，虽然 1930 年初至 1944 年底这 15 年间因日本侵华战争使中国社会经济受到重创，会计师注册人数仍然能保持平均每年新增 148 人的增速。1945 年《会计师法》颁布至 1948 年底，由于数据采集的时间段与《会计师法》的有效期并不完全一致且部分年段的注册人数数据缺失，本书用其他相关数据进行了替代，但仍能大致得出随着注册难度再一次降低，注册人数保持了年均新增 235 人的增速。因此，可以看出执业会计师无力控制新会计师的增长数量，丧失了实施封闭排他职业圈的能力。

因此，单从提高职业社会地位以及形成封闭排他职业圈两方面来说，近代中国的注册会计师们在职业化目标的引导下与政府进行了多阶段的互动，最终以丧失形成封闭排他的职业圈为代价，成功提高了其社会地位，部分地实现了职业化目标。

第四章

中国注册会计师制度的正外部性分析

本章将注册会计师制度置于更宽广的社会经济背景之下，研究其如何在发展过程中推动其他制度，诸如：企业会计制度、会计学教育、经济法规进一步发展。

第一节　注册会计师制度推进企业会计制度现代化

中国注册会计师制度建立时面对的是一个百废待兴的社会经济环境，绝大多数的工商企业还沿用单式记账法，同时宏观经济方面出现了严重的通货膨胀问题，因此注册会计师作为会计上、经济上的专家发起了改进中国传统记账方法的运动并提出了在通货膨胀下企业如何记账的办法。

一　改良和改革企业会计制度的思想

20世纪二三十年代围绕着传统中式会计如何改进问题产生了两大派别，一派是以徐永祚为代表的改良中式簿记派，主张用西式会计改良传统中式会计，保留传统中式会计的优点。另一派是以潘序伦为代表的西式簿记改革派，主张全面引进西式会计代替传统中式会计。两派以《会计杂志》和《立信会计季刊》为阵地发表了不少关于如何改进中国传统记账方法的文章，掀起了一场轰轰烈烈的改进企业会计制度的运动，当时参与讨论的注册会计师还有谢霖、顾准、钱乃澄、张心澄、陆善炽、李云良等，代表了当时中国会计理论界最高水平。

改良派认为，他们推行的改良中式簿记的立足点是建立在结合中西会计优点的基础之上。因为"中式簿记，并非全无组织；记账方法，并非全不合理"①，所以"不仅在形式上，有维持之必要，即在实质上，亦有保存之价值"②。"主张根据吾国制度采取世界最新学理，以最经济最有效之方法改良中式簿记"③，但同时也提出了中式簿记的缺点，归纳起来主要有四点，"一是账户无一定之分类；二是账簿无一定之组织；三是账簿无一定之格式；四是账法无一定之规律"④。因而提出改良中式簿记的四个原则：收付簿记法、账簿分割法、统辖记账法、四柱结算法。

针对改良派的观点，改革派指出借贷簿记法是近代科学、完善又合理的一种记账方法，它的基本原理通行于世界各国，且借贷复式簿记理论是最完备的簿记理论。因此要全面引进借贷簿记理论及方法，以改革中国传统的旧式会计，建立新式会计，并针对改良派主张收付簿记法提出批评，认为以改良中式簿记"求其与所谓'西式簿记'者永呈对抗并立之势，是则与'科学统一'之原则似有不符也"⑤。同时进一步指出，"收付理论可以说是消费机关的簿记理论，而非工商机关的簿记理论"⑥，所以"不能把适合于消费机关的簿记理论，搬到工商机关来"⑦。随后改革派又针对改良派施行改良的四原则逐项提出批评意见。最终改革派指出："改良中式簿记似只能认为改良簿记运动中之一种过渡办法，而不可视为有学术上之价值，仅能视为小商号不得已之补救办法，而不可作为普遍之宣传。若宣传逾分，则恐将使真正科学之簿记方法，反有妨碍推行之虑矣"⑧。因此，他们确信中国改进会计奋斗目标，不是"改良中式簿记"，而是全面引进、推行借贷复式簿记。且申明"必须继续努力，使借贷理论普及，而逐将收付簿记完全废除"⑨。

而我们认为徐永祚改良会计思想的进步意义在于：

---

① 徐永祚：《改良中式簿记问题》，《会计杂志》1934年3卷1期《改良中式簿记专号》，第5页。

② 徐永祚：《改良中式簿记问题》，第5页。

③ 同上书，第1页。

④ 同上书，第3页。

⑤ 潘序伦：《为讨论"改良中式簿记"致徐永祚君书》，《银行周报》1934年18卷3号，第8页。

⑥ 顾准：《评徐永祚氏"改良中式簿记"》，《立信会计季刊》1934年2卷4期，第222页。

⑦ 同上书，第222页。

⑧ 潘序伦：《为讨论"改良中式簿记"致徐永祚君书》，第10页。

⑨ 顾准：《评徐永祚氏"改良中式簿记"》，第217页。

　　第一，自西式会计方法引入中国后，社会盛行鄙视中式会计方法的环境下，徐永祚仍坚持中式会计有其自身的优点，如：理论浅显，容易掌握；方法简便，易于操作，通俗易晓；节省经费[①]，且簿记人才容易物色。这样的勇气是值得肯定的，其认识也是切合中国国情的。

　　第二，其代表的改良派并不是故步自封地盲目排斥西式簿记，而是立足于两者优点的结合之上。他们强调不能拾人牙慧、食而不化，应将西式簿记中国化并加以发展，才不会在理论上与思想上永远落伍。在当时"风气未开，人才未备"的社会环境下，对于改变中国单式会计的落后面貌功不可没，也是当时最经济有效的改变中式会计落后状态的方法。这一点甚至得到改革派代表人潘序伦的认可："徐氏主张，使旧式商店之欲改旧式簿记为新式簿记者，得一捷径。"[②]

　　但其缺陷在于，改良派以一种静态的眼光看待中式会计发展。一味强调中式簿记"合乎东方人之观念"，"账理账法为国人所素习"，所以"西式簿记决不能尽夺中式簿记之席"，没有意识到随着社会环境的变化，传统封建思想必然逐步由于资产阶级思想的发展壮大而动摇，会计人才随着各种形式会计学校的举办而具备。所以当"风气开，人才备"的社会环境存在时，这种对于中式簿记不彻底的改良是不能永久存在下去的。

　　而会计改革思想的优越性在于：

　　第一，其主张全面引进的借贷复式簿记是在本质上比中国传统单式簿记进步的。正是由于改革派极力倡导推行西式簿记，使得社会上有更多的人开始了解西式簿记的种种优点，动摇了民族资本主义工商业者关于"理财""做账"的落后封建意识。

　　第二，其在争论中提出不少改良派确实存在的缺点，推动改良会计向科学的方向发展。因此，改革派在分化瓦解传统中式簿记中的作用是巨大的。

　　但会计改革思想的缺陷在于对推行西式会计制度过于乐观，没有认识到封建势力的巨大阻力并且忽略了当时西方先进的会计制度在中国半封建

---

　　① 因为当时中国并不能生产西式账簿和钢笔，出于强烈的民族情绪，很多人赞成改良派所倡导的仍用中国原有账簿和毛笔记账的原因是为工商企业节约了成本为国家减少了出超。在此之后潘序伦先生创办了立信会计用品公司生产西式账簿。

　　② 潘序伦：《我国会计学术与会计职业之回顾与前瞻》，《银行周报》1939年23卷5号，第8页。

半殖民社会环境中的可移植性。再先进的制度若远远偏离了其依存的制度环境，也是"中看不中用"。

随后两派的论争转为两者事务所业务的竞争，即各自按照改革或改良思想为企业设计会计制度。徐永祚事务所以改良的方法为企业设计会计制度，而潘序伦的立信事务所则以完全西式的方法为之。工商企业中形成了改良中式会计制度和西式会计制度并存的局面，西式会计制度在大中型企业得到推行，改良中式会计制度则在各中小型企业得到运用。而行业会计的演进状况，大致是西式会计制度在银行、金融及工业企业取得了优势，改良中式会计制度在商业企业中影响较深①。

由注册会计师产生改良和改革企业会计制度思想是有一定必然性的。因为他们从事的审计业务使其具有得天独厚的优势深入了解企业记账中存在的症结，因此能够本着专家的身份对企业会计制度提出改进建议，甚至是为其设计记账流程和财务报表格式。说明了注册会计师不仅将西方会计思想引入中国，而且身体力行用先进会计思想改造中国落后的会计实务。

二 通货膨胀下的记账思想

由于国民政府时期战事不断，政府为了应付庞大的军费开支滥发货币，造成了当时严重的通货膨胀局面。而会计记账时以货币计量为基础，面对严重的通货膨胀局面，如何正确地反映资产价值摆在了工商企业及注册会计师的面前。

1945 年注册会计师朱公言率先在《战时及战后之会计方法》一文中提出在通货膨胀下应采用指数会计制度的记账方法，首先他认为在通胀时若仍采用普通会计方法编制财务报表"决不能表示真实之财政状况及成绩"，指出了采用指数会计制度的必要性。其次他认为"指数会计制度之应用需有政府之命令"及公布各种物价指数。最后，他指出运用指数会计制度的具体步骤为：首先由政府规定某一时期物价为基期并根据各种统计资料编定物价指数或其他指数加以公布，然后工商企业根据公布的指数调节资产账面价值。

朱公言认为指数会计制度有如下优点：第一，可以公平地确定所得额

---

① 喻梅：《中国近代两种会计制度长期并存的经济社会原因分析》，《甘肃社会科学》2009年第 5 期，第 120 页。

及应纳税额。他指出在通货膨胀的情况下采用指数会计制度后所得额和应纳税额都相应减少，因此符合"保护税源及纳税公平之原则"。第二，保证企业增资减资时有合理的计算根据。第三，可以使"债权债务得以公平解决"。

同时他也清楚地看到指数会计制度的缺点：第一，表现在应收应付账款随时变动，因此不能按照固定基期指数进行调整，需根据账款发生日期按照不同比例分别折算。第二，表现在存货项目的计价上，在政府设定的基期前后企业都可能购进存货，因此"欲求得基期时之市价或成本价甚为困难"。第三，对资本项目如何调整学界尚存在分歧，一派认为资本是对内负债，可以按照债权债务进行调整，另一派认为应该按照存货指数或固定资产指数进行调整，但朱公言认为该问题由政府法令规定即可解决。

朱公言通货膨胀下记账思想的先进性在于：第一，他正确地认识到在币值低落的情况下采用历史成本计价原则编制的财务报表不能反映企业的真实财务信息，道出了传统会计理论的缺陷。第二，他提出的指数会计制度的观点十分类似于今天我们所说的一般购买力会计方法，可见其记账思想是随工商企业经济业务的复杂化而发展的。第三，他指出即使是在战时，政府也应该本着保护税源及公平纳税的宗旨征税，因此相对于横征暴敛的国民政府来说是一种进步的思想。

但是他的记账思想能否准确反映财务信息，完全依赖于政府制定并发布的指数，而制定指数是一项非常复杂的工程，即便不论政府忙于应战是否有财力和精力顾及于此，就算政府愿意制定势必也要花费较长时期收集整理数据，因此指数公布时企业以往财务信息的决策有用性已大为降低。因此说他记账思想的第一个缺陷就在于：过于乐观地估计了政府制定指数的能力和效率。朱公言指出在诸如应收应付账款、存货项目下不能运用统一指数进行调整而是需根据业务发生日期分别折算，因此其记账思想的第二个缺陷在于：指数会计制度的有效运行是建立在业务简单且不频繁的基础上，所以可操作性较差。第三个缺陷在于：他过于依靠政府的法令来规定企业资本项目调整方法，错误地认为政府是先知先觉、中立公正的裁判员，忽略了在征税时国民政府恰恰是以自身利益最大化为目标同时也是有限理性的这一事实。

1948年注册会计师管锦康在《币值动荡下各种会计方法的检讨》一文中认为我国应采用美国学者提出的"账内增补法"来解决通货膨胀下

账面虚盈，企业多付所得税款的问题。管锦康描述账内增补法如下：

> （首先）在账目中计算出本期净利益，然后再算出两个数字，一个为维持原有营业规模，所需增加的币量，作借本期损益贷周转资金调整账户；一个为按照原有固定资产购买力所算出的折旧项上所需增加的币量，作借本期损益贷折旧调整户，使以后放账填料及设备换新时，不致因虚盈派利，而感头寸的短绌，致使营业规模日趋缩小。如是，因币值下跌而生的账面虚盈，有大大减少，保留在周转资金及折旧两个调整账户中，代表原投资力不变在币量上所应增加之数，因此营业规模可以维持。①

从管锦康的描述中我们可以看出"账内增补法"主要思想是维持企业的营业规模不因政府征收所得税和企业分配利润而缩小。从借记本期损益分别贷记周转资金账户和固定资产折旧账户来看，是用本期损益的正余额来补偿通货膨胀下企业周转资金增加部分和固定资产重置时价格上涨部分，以此来维持经营规模。

管锦康进一步指出：

> 在通货膨胀下，账面的虚盈，因经营上所需更多的周转资金而抵消，如政府即以此虚盈而课税，实质上等于抽资本税，而不是所得税；换言之，通货膨胀原为赋税的一种形态，以账面虚盈课税，即为此类租赋，嫁于资本主的部分，若一旦照之纳税，营业规模必感资金的匮乏，而缩小期规模。……币值回升时，可按上述分录，为相反的调整，使利益增大。②

因此可以看出管锦康虽然运用美国学者提出的方法来解决中国的问题，但并不是囫囵吞枣式的引进方法，而是十分透彻地讲解使用方法及使用目的。

更加难能可贵的是他对国民政府颁布的新税法提出了批评，他说：

---

① 管锦康：《币值动荡下各种会计方法的检讨》，《现代会计》1948 年第 8 期，第 3 页。

② 同上。

新税法对于所得的计算，迳以净利益为对象，一方忽视资力的维持，一方不顾企业的规模，显已遗弃以前所颁资本调整的美意，而迁就稽征手续的方便，使租赋上的公平原则，为之打破，至堪慨惜！为今之计，通货膨胀，已为变相的捐税，已为不可否认的事实，此项捐税，通过所得税的形式，加诸工商界，实不啻征收一笔资本税而会削弱企业规模，乃致生产枯竭，物资匮乏，工商倒闭失业严重的恶果。到了险象发生，仍须政府由公课中拨款救济，但救济之时，工商已倒，危局已呈，挽救已太晚了。①

首先管锦康指出国民政府放弃之前采用指数调节资本项目的方法转而采用企业账面利润征收所得税与公平征税原则相悖的认识十分正确。接着，他一针见血地指出在通货膨胀下政府仍采用账面利润征收所得税实际上是向企业征收资本税，是一种竭泽而渔的做法，本着注册会计师维护公平正义的原则以"见义勇为的精神"指出国民政府不合理的征税办法。因此基于对政府与工商企业的关系的分析，提出了保护税源，藏富于民的征税观点。以今天的眼光看管锦康介绍的方法不仅正确而且仍然具有现实意义，体现了20世纪上半期中国注册会计师所掌握会计理论的先进性。最后，管锦康认为"即使无权实行亦当慷慨陈词，仗义执言，使冤者得伸，黠者畏惧"，体现出其对注册会计师职业积极社会作用的定位，也表现出注册会计师公正、独立、客观的职业特性。

由于1948年8月国民政府改革币制发行了金圆券，使得通货膨胀日益严重，因此1949年3月注册会计师王成杰提出以银圆作为记账本位币的观点。他指出："银元乃以银为本位，有实货为后盾，金圆券以纸印成，仅有法定价值。若此时银圆确能维持一正常合理之市价，则能以银元为记账本位币，似可收通货稳定之效。"② 他清楚地认识到国民政府发行金圆券的真正意图并不是为了稳定币制而是为了维持庞大的军政开支，其发行金圆券只是在发行大面额钞票，因此金圆券的法定价值是没有保证的。

同时指出其认为合理的记账方法是：

---

① 管锦康：《币值动荡下各种会计方法的检讨》，第4页。
② 王成杰：《以银元为对内记账单位之建议》，《立信月刊》1949年8卷3期，第1页。

第一，仿照 1934 年"废两改元"前银两、银元并行的记账方法"将一切应以金圆券计算的债权债务现钞等项目仍以金圆券为记账单位，而将应予核实计算之资产资本等项目，列入银元账。故今日之银元账犹昔日之银两账，今日之金圆券账犹昔日之银元账。两者间以'兑换'账户联系之。"[1]

第二，指出"今日银元价格之上落，不若昔日银两价格之稳定，……银元价格亦因某种情形而暴涨暴跌，……（因此）在银元价格脱离实际较远时，应另以其他方法，予以补救"[2]。

第三，补救方法是"将银元与本业若干主要商品即应用原料等，算一正常比例……酌予调整"[3]。

从上述记账方法的要点中看出，王成杰提出以银圆为对内记账本位币的思想十分具有中国特色，不同于前两位注册会计师从美国学者的研究中寻找通胀时的记账办法，而是从中国经济发展过程总结经验，将银圆作为对内记账本位币，金圆券作为辅助记账币的方法类比作银圆、银两并用的记账方法，因此其记账思想较易于被工商企业会计人员掌握。但其记账方法成立的基础是银圆价格比较稳定同时只能作为企业内部账目记账方法，因其与国民政府强制要求采用金圆券为记账本位币的规定有所背离，因而在报税时仍需转换成为金圆券，极有可能成为政府对企业实施强制审计的口实。

到 1949 年 4 月通货膨胀更加严重，注册会计师甘允寿指出："我国通货膨胀，已臻恶性阶段。近更变本加厉，愈演愈烈。物价不特早晚不同，抑且有一日数变之趋势。账册上所载数字，早已失去其意义与效用，更遑论分析比较与解释。"[4]

甘允寿正确地认识到财务账表的决策有用性是建立在币值稳定的假设下，而处于恶性通货膨胀时期，原有的记账方法已不能提供有用的会计信息。因此他认为工商企业记账时应注意以下几个方面：

第一，"账面所载数字，应以成本为原则"。在恶性通货膨胀下，资

---

① 王成杰：《以银元为对内记账单位之建议》，第 2 页。

② 同上。

③ 同上书，第 1 页。

④ 甘允寿：《工商业会计应注意之几个原则》，《立信月刊》1949 年 8 卷第 4 期，第 2 页。

产每日市值持续增高，因此无论采用指数还是时价"总无法统制其经常正确性与真实性，因此不如以成本记账"。

第二，"出售货物应以重置成本或再生产成本计算"。指出重置成本的计算方法为市场上某种商品的批发价再加上估计的销售费用及利润；而再生产成本指出售产品时该批产品所需的原料成本、人工成本及费用成本。可以看出甘允寿采用的方法类似于"现时成本会计"的观点，是对历史成本计价法的改进。

第三，"实物记载应与数字同样并重"，即对存货、器具、机器等非货币性项目开设账户记载其增减数量，但比较适用于小规模商店。

第四，"结账后损益应与实物核算"，甘允寿指出按照历史成本记账，在通货继续膨胀的过程中，年终结算出的利润虚盈很多，因此只有将其与实物账进行对比后才能正确表示盈亏。

甘允寿从工商企业角度指出在恶性通胀下应如何记账以正确反映财务信息，所提的建议比较合理也易于采用，因而他的记账思想比朱公言具有可行性。值得一提的是，在20世纪上半期中国注册会计师就运用比较规范的会计术语如"重置成本""再生产成本"来分析中国企业遇到的记账难题，足见在注册会计师的努力下中国的会计研究有了较大的提高。

当时注册会计师从各种角度提出了解决通货膨胀下如何记账、调整账目以达到较为准确地反映财务信息和保全资本的目的。由于笔者才学尚浅，还不能对上述通货膨胀下的记账思想进行深入的分析，因此较多地采用了描述性的语言，但至少反驳了当代研究注册会计师制度和会计理论的学者认为20世纪上半期的中国注册会计师制度及会计理论研究发展缓慢，水平不高，因此没有足资研究和借鉴价值的观点。相反，这一时期中国的注册会计师制度及其学术水平不仅发展迅速，而且其制度建设的某些方面如会计师协会对政府的独立性及行业自律都是目前我国的注册会计师制度建设中尚未达到的，有待于笔者日后进一步研究。

第二节　注册会计师制度促进经济法规发展

注册会计师群体作为经济方面的专家，具有较强的社会责任感。因而他们觉得有责任对政府颁布的经济法规提出改进建议，使经济法规向科学和严密的方向发展。同时这些经济法规与注册会计师拓展业务有密切的联系，因此他们针对法规条款提出了不少的建议。下文中主要从所得税法以及公司法中监察人条款分析出发，了解注册会计师如何促进经济法规发展。

一　对所得税法的异议

1936 年国民政府颁布了《所得税暂行条例》，决定开征所得税。但公平地征收所得税是建立在明确核算工商企业营业利润基础上的，但如上文所述，注册会计师进行的改进中国传统单式记账法的论争，恰恰说明我国当时绝大多数工商企业的簿记不能明确核算各期利润，即使是改良后的企业会计制度仍然存在这一缺陷，因而政府开征所得税无疑可以间接推动工商企业加快改革会计制度的步伐。但是注册会计师也认识到落后的会计制度对税法的改革有反作用，"是故今日工商界会计组织之不健全，实为征课营利所得之最大阻碍"[1]。

与工商团体纷纷要求政府暂缓开征所得税的提议不同，注册会计师群体十分赞同开征所得税。如李鸿寿作为执业者最先表达了这样的观点：

> 政府公布所得税暂行条例，将于十月一日施行，余不禁为吾国会计前途喜，盖所得税施行以后，我国会计定可趋于正确也。……按照所得额课税，设使会计不甚正确，则所得额亦随之不正确。过高则纳税多而受意外之损失，过低则纳税少须受逃税之科罚。此所得税之施行，所以有促成会计正确之趋势也。[2]

可以看出李鸿寿从职业角度对所得税开征促进企业会计制度的改革是多么欢欣鼓舞，天真地认为政府实施的征税政策能够迅速推进企业会计制度的变革，没有意识到改革传统的单式记账方法仅仅依靠强制性变迁模式是不能成功的。

李鸿寿指出工商企业采用的会计方法直接影响到能否准确计算所得额。具体体现在：

---

① 王逢辛：《所得税第一类营利事业所得之会计原理研究》，《会计季刊》1936 年 2 卷 1 期，第 127 页。

② 李鸿寿：《所得税之实行与会计改进之关系》，《立信月报》1936 年第 2 期，第 1 页。

第一，存货的计价不正确。"我国工商机关，关于存货之估价，向无一定之标准，有年终结账时，先将资产负债表账目，约略结估，得出盈亏数，与其所需要或希望之盈亏数相比，再确定存货之估价者"①。从其描述中可以看出 20 世纪三四十年代时我国工商企业中的存货计价采用的是估价法，不仅没有正确计量存货价值的意愿反而将其作为任意调节利润的手段。

第二，固定资产折旧的摊提不正确。李鸿寿认为固定资产折旧额的多少与当期盈亏与否和盈亏数额密切相关，只有在盈利较多时多提折旧，反之则少提甚至不提折旧。

第三，坏账准备的计提方法不正确。李鸿寿认为当时我国工商企业对于应收账款的坏账准备计提存在如下问题，一是完全忽略尚未发生的坏账损失，仍然将其列为应收款项。二是视盈利与否及其多寡作为计提坏账准备的依据。

李鸿寿提出的上述三点问题均是企业会计记账中普遍存在的。由于中国传统单式记账法中没有折旧以及应收账款的坏账准备概念更没有相关实践，因此从李鸿寿描述的这些会计方法来看，传统记账方法已吸收了不少西方先进的会计理论，但是工商企业并没有运用这些先进方法正确核算当期盈亏，反而成为平滑各期盈亏的手段。说明先进的会计制度在落后的企业经营管理模式下不能发挥其原有的功能。

徐永祚和陆善炽的观点与李鸿寿类似，都从记账方法落后角度分析企业改革会计制度以利于政府顺利开征所得税的必要性，如：营业利润和资本额的计算问题。因此针对政府所得税条例与当时工商企业落后的会计制度不匹配的情况，徐永祚和陆善炽指出："账目紊乱，会计不良，对于所得税施行上所给予阻力之锯。然此种缺陷，非绝对不可以补救者，补救之道，虽以提倡会计学术，普及会计知识为根本，但拟定财产估价标准，决算标准手续及标准决算表格式，并奖励查账制度，实为目前最有效之办法。"②

两位注册会计师认为推行所得税制度的方法主要靠改进企业会计制度

---

① 李鸿寿：《所得税之实行与会计改进之关系》，第 2 页。

② 徐永祚、陆善炽：《所得税实施后若干会计问题之讨论》，《会计杂志》1936 年 8 卷第 2 期，第 21 页。

落后状态。具体而言，根本解决之道是："提倡会计学术，普及会计知识"，而在会计学术和知识尚未普及的情况下，只有依靠统一资产计价标准和利润表格式、决算利润程序标准化以及鼓励注册会计师对企业账目进行审计来解决。

与其他注册会计师认为政府开征所得税有利于扩大业务的观点有所不同，徐永祚和陆善炽提出注册会计师可以促进所得税顺利推行的观点，因而较李鸿寿更加能够说服政府聘用注册会计师查账。徐氏认为：

> 查账制度之奖励与推行亦为所得税施行顺利上之一大帮助。按查账之目的，果不仅摘发舞弊错误，查账之效果，亦不仅决算表之审查证明，然舞弊错误，既能避免，决算手续，亦能正当，则公正之税额，必可因是而产生，税务当局与纳税人间为主观见解不同而发生之纠纷自可在公正查账员之判断下，立时解决。……税务当局应尽量给予会计师以发挥效能之机会，而各事业界，亦应尽量利用会计师之查账，以完成其公正之纳税义务。①

徐永祚和陆善炽对其职业所处的社会中介地位的认识是十分正确的，而且以此来论述其作为公正的中介组织负责审计企业账目的必要性，注册会计师审计企业账目不仅能够解决因政府与企业所处的立场不同而在计量应税所得中存在的分歧，而且能够本着公平征税的原则简化征税手续。同时两位注册会计师仍然清楚地认识到在当时无论是政府还是工商企业对注册会计师查账制度都怀着敌意。对于中央集权政府，由于我国自古就十分缺乏社会中介组织，因此政府易于视注册会计师为帮助工商企业偷逃税款的帮凶；对于长期受中央集权统治的工商业者，他们又视注册会计师为政府的御用查账员，因此拒绝注册会计师查账。徐永祚和陆善炽一方面希望政府规定由注册会计师对企业账目实施强制审计，另一方面希望工商业者主动聘用注册会计师进行查账，说明20世纪30年代后期中国注册会计师群体的中介地位并没有完全得到政府和社会的认同，注册会计师仍在有限的空间中艰难地生存着。

徐永祚对所得税法的提议并不局限于强调企业账目的混乱以及注册会

---

① 徐永祚、陆善炽：《所得税实施后若干会计问题之讨论》，第22页。

计师查账的必要性，而是开始对所得税条例具体条款提出自己的见解。

首先对于企业实际资本额的确定问题，徐永祚认为所得税施行细则中规定公司资本额只能按照已缴足的股款和三分之一的公积金计算，这种计算方法不仅忽略了负担公平的原则而且也毫无依据，因此他认为应该允许公司将全部公积金计入资本额。他说："普通公司所藉以运用而获得利益之资本，常常不仅限于原始缴出之股本，实际上历年积存之公积金，亦必参加运用，对于营利事业之所以适用累进税率者，盖因各事业中能以较小资本获得较大利益者，其担税力亦当较大之故也。兹不以全部公积并入资本，卒无异破坏'视担税力之大小而异其课税额'之公平原则。"①

从以上论述中看不出他所指的"公积金"应如何计提，只能看出他赞成将企业历年提存的公积金全部计为资本额。注册会计师讨论如何确定企业资本额的问题似乎与所得税的征收无关，但是从当时所得税征收细则中可以看出1936年国民政府出台的企业所得税征收规则与现今的征收办法十分不同。当前我国无论是小规模纳税企业还是一般纳税企业其所得税率均统一为25%（目前仅小型微利企业所得税税率降为20%），应纳所得税款＝应税所得×25%。而国民政府规定企业所得税按照企业利润占资本额的比例分别规定了所得税率，具体如表4.1所示。

表4.1　　　　　　　　1936年所得税法规定工商企业所得税率表

X = 利润额/资本额	税率
5% ≤ X < 10%	3%
10% ≤ X < 15%	4%
15% ≤ X < 20%	6%
20% ≤ X < 25%	8%
X ≥ 25%	10%

资料来源：李权时《所得税暂行条例草案与条例之比较》，《银行周报》1936年12卷28期，第16页。

注：据1936年7月通过的《所得税暂行条例》记载以上税率适用于公司、商号、工厂及个人资本在2000元以上营利所得以及官商合办营利事业之所得。

由此计算应纳所得税额的步骤是：首先，根据利润额与资本额的大小

———————

① 徐永祚：《开征所得税后一般商人对于会计上应有之认识》，《银行周报》1936年20卷41号，第9页。

选择相应税率，然后计算应纳所得税款＝应税所得×相应税率。

按照此种征收方法，企业利润额与资本额计算的正确与否都关系到征收的所得税款的多少。显然徐永祚认为应该将全部公积金加入资本使企业适用较低的税率。

徐永祚的提议很快得到了同行陈文麟的支持，他也认为现行税法中公积金只能按其1/3计入资本值得斟酌修改。他说：

> 公积与股本同为公司股东之所有，亦同属股东备作公司经营事业之资本金，虽一则由于股东当初之缴入，一则由于历年股东应得之公司纯利中提存，显二者于股东本身一点上论，固无分轩轾，而不容歧视。……（如果不加以修改）实行后之必然结果在获利之公司，其每年之纯益，除公司法规定必须提存之法定公积以外，将不复再见提存任意公积，即使为扩充事业者起见，需要较多资金时，以必采取将纯益转作新增资本之一途。①

从陈氏的叙述中似乎当时注册会计师所指的"公积金"与现今的"盈余公积"类似，属于所有者权益项下科目。对照来看，20世纪上半期的"资本"与现今的"所有者权益"相对应，那么盈余公积应计入资本额内。因此说注册会计师的提议是有科学性可言的，同时陈文麟发展了徐永祚关于修改资本额计算方法的认识，提出如果政府不修改所得税条款会导致企业只提取法定公积，不提或少提其余公积，由此阻碍企业扩大营业规模，不利于工商企业长久发展的观点，同样体现出"保护税源，藏富于民"征税思想。

1937年全国会计师公会向财政部呈文对所得税条例提出了如下新的修改意见：

第一，公会指出政府颁布的《所得税征收须知》中规定"上年度营利之亏损不得列入本年度计算"与现行公司法规和所得税条例相矛盾，应予修改。公会认为《征收须知》属于行政命令，而《公司法》和《所得税条例》都经过立法程序，均规定企业可以先弥补以前年度的亏损后如有

---

① 陈文麟：《论我国所得税法中营利事业所得计税之标准》，《银行周报》1936年20卷46号，第8—9页。

剩余才进行征税，因此不能够以命令变更法规。

第二，公会认为税法规定的固定资产折旧年限过长。指出折旧年限增加则"折旧费用低减，直接使纯益增高。间接使税收增厚"，而政府这样做会扼杀处于萌芽发展状态的工商业，建议政府鼓励企业多提折旧进行设备更新，体现出注册会计师群体希望借所得税这种在西方被视为"良税"的征收，不仅推动税制进步，而且能够鼓励工商企业积极采用先进设备，因此是一种十分正确的认识。

第三，公会认为《征收须知》中规定"自由捐赠不能认为营业上之必要合理费用。应于计算纯益时，将其剔除"将会阻碍我国公共事业和慈善事业的发展。公会举出上海南市的"救火捐"均为商户自由认捐资赖以维持的例子，指出一旦政府实行征收须知，不但南市救火会难以维持，且其他教育慈善事业也会大受影响。因此建议政府可以限制捐赠的范围和数额以防止商户借此逃税。我们认为会计师公会比政府考虑得更加周全和细致。

但抗战的爆发阻碍了工商企业会计制度的改革，同时阻碍了政府顺利推行所得税。直到抗日战争胜利政府才重新开始推行所得税，注册会计师甘允寿对抗战后政府采用的简化征税方法提出了异议。

第一，指出1946年政府采用的简化征税方法是：根据企业自行申报的1945年度净利润的基础上增加50%后作为应纳税额。甘允寿将此次简化征税评价为"包税制"，即政府先确定需要的税额，然后再按各行业净利润数额进行摊派。指出这种致使所得税额超出各商户收益额的征税方法，显然是有违赋税原则的。甘允寿一针见血地指出，国民政府采用的"量出为入"的征税方法是一种以国家强制力剥夺商户的行为，是十分正确的认识。

第二，指出1947年政府原本采用全部查账的方法征税，但经各同业公会和商户请求简化为"查账标准计税制"。而所谓查账标准计税制，首先由各行业申报1946年营业所得额；然后抽查占每个行业所有企业数量5%—10%企业的财务报表；最后，邀请各行业负责人共同决定各行业计税标准。而计税标准为"分项销货纯益率"的计算公式为：

$$\text{某行业分项销货纯益率} = \frac{\sum_{i=1}^{n} \text{净利润}_i}{\sum_{i=1}^{n} \text{销货量}_i}, i = 1, 2, \cdots n，（\text{其中} i \text{为在该}$$

行业被查账的第 i 个企业。)

某行业某商户销货纯益额$_j$ = 销货量$_j$ * 分项销货纯益率（其中 j 为该行业的任意一个商户）

某商户的应纳所得税额$_j$ = 纯益额$_j$ * 相应税率（其中税率按表 4.1 分级）

甘允寿指出虽然这一办法较前者科学与合理，但运用这种方法的前提是样本的选取具有代表性。他认为首先"依照现在抽签决定的办法，漫无边际，颇有幸运成分在内"，因此他认为此法的缺陷在于样本的选取不科学，因而不能反映总体；其次不能杜绝官员舞弊。从其分析抽查企业样本的大小及样本对总体的代表性的问题来看，似乎已经可以从注册会计师的分析中嗅到了一些统计学的气息，不知道是否由于当时中国注册会计师已经在实务中引入了抽样审计的方法，因此能够在国家税制改革中提出这种非常正确的观点。

第三，指出 1947 年政府采用资本周转率作为简化征税的计税标准更不合理，所谓资本周转率就是营业收入总额比资本总额。甘允寿认为该比率受到物价因素和币值因素共同的影响，因此不同时期的资本投入额与营业额不能够计算出正确的周转率。

通过对比上述三种简化征收办法，甘允寿认为查账标准计税制较为合理。但选择样本时要同时考虑到每个行业商户所在地区、规模及营业利润大小等因素以选出较有代表性的样本。从抑制查账官员舞弊来说，甘允寿认为采用高薪养廉即可杜绝贪污事件的发生。暂且不论甘允寿高薪养廉的思想是否具有可行性，但从其提出解决所得税征收问题的办法来看，一方面说明中国工商企业会计制度远远没有达到可以明确核算利润的地步；另一方面说明政府在推行所得税制度时并没有采纳注册会计师审计企业账目的做法，而是仍由政府官员负责审查企业账目，因而注册会计师梦想借推行所得税扩大营业范围的希望最终落空了。同时可以看出注册会计师对于解决所得税问题的思想存在明显变化，1936 年开始征收所得税时，注册会计师主要探讨如何改进企业会计制度最终正确计算所得额的问题；而到1945 年国民政府再次开征所得税时他们意识到改进企业会计制度并不是几十年即可完成的工程，因此他们只能在既有企业会计制度不能明确核算利润的约束下，对几种估计方法进行评论，以期找到比较科学和合理的征税办法。这说明掌握西方会计知识和财政理念的注册会计师群体，在 20

世纪三四十年代中国的社会经济环境中不断修正着他们关于如何改进企业会计制度以及推进政府经济法规的看法，因此其思想中闪烁着中国特色与西方理念相互碰撞的特点。

二　对公司法中监察人制度的评议

1914 年中国还没有本土会计师执业时，北洋政府就仿照日本商法颁布了《公司条例》，其中第 166 条规定：监察人由股东会就股东中选任之。当时能够全面核算公司财务状况的西式会计方法尚处在引进阶段，股东中能够应用西式会计方法记账的人非常稀少，而能够在更高层次上实施内部审计的人更少，即使勉强担任也仅是公司按照法规设立的一个闲职，因此其任职状况也就可想而知。

1923 年徐永祚率先对当时中国企业的监察人制度提出了异议。他对监察人的定位是"代表股东监督公司之常设机关"，认为其作用是"公司之财产基础可以巩固，股东之投资可以安心。对外之信用可以增进"。但他指出了当时我国监察人的现状：

> 实为一闲散无能之机关。现今大多数公司之定章。常常设有董事得自两百股以上之股东中选任之。监察人得自一百股以上之股东中选任之规定。其不重视监察人由此可知。故所选出者大都为与公司关系浅薄之人或公司之第二流人物或为老朽不堪之人。其势力远不若董事。而类似其属下。其是否具有会计之知识与查账之经验，更不必论。……徒受董事之制驭，而为盲从之署名。……若询以营业状况及财产情形则瞠目而不知所答。若夫违法及不正行为之发现与预防，尤非梦想所能及。①

从徐氏上述言论中可以看出他对当时监察人的现状十分不满，认为监察人不但起不到监督董事的作用，反而受制于董事。似乎他意识到内审部门也应该与被监督部门保持独立，反之，是不能起到监督作用的。因此解决的办法"惟有限制其资格及推广其人选"。

关于限制监察人的资格，徐永祚认为监察人除必须具备会计、审计必

---

① 徐永祚：《会计师制度之调查与研究》，第 65 页。

要的学识与技能外，还应有公平的思想和高尚的人格。具体而言就是要精通簿记学、会计学；有商业学知识；有法律、经济、财政、统计等知识；有丰富熟练的查账经验；富有想象力及理解力；有高尚纯洁的人格。对比徐永祚认为监察人应有的资格与前文中提到的潘序伦认为注册会计师应具备的资格，两者是何等类似。徐永祚似乎向社会公众昭示着"注册会计师天然是监察人"这样一个道理。

关于推广其人选，徐永祚指出"即监察人不以股东为限，即股东以外之人，而具备上述资格者，亦得选任之"。

首先徐氏批驳了社会上流行的观点，这种观点认为从大股东中选任监察人，才能与公司利益密切相关，视公事若己事，尽心竭力地办理公司业务。徐永祚指出如果监察人非要从大股东中选出的话，那么"与个人企业无异，何必组织公司"，"所贵乎公司者其特色全在乎吸收公众之资本，广求天下之人才。企业家可以利用资本家之资金以营业。资本家可以利用企业家之才能以投资，使两者各得其所"①。其思想的先进性在于，他已经认识到伴随着两权分离出现了财务信息不对称，因此需要注册会计师接受所有者的委托对经营者实施监督，使得处于信息劣势的所有者了解财务信息，因此是一种十分正确的认识。

其次，徐氏指出由股东中选出的监察人往往过于关注股东眼前的利益而置公司长远利益而不顾。具体表现在：不肯多提公积金以及专以分配红利为要务而不能维持企业资产规模。徐氏敏锐地认识到即使是与公司利益高度相关的大股东，其个人利益最大化目标与公司利益最大化目标也是存在差别的，因此由股东担任监察人很可能出现短期行为，影响公司的持续发展，这一认识无疑也十分正确。

最后他认为解决上述问题的出路是"仿照英美各国成法，由股东会就特许会计师中选任之"②。同时指出监察人制度与注册会计师制度的关系，他说："（会计师）非有专门之学识与相当之经验者不能充任。现在因国人尚未尽晓然于此制度之利益及其重要。故尚未成为一种专门独立之职业。若股份公司之监察人规定由会计师中选任，则此制度必能如英美之发

---

① 徐永祚：《会计师制度之调查与研究》，第72页。

② 同上书，第74页。

达，而收同等之效果。"①

可以看出徐氏积极盼望注册会计师担任监察人以扩大该职业的法定业务，以监察人制度为契机推动注册会计师制度发展。但徐永祚并未区分内部审计和民间审计，只是笼统地认为应该由注册会计师担任审计工作。追究其思想存在的这一缺陷是公司法条款原本就存在的疏漏造成的。以股份公司主要向社会公众招股募集资金来说，应最先规定由具有社会信用的外部审计人员对公司的财务报表的公允性做出鉴证。但从当时《公司条例》条款看，规定股份公司监察人执行内部审计并对内报告，不需对财务报表的公允性向社会公众做出保证，也不相应承担社会责任。因此从理论角度来说，日本商法和北洋政府时期颁布的《公司条例》强制股份公司设立监察人查账制度是一种舍本逐末的做法。但是不得不承认在20世纪上半叶的中国即使采用股份制的公司其股权绝大多数掌握在企业主手中，其所有权和经营权分离程度很低，不具备财务信息公开的激励，因此在这种环境下注册会计师和政府只能退而求其次地提出企业要进行内部监管。

1925年3月在上海会计师公会成立大会上，徐永祚再次提议修改监察人条款。随后得到了会员吴应图的赞同，吴应图建议由公会向政府请愿修改监察人制度，他指出：

> 日本监察人从股东中选任，……然抑我国商家习惯同。但从目前状况言，即非公司股东，若职权太广，恐未必乐于推举。以自暴其公司之秘密，又事实然也。徐君主张修改公司条例第166条之规定为："监察人由股东会就政府特许之会计师选任之"或为"监察人由股东会举出之，当选者不限于股东，但其中至少须有1人为政府特许之会计师"。但若仅此规定，不于监察人之职权加以变通，愚恐实际尚难办到，所谓应研究之点也。夫事业之精神，在于会计。吾人主张以会计师当选监察人，亦为其切实便于检查公司会计，促进经济事业之发展起见。初无欲搜求公司秘密，强实业家以难堪之意。果尔计莫如规定选任会计师为监察人之一，并明举其职权，以示其自有一定范围。而不至于干涉公司业务。（至公司业务仍由股东之监察人监督之）既取英美法制之长，而与我国商家习惯亦不相悖。法理事实，两俱可进。即为实业家者，亦可安

---

① 徐永祚：《会计师制度之调查与研究》，第74页。

心推举，而无深闭固据之必要，然后庶几障碍可除，推行较易。①

从上述言论中可以看出，就监察人人选问题，注册会计师们大多认为他们应该担任监察人，只是在其职权范围的大小问题上出现了分歧。徐永祚认为应由注册会计师主要负责企业内部审计职责，而吴应图认为注册会计师与股东中选任的监察人一起担任监察人，由后者负责监督公司业务，注册会计师担任其他监管职能。吴应图觉得按照徐永祚的设想会遇到来自股东的巨大阻力，因为股东担心聘用来自外部的注册会计师查账会泄露公司财务信息，因此不愿聘用注册会计师，鉴于此有必要变通。吴应图的策略是：首先，明确表示注册会计师即使担任内部审计工作，也并不是为了刺探公司财务秘密而是为了公司提高经营管理水平，促进其发展。其次，明确规定注册会计师担任监察人的职权范围，以不干涉公司业务为标准。

吴应图的上述策略不失为一种既有利于扩大执业空间，又有利于公司加强财务监督管理的好办法，他似乎意识到执行内部审计的监察人与执行民间审计的注册会计师之间存在一定区别，因此各自的职权不同，体现出其思想中先进的一面。

而吴应图上述思想也存在着很大的缺陷，首先，他提出由注册会计师和股东选出的监察人共同担任监察职务，但股东监察人除具有和会计师监察人一样"请求董事报告公司簿册、信件及财产"的权力外，还可以要求董事报告业务情况，两者职权划分重复，由此导致注册会计师监察人不仅职权范围小且处于可有可无的地位。而且我们也有理由怀疑在有限的职权范围内，注册会计师能否充分施展其会计上、商业管理上的专家作用。其次，他没有考虑到当时企业主完全没有激励聘用或者加聘注册会计师担任监察人一职。对于绝大多数仍采用家长制管理的华商企业来说，他们不仅不愿意财务公开，更不愿聘用多位监察人共同执行内部监督工作。因为聘用监察人进行内部审计监督并不是企业自身需求，而是法规强制其所为，因此他们并不在意监察人是否具有相关学识以及能否提供有力监督，因而对监察人提供监督服务的质量要求不高。在这种情况下，企业必然挑选费用相对低廉的股东任监察人。

---

① 《吴应图提议请愿修改监察人制度案》，《上海会计师公会年报》1926 年刊行，上海档案馆档案号：Y4 - 1 - 335。

与上述两位的观点稍微有所不同，叶大年注册会计师提议"修改监察人制度并增加审计人制度"，他指出：

> 查日德两国制度，用监察人（comptroller），审计事务归监察人。而英美两国习惯用审计人（auditor）……吾国现行条例效法日德，所选出者有在商界非办理会计事务者，有在学界尚未曾研究经济学识者，尚有其他在商学两界以外者。若强其查核簿册，计算财产，谅无美满之可言。……况政府审计院早经设立，而民间审计人尚付阙如，吾人尽可照上述请愿，务使法律事实两俱可行。①

叶大年上述思想的闪光之处首先在于区分了监察人和审计人。他认为由股东中选出的执行内部审计的人员为监察人，其职责是监察董事呈报的财务报告。而审计人则从股东和公司职员外的政府特许会计师中选任，其职责是在监察人的基础上对财务报告进行再调查。因此从其对董事、监察人及审计人三者职权的划分来看，叶大年对内部审计和民间审计区别的认识较吴应图更加清晰。但是他将执行内部审计的监察人翻译为"Comptroller"，没有考虑到这一英文单词往往特指政府的审计官员，因而似乎又将国家审计和内部审计混为一谈，显示出当时执业者还未能明确国家审计、民间审计以及内部审计三者之间的关系。

接着，他指出由于学识和经验方面的不足使得当时监察人实际上不能起到内部审计的作用，因此有必要引入专业的会计师执行审计任务。

综上，将叶大年与徐永祚的观点比较可以看出，两者的相同点表现在：第一，关于实际执行监察任务人员的选任问题上，两者都认为应从政府特许的会计师中聘任。第二，都认为引入注册会计师审计的必要性在于股东中选任的监察人实际上不胜任内部审计工作。因此需要有来自外部的会计师对企业账目进行监察。两者的差异表现在：第一，徐永祚强调注册会计师完全替代监察人执行审计职能，而叶大年在保留监察人的同时引入注册会计师。似乎叶大年注意到两者执行的审计职能有所区别，因而监察人职能不能完全被注册会计师替代。由此引出两者的第二个差异，即叶氏

---

① 《叶大年提议修改监察人制度并增加审计人制度案》，1924 年 3 月 27 日，《上海会计师公会年报》，1926 年刊行，上海档案馆档号：Y4－1－335。

认为执行内部监督工作的人员应被称为"监察人"，而执行外部监督工作的人员应被称为"审计人"。而徐永祚对此并没有做区分，统称为监察人。而吴应图提出的修改方案较徐永祚的进步之处在于，吴氏模糊地认识到注册会计师与监察人职能应有所区别，但还是不及叶大年提出的方案先进。

1928 年潘序伦在其修订的公司草案中对当时《公司条例》中的监察人条款提出了详细的修改建议。与上述执业者大多认为应该由注册会计师担任监察人职责的观点不完全相同，潘序伦认为：

> 为监察人者须通晓商事、会计、簿记、法律等科学识。且备丰富之商业会计经验，并虚有相当之办公时间。然后可以恪尽厥职。无论股东中是否有此项专门人才。即使有之，然股东各有专业，何能耗费长久之时间，以认真行使其监察人之职权哉。查英美两国公司法规，并无监察人制度。依照商业习惯，公司账目及事务之监查，靡不以国家特准独立执行业务之会计师任之。成效殊可著称。故前半年上海会计师公会亦有呈请修改监察人制度改由会计师充任之议。惟我国会计师之职业尚未十分发达，苟以监察人之选任限于会计师中。亦恐有矫枉过正之弊。不如将原条文中之"由股东中"四字删去。苟股东中确有胜任之人，尽可于股东中选任。苟其无之，则殊不必以股东为限，以致滥竽充数，失尽设置监察人之本旨。①

在监察人的人选问题上，潘序伦认为强制由注册会计师担任监察人是一种矫枉过正的做法。这是因为中国注册会计师职业自身处于刚刚起步阶段，执业人数较少且执业水平参差不齐，因而硬性规定由注册会计师担任公司监察人职务只会将注册会计师制度尚存的缺陷带给监察人制度。因而指出不必明定监察人由企业内部的股东还是企业外部的会计师担任，而应以具有相关知识和查账经验作为选择标准。潘序伦上述思想的先进之处体现了他试图运用市场这只"看不见的手"解决当时绝大多数监察人不具备任职资格的办法，而不是依靠政府行政法规人为地限定监察人的来源，更多地表现出市场经济的特色。

---

① 潘序伦：《修正公司条例草案（六）》，第 28 页。

其思想的另一个亮点在于潘序伦十分强调内部审计人员的独立性，即监察人应专职而不能兼任公司中其他职务。当时《公司条例》第 174 条规定：监察人不得兼任公司董事及经理人，但董事有缺员一时不及选任者得由董事及监察人公议就监察人中派令执行董事之职务。因此潘序伦认为应修改为：监察人不得兼任公司董事及经理人；同时如果董事有空缺职位时可另就股东中有被选为董事资格者担任。这是因为"监察人为监督机关，董事为执行机关，两者完全分立，若使混而为一，不仅难尽监督之职责。且以监察人充董事中之缺员，在董事固可因之补足人数，但监察人则又因而有缺。顾此失彼，于事何济"[①]。

可以看出原《公司条例》并不十分重视监察人的内部审计职责，而是将其作为紧急情况下的备用董事候选人，潘序伦注意到这一点并指出这种内部审计部门与被审计部门人员混为一谈的做法难以保证内部审计工作有效开展。

但潘序伦监察人制度思想的缺陷在于他并没有对监察人和注册会计师执行的审计类型进行区分，而是以当时中国注册会计师行业尚不发达作为不能硬性规定由注册会计师担任监察人的理由，似乎如果会计师行业较为发达时政府就可以规定由注册会计师担任内部审计人员。因而也没有考虑到对股份形式组织的公司来说最主要是由注册会计师担任外部审计以维护公司的对外信用而不是进行内部监管。而这说明中国当时股份公司股权十分集中，监察人的职责就是向大股东报告财务状况以保护其利益的情况，与股权分散的公司聘用注册会计师向社会公众提供鉴证服务保护广大社会投资者的利益不同。

职业界对当时监察人制度的异议部分得到了政府的采纳。到 1946 年中国本土的会计师职业较 20 世纪 20 年代时取得了长足的进步，虽然政府仍在当年 4 月颁布的《公司法》第 200 条中明确规定公司监察人仍由股东中选任，但根据注册会计师提议其改进之处体现在：第一，第 206 条规定监察人可以代表公司委托会计师审计企业财务账表，并将审计意见报告给股东会。部分采纳了注册会计师要求由他们担任监察人的意见。第二，第 209 条规定监察人不得兼任公司董事及经理人，完全采纳了潘序伦的建议。

因此说注册会计师就监察人问题所提的修改建议，不但使国民政府颁

---

① 潘序伦：《修正公司条例草案（六）》，第 27 页。

布的公司法规逐渐向科学和严密的目标靠近，而且有效地扩大了注册会计师职业群体的业务范围。但是注册会计师对当时监察人制度执行情况的异议，是否主要缘于借此扩大执业范围？其对监察人制度的评议是否带有很大的利益倾向？

本书认为虽然不能完全否认注册会计师对于监察人制度的异议多少带有利益倾向，但并未影响其评论的客观性，也无损于注册会计师一直致力于塑造的公正、公平的职业形象。从 20 世纪 20 年代两位非会计师对监察人制度的评论可见一斑，他们对当时监察人制度实际执行情况的评议也支持了会计师的观点。如学者裕孙认为："我国之监察人，虽在法律上赋予独立之地位及充分之权能。依然滥竽充数而已。董事之附庸而已。"[1] 韩白秋也说："我国之监察，殆成有名无实。未闻有著其成效者。"[2] 虽然他们对当时的监察人制度也存在不满，但由于他们与注册会计师所处的立场不同，因此提出的解决方案也迥异。韩白秋与裕孙的观点都是采用常务监察人制度代替原有的监察人制度，所谓常务监察人，"即从监察中互选一适任者为常任监察，……日日实行其职务。其属下又须有具监察知识经验之助理员检阅账簿文书"[3]。

比较而言，学者与执业者关于改进监察人制度建议的差异在于监察人的人选问题，多数执业者认为应由注册会计师担任此职，而学者们认为仍应由公司股东担任，但为解决监察人无时间和无相当查账经验行使监察职责的问题，他们提议从两方面加以改进。关于监察人无时间履行职责问题，建议从股东中选出常务监察人行使职责；关于监察人查账经验不足问题，建议为常务监察人配备注册会计师辅助其行使职责。两者在解决监察人缺乏审计经验和监察能力时最终都以注册会计师行使内部审计职责为落脚点，区别在于学者的建议是分两步走，第一步从股东中选出常务监察人，第二步注册会计师辅助其顺利开展审计。而注册会计师们则建议一步到位，由他们担任监察人行使监察之职。因此说注册会计师对当时监察人制度的评论是客观和公正的，因而其建议不仅可以扩大执业范围，还可以节约公司聘用监察人的支出，具有一定的合理性。因此说上述执业者对监察人制度的异议和改进建议

---

① 裕孙：《监察人制度之改善（上）》，《银行周报》1922 年 6 卷 3 号，第 9 页。

② 韩白秋：《改善监察制度之我见》，《银行月刊》1926 年 6 卷 3 号，第 1 页。

③ 同上书，第 4 页。

主要源自其维护公众利益的职业责任而不完全由职业利益使然。

第三节　注册会计师制度推广西方会计理论和会计教育

中国注册会计师职业诞生后，绝大多数工商企业还沿用陈旧的记账经验处理会计实务，而且会计教育还停留在师徒之间口传心授的落后状态，身处这样的制度环境中，中国注册会计师走出了一条以事务所为依托，以举办会计补习学校为基础，以创办会计刊物、出版发行会计图书"三位一体"的发展模式。

一　会计出版物的逐年增加

注册会计师职业的出现使得中国有了专门研究理财做账的学者，他们不仅大量翻译和出版了日本和英美等国的会计著作而且创办会计期刊对政府制定的经济政策提出修改建议、向社会宣传注册会计师职业并为企业记账中遇到的难题出谋划策，同时也结合中国实情著书立说。

就著作方面考察，前文在第二章曾对 20 世纪上半期会计出版物中内容涉及审计、注册会计师的著作进行统计达 71 种，如果将其内容放宽到涉及会计、审计领域，据郭道扬教授统计此时期出版的相关书籍共计 310 种，其分类情况见表 4.2。

表 4.2　　　　　　　　20 世纪上半期中国出版的会计审计著作

著作类别	数量	著作类别	数量
簿记与会计原理	52	家庭簿记	4
官厅会计	29	铁道交通会计	4
工业会计与成本会计	23	审计学	32
银行会计	22	会计、审计法令、制度	45
商业会计	21	会计、审计译著	41
合作簿记	6	其他	40

资料来源：转引自郭道扬《中国会计史稿》下册，第 633 页。

在这些著作中不少来自潘序伦主编的《立信会计丛书》，立信事务所编辑部指出其出版丛书的原因在于：第一，"国内会计读物之过度缺乏"[①]，不

[①]　立信会计师事务所编辑部：《编辑立信会计丛书之经过与现状》，《立信会计季刊》1934 年 2 卷 6 期，第 253 页。

利于学习和研究会计学。第二,我国翻译的欧美书籍"竟少适当善本"。第三,中国与欧美等国的政治、法律上存在差异,因此原版书籍与中国国情"扞格难合"。因此立信立足于西方会计理论的基础上结合中国国情,出版了立信会计丛书以利于学习和研究会计、审计理论,提高原版书籍的引进质量以切实指导中国会计、审计实践。具体书目见表4.3。

表4.3 20世纪上半期出版的立信会计丛书书目

类别	书名	著者	书名	著者
会计类	高级商业簿记学	潘序伦(编著)	会计数学用表	李鸿寿(编)
	簿记初阶	李文杰(编著)	会计数学习题详解	陈楚胥(编)
	初级商业簿记教科书	陈文麟、施仁夫(编)	各业会计制度(第1辑)	潘序伦(编)
	初级商业簿记教科书习题解	储宝敏(编)	各业会计制度(第2辑)	潘序伦(编)
	商业簿记	甘允寿(编)	各业会计制度(第3辑)	李鸿寿(编)
	会计学	李鸿寿(编)	专业会计制度	著者不详
	会计学概要	李鸿寿(编)	铁路会计	张心澄(著)
	会计学教科书	潘序伦、王澹如(编著)	银行会计	顾询(编著)
	高级会计学(上下册)	潘序伦、王澹如(著)	银行会计教科书	顾询(编著)
	会计学	潘序伦(著)	政府会计	潘序伦、王澹如(编)
	会计学教科书	潘序伦、王澹如(编)	实用政府会计	蔡经济(编纂)
	会计学习题答解	唐文瑞、沈慰萍(著)	公司会计	潘序伦(编著)
	高级会计学习题答解	陈文麟、甘允寿(著)	英文高级簿记会计	潘序伦(编著)
	潘著会计学习题答解	沈慰萍、陈福安(著)	会计名辞汇译	潘序伦(著)
	会计数学	李鸿寿、莫启欧(编译)	—	—
审计类	决算表之编制及内容	黄组方(著)	审计学	顾询、唐文瑞(编)
	决算表之编制	W. A. Paton(著),潘序伦、张慧生(译)	审计实习题	唐文瑞(编)
	决算表之分析	黄组方(著)	审计问题	钱乃澄(编)

续表

类别	书名	著者	书名	著者
审计类	决算表之分析及解释	W. A. Paton（著），潘序伦（译）	审计问题解答	钱乃澄（编）
	决算表之分析及解释	H. G. Guthmann（著），潘志甲（译）	政府审计原理	蒋明祺（著）
	会计师查核决算表之原则与程序	潘序伦（译）	政府审计实务	蒋明祺（著）
	查证报告书及工作底稿	顾询、钱乃澄（著）	审计学教科书	潘序伦、顾询（著）
	成本会计	W. B. Lawrence（著），潘序伦（译）	陀氏成本会计（上下册）	J. L. Dohr（著），施仁夫（译）
成本与管理会计类	成本会计习题答案	W. B. Lawrence（著），施仁夫、唐文瑞（译）	陀氏成本会计习题详解	J. L. Dohr（著），夏治濬（译）
	成本会计实习题应用簿册（第1、2册）	W. B. Lawrence（著），潘序伦（译）	成本会计	C. M. Gillespie（著），陈文麟（译）
	成本会计教科书	潘序伦（编）	管理会计	潘序伦（编著）
	劳氏成本会计	W. B. Lawrence（著），潘序伦（译）	—	—
其他类	无形资产论	杨汝梅（众先）（著）	遗产会计	潘序伦（著）

资料来源：根据《民国时期图书总目录》经济卷、《编辑立信会计丛书之经过与现状》载于《立信会计季刊》1934年2卷6期以及中国国家图书馆藏目录整理。

　　如上表所示，立信会计丛书不仅内容丰富而且适合各种层次的人学习掌握会计、审计理论。尤其是其出版的教科书均配有习题解答，有助于学习者自学掌握会计、审计知识，节约了学习者的成本，有利于推广会计、审计知识。立信会计师事务所在推动中国会计学术发展以及会计实务工作进步上可谓功不可没。

　　除立信外，当时稍具规模的会计师事务所都出版和发行会计、审计书籍，如：徐永祚会计师事务所、徐广德会计师事务所、正则会计师事务所、公信会计师事务所、元庆会计师事务所、李辟会计师事务所、立生会计师事务所、潘志杰会计师事务所、韩祖德会计师事务所、兴业会计师事务所、韩占元会计师事务所等。① 注册会计师们这种自己著书自己出版的

———————

① 笔者根据《民国时期图书总目录》经济卷，上下两册整理出以上曾出版相关著作的事务所名称，难免挂一漏万。

做法，有力地推动了会计知识在中国的普及，提高了中国会计研究的水平。而且他们并不局限于出版书籍，除此之外还发行会计期刊，评论经济政策、介绍会计方法、讨论实务难题。

从会计期刊方面考察，事务所创办的会计期刊以《会计杂志》《立信会计季刊》《立信月刊》《立信月报》《公信会计月刊》最为著名。其中《会计杂志》为徐永祚会计师事务所主办，该刊创刊宗旨是"改良中国固有会计制度""介绍各国最新会计学说"以及推动会计学术发展。该刊于1933年1月创刊到1936年12月停刊，出版了8卷，共计48期。而立信系列期刊都是由潘序伦的立信会计师事务所主办，以1931年立信补习学校同学会所创办的《会计季刊》为开端，1933年潘序伦将已停刊的《会计季刊》复刊，改由立信会计师事务所主办，并从第二期更名为《立信会计季刊》。该刊除登载会计论著、国外会计文献外，还特约各行业的专家撰写各业会计制度，以供工商业采用新式会计时作为参考。但因"时局影响，断断续续出刊"，《立信会计季刊》前后共发行18期，到抗日战争爆发时完全停刊。抗日战争胜利后立信出版了《立信月刊》，针对当时币制紊乱和通货膨胀情况提出不少切实可行的记账方法。《公信会计月刊》创办于1939年，到1948年12月停刊，是抗日战争爆发后至新中国建立前影响最大的一份会计期刊。其主编是著名注册会计师奚玉书，他亲自撰写文章介绍美英注册会计师制度的新动向、回顾中国注册会计师制度的发展以及展望中国会计师职业的未来。同时该刊还是抗战胜利后执业群体和会计学者对经济政策发表评论的主要阵地。

由事务所创办的会计期刊，不仅成为注册会计师评论经济政策，为政府献计献策的渠道，也成为社会各界了解注册会计师职业及其发展状况的窗口，他们对于推动我国会计学术水平的提高、改进和统一企业会计制度都发挥了重要作用。

二　各种层次会计教育的举办

20世纪上半期的中国注册会计师不仅执行业务、出版丛书、创办刊物，还参与推动了各种层次的会计教育。

由于法规并不禁止执业会计师在大学兼任教职，当时上海注册会计师大多在公立、私立大学担任会计教授传播新式会计理论，潘序伦就曾担任过国立东南大学附属商科大学（也是上海财经大学的前身）教务主任一职、安绍芸曾担任复旦大学会计系教授。据 1949 年上海会计师公会对会员兼职情况不完全统计显示，会员吴治生兼任私立务光女中教员、龚懋德兼任诚明学院教授、蒋凤五兼任交通大学教授、周醉经兼任市立邑廟补习学校教员、沈学均兼任复旦教授、朱公言同时兼任中信和中华商专科学校教授、陈立麟同时兼任光华大学和立信会计专科学校教授、赵友良兼任立信高级会计职业学校教员、陈学文兼任立信会计专科学校教员、蒋家淼和虞振棠均兼任上海法学院讲师。

如前所述，在 20 世纪二三十年代中国注册会计师面对落后的会计实务曾发起了改进中式落后会计实务的运动，其间产生了改良派与改革派的争论。而改进中式会计实务运动的重点是大量培养新式记账人员和管理人才，因此中国注册会计师以自身具备的理论为依托，各事务所纷纷开办各种形式的补习学校，尽最大的努力改变中国会计的落后状态。20 世纪 20 年代末开始他们创办起了会计补习学校，如 1927 年潘序伦事务所创办会计夜校，1933 年徐永祚事务所举办了短期会计人员训练班，1939 年公信事务所举办了会计函授学校，抗日战争胜利后武汉公正事务所开办了"公正会计补习学校"，武汉大信事务所也举办了"大信会计补习学校"，武汉精业事务所创办了"私立精业会计专科学校"，会计学校的地域不仅由上海逐渐向内陆扩散，会计学校的层次也逐渐增多，有助于培养出各种层次的会计人员。这些由事务所开办的不同层次的会计学校中最突出的是潘序伦创办的立信会计学校，不仅办学最久同时影响面也最大。

1927 年，潘序伦率先在事务所内设立簿记训练班，因主要招收在私营工商企业工作的青年职员和练习生，所以授课时间都在夜间，教师和管理人员都是事务所职员。潘序伦指出设立会计补习学校的原因是"因当时委托我们代为设计西式簿记会计制度的单位纷至沓来，这些单位原来任用的会计人员，绝大多数是没有学过西式簿记会计的旧式账房先生，所以在委托我们改良会计工作的同时，要求我们代为训练这些账房先生学会西式簿记。我们认为对于这些人员加以培训，费时费力很多，不如把他们集成一班同时训练，所以会计补习班就作为会计师业务的一部分而创立起来。"① 可以看出潘序伦设立会计补习夜校的最初目的仅是为工商企业在

---

① 潘序伦：《立信会计学校的创办和发展》，《立信史话》，立信会计出版社 1993 年版，第 2 页。

职会计人员进行新式会计方法的培训。

随后在立信事务所注册会计师的共同努力下，补习学校迅速发展壮大。到 1928 年会计补习班已发展成为独立的会计补习学校，1930 年发展成为函授学校且先后在重庆、桂林、广州、南京、兰州、天津、北京等地设立了分校，推动新式会计方法在全国范围的传播。1935 年开始增加了晨校以利于青年在上班之前的空隙学习。1936 年又在原有基础上开办了星期日校，以利于在校学生利用休息时间学习会计知识。1937 年举办"速成科"，帮助失学失业者在短期内修完几门会计课程。同年 8 月经教育部批准，补习学校终于发展成为可以颁发文凭的私立立信会计专科学校。除此之外，潘序伦还举办了高级会计职业训练班，招收高中毕业者学制 1 年；中级会计职业训练班招收初中毕业者学制 1 年，以及会计职业训练班招收初中毕业者学制 3 年。

潘序伦举办的各种层次的会计教育，适应了当时工商业对各种层次会计人才的需求，既有培训初级会计人员的短期培训如夜校、晨校、星期日校，也有培养中高级会计人才的高级会计职业训练班、会计职业训练班，更有大学层次系统培养会计人才的立信专科学校。潘序伦指出举办立信专科学校是因为"处时代的立场，欲负改进会计之使命，盖非创办会计学校以造就高级人才不可"①，他认为在社会经济发展过程中仅会做账、算账的初级会计人员是不能够担负起改进中国会计的使命的，而只有受过系统会计学训练的高级会计人才才能担当此任，因此不再满足于短期的补习和培训而是要建立系统培养会计人才的学校。其会计教育思想随时代的发展而进步，不仅十分正确而且非常具有前瞻性。潘序伦及其同人创建的立信会计专科学校提升了注册会计师举办会计教育的层次，到中国共产党执政前共培养了高级会计人才一千多人。

由于立信会计专科学校和立信高级会计职业学校都是正规学校，因此校舍、图书等费用花费极大，成为立信会计事业上贴钱赔本的重大负担，鉴于此，潘序伦提出"取之于社会，用之于社会，取之于会计，用之于会计，取之于学生，用之于学生"的办学方针，"尽量将注册会计师业务收入以及书社的营业收益捐给学校，并把个人或集体编著翻译的多种《立信

---

① 潘序伦：《创办立信会计专科学校缘起》，载于李海波《立信会计高等专科学校校志》，立信会计出版社 1998 年版。

会计丛书》的版权，捐给学校作为基金，推动学校的发展"。①

其办学理念是用优势项目的营业利润来补贴会计学校。对精于成本收益分析的注册会计师而言，不计回报地举办各种层次的会计学校，为提高中国会计理论和实务殚精竭虑地努力着，体现了他们深深的爱国情怀。正是这些时代精英的努力为工商业及时输送了大量新式会计人才，推动了西式会计方法在中国的传播和运用，而且一定程度上改变了中国工商企业会计实务的落后面貌。

---

① 潘序伦：《立信会计学校的创办和发展》，第6页。

第五章

20 世纪上半期中国注册会计师
制度思想的总考察

20 世纪上半期中华民族处于严重的内忧外患时期，社会经济受制于帝国主义，处于崩溃边缘。鉴于此，有识之士纷纷向日本和英美寻求救国救民的良方。注册会计师制度思想及其制度就是在这一历史背景下被爱国学者引进并建立的。本章在上文分析和梳理注册会计师制度思想的基础上归纳中国注册会计师制度思想演进的特点。同时 20 世纪上半期与 20 世纪80 年代至今的中国一样处于经济转型期，不同的是前者由封建地主经济向资本主义市场经济转型，而后者由社会主义计划经济向社会主义市场经济转型。而在社会经济转型的过程中两个时期不约而同地选择了建立或恢复注册会计师制度，同时 20 世纪 80 年代以来中国注册会计师制度演进过程很大程度上是对 20 世纪上半期注册会计师制度的一种回归。第一，两个阶段都是响应市场经济的发展建立或恢复了注册会计师制度。第二，都是法规先行、政府主导的模式，而忽略行业自律建设。两个阶段都是在法规出台七八年后才建立起行业公会。第三，制度建立早期入行资格都采用审核制代替考试制。因此本章从纵向的历史角度，试图从 20 世纪上半期中国注册会计师制度发展过程中找到一些对现今注册会计师制度发展有益的启示。

第一节　注册会计师制度思想演进的特点

本节内容着重分析 20 世纪上半期中国注册会计师制度思想演进过程中体现出的特点。主要从对英、美、日三国会计师制度思想的借鉴性和发展性；政府监管思想与会计师职业化思想的互动性以及注册会计师制度思想相对于执行层面的超前性三个方面进行分析。

一　注册会计师制度思想的借鉴性和发展性

20 世纪上半期中国注册会计师制度思想经历了从向日本学习再转向英美学习的过程。从日本留学归来的杨汝梅最先向中国引入"会计士"（professional accountants）的概念以及中国注册会计师制度的奠基人谢霖为政府草拟的会计师条款都带有较深的日本烙印。而这一情况到 20 世纪二十年代前后就有了改观，英美会计师理论与实务向中国传播的路径不再转道于日本，而是直接经大量留学欧美的中国经济学留学生翻译引进，此后中国注册会计师制度思想更多借鉴英美等国的成规。中国注册会计师制度思想的借鉴性和发展性，具体表现在如下几个方面：职业名称、执业范围、建立职业团体、制定收费标准。

关于职业名称。20 世纪上半期中国注册会计师自称为"会计师"，并不像他的西方同行一样在其职业名称前加入"特许"（certified）、"注册"（chartered）或是"公共"（public）等词进行限定和区别。从日本当时将执行注册会计师业务的人员称为"会计士"来看，中国会计师的职业名称很大程度上是借鉴并发展了日本的"会计士"一词。20 世纪初的中国会计师仍然保留着许多传统思想，他们认为自己是当时会计以及商业管理等经济领域的专家，因此可以以"师"者自称。中国会计师为什么不像西方同行一样在会计师名称加以限定，正如本书第二章分析会计师职业名称的中国化中所言，一是"会计师"一词是 20 世纪初期从外国舶来的词汇，中国传统社会中并不存在与之相对应的职业，因此即使不加限定也不会产生混淆；二是会计师职业在中国兴起之前，办理记账或审查账目的人员被分别称之为"账房先生"和"监察人"，而两者都不具备转化为会计师职业的条件，因此从垄断业务角度来说，中国会计师业务虽然有限但是却是一开始就处于职业垄断状态的，因此也没有必要在"会计师"前加以限定以此区分，因而 20 世纪上半期中国注册会计师的中文名称就在扬弃中被定为"会计师"。而其英文名称则完全借鉴了英国特许会计师，将其英译简写为"C. A"，即 Chartered Accountants。

关于执业范围。1927 年会计师法规完全采纳了徐永祚会计师草案相关条款，规定会计师可从事的业务范围非常宽广。具体而言包括：审计业务、代办会计业务、代办纳税业务、清算业务以及帮助企业规划账目设计会计制度等业务。这些基本是仿照当时英美等国会计师已有业务制定的，而徐永祚指出中国会计师执业范围在法规中明确列举出的举措"实为世界各国会计师法规中所未有",体现出其发展性。徐永祚还指出中国会计师"代撰关于会计及商事各种文件"的业务实际是一种文书事务,而这种业务在英国为"特许秘书"(chartered secretary)的职务,在美国则为普通律师的职务。而徐氏之所以在会计师业务范围中加入此项,是因为"鄙人执行会计师业务之初,当为公司行号办理登记注册、拟定公司章程,并为解释商法上问题。因而社会上对于此等事务,遂认为会计师应有之职务,其后草拟会计师法规草案时,即将此项职务订入。并经采入会计师条例,而成为会计师法赋之职务"①。因此可以看出中国会计师的业务范围既有仿照西方同行开展的审计和管理咨询业务,也有根据中国工商企业需要登记注册的实情加以扩展的商业文书业务。

关于建立职业团体。中国的会计师职业发展到一定阶段后也萌发了建立职业团体的思想,而这一思想的萌发主要归功于中国会计师认识到西方会计师制度迅速发展的原因在于公会实施的行业自律及一系列促进行业发展的活动。因此徐永祚、谢霖等 23 位会计师于 1925 年在上海成立了中国第一个会计师职业团体。而上海公会无论从其建会宗旨还是职能,都存在着明显模仿英格兰及威尔士会计师公会的印记。但中国会计师制度建立的路径与英美等国不同,政府起了决定性的推动作用。因此中国会计师职业团体十分强调得到政府的合法授权,因而主动呈报职业团体章程以得到政府的审批,由此中国会计师职业团体从一开始建立其独立性就与西方会计师职业团体不同,较多地处于政府的监管之下,这又是中国会计师制度思想独特之处。

关于会计师服务价格标准制定。上海会计师公会仿照了英美会计师公会对会计师服务收费的分类,也主要从计时和计件两方面分别制定收费标准,同时又将会计师与助理员的收费标准做了区分,体现出中国会计师制度思想中借鉴西方会计师制度的一面。但各国经济发展水平不同,同时会计师职业化程度也存在差异,因此上海公会制定收费标准时不仅参考了中国律师职业的收费标准而且考虑到中国经济社会的实际情况,制定出远低于英美同行的收费标准,因而又体现出会计制度思想根据中国实情加以发展的一面。

---

① 徐永祚:《中国会计师事业》,《会计杂志》1933 年第 2 卷 1 期,第 149—150 页。

总体而言，中国会计师制度虽然是在模仿英美等国的会计师制度建立并发展起来的，但是 20 世纪上半期的中国无论是政治还是经济环境都与西方存在很大差异，因此中国会计师制度的发展过程中就呈现出许多的"中国特色"，而这其中最主要的部分是会计师职业群体与政府关于如何发展会计师制度的思想互动。因此下文将对中国注册会计师制度思想的第二个特点进行分析。

二　政府监管思想与注册会计师职业化思想的互动性

正如第三章中的分析，20 世纪上半期中国注册会计师制度建立和发展的每一阶段中央政府都参与其中，但不同阶段政府的参与程度及其指导思想不同，因此呈现出不同的互动格局。

第一阶段是政府监管思想与会计师职业化思想的初步互动期，其时间跨度从 1918 年中国建立起注册会计师制度开始到 1927 年国民政府执政前这一段时间。这一时期由于制度初步发展，且北洋政府不知如何管理新兴的会计师职业，因此监管思想与职业化思想的互动也处于起步阶段。在制度发展过程中更多地体现出会计师及其职业团体的职业化思想，政府的作用就是将这些职业化思想上升为法规条文。例如，会计师希望政府颁布法规规定会计师的注册资格并对其资格进行审核以提升职业群体的社会地位，因此北洋政府就按照前者草拟的章程颁布了中国第一部会计师法规——《会计师暂行章程》，实现了会计师职业化其中的一个目标。再者会计师希望建立的职业团体具有合法性，因而主动要求政府对其章程进行审批，北洋政府审批通过了章程，确立了上海会计师公会的合法地位。而在职业团体名称的确定上，会计师原本将其设立于上海的公会定名为"中华民国会计师公会"，而北洋政府认为该公会只是建立在上海的一个地方性公会，因此不宜采用全国公会的名称。徐永祚等会计师接受了政府的建议最终将其定名为"上海中华民国会计师公会"。本时期政府与会计师的互动虽然不多，但是两者的互动不仅有力地推动制度实现了跨越式发展，提高了注册会计师职业在中国的社会地位，而且为下一阶段制度的演进奠定了良好的基础。

第二阶段是政府监管思想与会计师职业化思想的深化互动期，其时间跨度从 1927 年国民政府执政到 1945 年颁布《会计师法》之前。这一时期一方面政府吸纳了不少具有会计学和经济学留学背景的高官，同时在前期监管中积累了不少的经验，更主要的是国民政府对社会经济管理有了更加系统的指导方针，提出了"以党治国"的方略，加强了对会计师及其职业团体的监管。另一方面中国会计师职业也在迅速壮大，此时期不仅在全国各地建立了不下10处的地方公会，而且成立了全国性的职业团体——全国会计师公会，因而会计师职业团体的力量也在增强，因此这一阶段两者对注册会计师制度发展过程中的所有问题展开了精彩纷呈的互动，而针对不同的问题两者的互动形式又各具特色。

关于注册资格。注册会计师及其职业团体在职业化思想的指导下要求逐渐提高注册资格，形成"封闭性排他"的目标，但国民政府在历次修订和颁布会计师法规中部分采纳了注册会计师的建议，虽然也实施了考试选拔会计师制度，但总体而言会计师注册资格逐渐降低，且选拔考试也只是政府会计、审计官员考试的附属而已。

关于行业监管机构。会计师及其职业团体认为应由财政部实施行业监管并尽快完成会计师法规由行政法规到《会计师法》的转变。虽然国民政府执政时期会计师行业的监管部门并没有如职业界所愿一直维持财政部不变而是经历了数次变动，但政府采纳了前者要求会计师法规立法化的要求，于1930年开始筹划《会计师法》的立法程序，到1945年《会计师法》的颁布标志着立法程序的最终完成。

关于会计师兼职。会计师及其职业团体一反常态地违背了职业化思想，反而要求政府放松对兼职问题的监管。而政府却始终要求会计师专业化，严格限制会计师兼任他职。在经历了反复的互动后，最终政府在会计师法规的执行层面做出了让步，决定在不违反相关法规的情况下对会计师兼职问题"酌量从宽处理"。

关于职业道德。会计师及其职业团体在职业化思想指导下要求制定严密的职业道德规则，与政府的监管思想保持了高度一致。因而两者的互动表现为政府将公会制定的职业道德规则订入会计师法规，增加了职业道德规则的法律约束力。

但这一时期两者的互动绝不限于上述几点，总体而言，在两者的互动下中国注册会计师法规更加严密、合理；会计师行业从无序的自律管理状态转变为有序的自律管理与政府管理相结合的状态，制度建设取得了非常显著的进步。

第三阶段虽然政府监管思想和会计师职业化思想各自进一步发展，但两者之间的互动明显衰退，其时间跨度从 1945 年国民政府颁布《会计师法》到中国共产党执政之前。这一时期政府的监管思想达到了顶峰，不仅将会计师职业团体置于更加严密的监管之下，同时按照自己的意愿主导注册会计师制度发展，很少采纳注册会计师及其职业团体的建议。两者唯一的互动是政府于 1945 年颁布的《会计师法》率先对全国性会计师职业团体的发起程序及建立地域进行了规定，而会计师按照法规程序于 1946 年在南京成立了全国会计师公会联合会，恢复了在抗日战争时期遭到破坏的全国性会计师职业团体。总体而言这一时期在政府严密的监管下职业界很少对政府颁布的会计师法规进行评论，不仅结束了两者思想的互动，而且抑制了职业化思想进一步发展。

综上所述，20 世纪上半期中国注册会计师制度中确实存在着政府监管思想与注册会计师职业化思想的互动。而将两者的互动上升到制度层面分析时，当由职业化思想引导的诱致性变迁模式与监管思想引发的强制性变迁模式的目标一致时，注册会计师制度处于正向交替；当两者目标出现分歧时呈现逆行交替趋势，但是当强制性变迁尚未完全逆转诱致性变迁的目标时，两者的互动不仅广泛且富有成效，因而能够快速地推进制度发展；一旦强制性变迁模式完全逆转了诱致性变迁模式的目标时，两者间的互动也随之显著衰退，因而注册会计师制度推进的速度也明显放缓。

三　注册会计师制度思想相对于执行层面的超前性

20 世纪上半期中国注册会计师制度从职业兴起、建立法规到最终完成立法程序颁布《会计师法》仅仅用了 27 年的时间。《会计师法》代表了 20 世纪上半期中国注册会计师制度思想发展的顶峰，无论从其立法的科学性和严密性都是中国之前任何一部会计师法规所不能与之媲美的。但完善的法规在实际执法层面处于有法不依的状态，那么也只是一纸空文。

从注册会计师制度思想发展的角度，20 世纪上半期中国注册会计师不断吸收西方先进的注册会计师制度思想对本国制度加以改进，逐步缩小了与西方注册会计师制度思想的差距。但中国注册会计师制度的另一个特点是思想层面大大超前于执行层面。因此下文将主要从专业考试制度、业务范围两点进行分析。

关于注册会计师考试制度。早在 1926 年徐永祚就提出以专业考试制度代替资格审核制度来选拔注册会计师的设想，随后国民政府在 1927 年颁布的《会计师注册章程》中第四条确立了考试选拔会计师的合法性。但在随后漫长的制度变迁过程中，注册会计师专业考试并未真正实施，因此科学的考试选拔制度完全流于形式，取而代之的是不科学而且条件逐步降低的资格审核制度。而 1930 年政府颁布和实施的《高等考试会计人员会计师考试条例》并不以选拔会计师为首要目的，而是主要为选拔合格的政府官员。因此法规层面很早就确立采用专门考试制度选拔会计师，事实上直到国民政府执政结束都没有实施。

关于注册会计师业务范围。从 1927 年《会计师注册章程》开始明确规定中国注册会计师除具有审计业务及会计咨询业务以外，还具有代办纳税事务的资格。因此我们不难理解注册会计师在国民政府开征营业税和所得税时欢欣鼓舞的言论，因为按照法规他们可以合法地为工商企业提供代办纳税业务以此拓展业务空间。当时中国绝大多数工商企业会计制度不能够明确结算所得额，因此开征所得税和营业税显然有助于会计师开展业务，但是实际执法层面政府不但处处阻挠注册会计师为企业代办纳税事务而且并不信任注册会计师为企业申报的所得税额，反而派审计官员反复查账，不仅浪费了社会资源同时降低了会计师服务社会的热情。不仅使得会计师代办纳税的法定业务形同虚设，而且与政府在法规中鼓励注册会计师行业发展的立法精神相违背。

这种制度思想的超前性一方面说明中国注册会计师制度思想从无到有发展十分迅速，另一方面说明国民政府一心致力于现代法制建设仍然没有摆脱封建专制思想的影响，在执法层面仍是"人治"而不是法治。因而在中国注册会计师法规建设中存在有法不依的现象，阻碍了注册会计师发挥其应有的促进市场经济发展的作用，而且削弱了社会公众对法律权威性的信仰，最终使注册会计师群体失去了与政府在前期互动中建立起来的法律信仰，由此不难解释 1945 年之后他们很少参与会计师法规建设的原因。

第二节　历史经验的现实启示

自 1980 年中国恢复注册会计师制度以来，该制度发展过程中遇到了不少的问题，如政府对注册会计师行业的多头监管；行业协会的"二政府"特性；注册会计师市场秩序混乱、大面积的注册会计师行为失范、审计质量低下以致屡屡发生财务报表造假等现象。这些问题长期存在，不仅严重妨碍了当前我国注册会计师行业的健康发展同时也危及整个社会信用体系的建立。"以史为鉴可以知兴替"，本书通过考察 20 世纪上半期中国注册会计师职业团体和政府互动关系的演变，为观察当代中国国家与注册会计师职业团体间的关系转型提供了一些历史经验。

一　政府和注册会计师职业团体关系的调整

通过第三章的分析可知，注册会计师制度变迁的方向以及制度演进速度的快慢主要取决于政府和职业团体能否持续地进行互动。而本书恰是从中国注册会计师制度演进过程中，研究政府与注册会计师职业群体如何发展出良性互动模式，推动注册会计师制度在中国的跨越式发展，并从近代注册会计师职业这样一个视角对前述中外学者利用"国家与社会"框架研究中国近代史所得出的结论给予了支持，即 20 世纪初期中国已经存在市民社会的雏形，同时市民社会与国家的关系主要不是对抗而是合作。20 世纪上半期随着国家现代化而兴起的注册会计师职业是组成市民社会的一部分，注册会计师自发组成的职业团体是其会员按照契约性规则——公会章程，以自愿为前提并以自治为基础进行经济活动、社会活动的私域，以及进行议政参政活动的非官方公域。本书限于篇幅以及学科基质，主要研究了注册会计师职业群体如何参与经济和社会活动推进行业事务发展，较少涉及其参政议政等非官方公域的探讨，但不能据此认为注册会计师职业团体没有参政议政活动。[①] 会计师职业团体与国家的良性互动可以被理解为中国市民社会与国家之间的一种双向适度的制衡关系，通过这种制衡，双方能够较有效地抑制各自内在的弊端，使国家所维护的普遍利益与市民社会所捍卫的特殊利益，最终以符合总体发展趋势的方式达到均衡，而一旦因政治、经济以及意识形态等原因阻碍了其中一方参与互动，那么良性的互动急剧衰退，因而双向的制衡演化为一方的独裁，随后制度演进中就带有独裁方固有的弊端，直到制度无法继续推进才会引起体制的变革，重新走向良性互动模式。因此说中国注册会计师制度演进即是一个政府与市民社会长期共生动态的过程，而从更长历史时期考察该制度变化又是一个循环的过程，因而

---

① 关于会计师参政议政活动的具体研究，可参看徐小群《民国时期的国家与社会：自由职业团体在上海的兴起，1912—1937》，第 216—225 页。

我们认为 20 世纪上半期中国注册会计师制度的发展对当前中国注册会计师制度建设具有相当重要的理论和实践借鉴作用。

注册会计师是一种自由职业，其职业的灵魂在于同时保持与政府和社会的独立性。而注册会计师职业团体是位于国家与社会之间的社会中介组织，因此这种中介组织以其非官方为主要特征，是按照民主原则成立和运作的介于政府和工商企业的各种非营利性社会组织，有其独立的组织架构和自治能力。

对照上述标准来说，20 世纪上半期建立的会计师职业团体——各地会计师公会和全国会计师公会联合会都是社会中介组织，具有很高的独立性。这集中体现于公会或联合会的经费来源及其人事安排都与政府保持相对独立。公会或联合会的经费以会员的入会费和经常费为主，完全施行自收自支，政府并不对其补助。以上海会计师公会为例，入会费每人国币30 元，经常费每人每月 2 元，连续欠缴会费达 6 个月将被除名，这笔会费对当时的会计师来说是一笔不小的支出。① 公会职能部门一般有执行委员和监察委员若干名，他们均由会员民主投票选出，而非政府指派。公会制定的章程和会计师收费标准是行业内部经过民主协商，共同订立并遵守的执业准则。公会还负责监督会员对行业规则的遵守情况，以便向政府的行业管理部门申报惩戒违规者。虽然当时的会计师职业团体不具备惩戒会员的权力，但是很大程度上还保持着组织和自治能力，并代表行业利益与政府进行互动。

而相比较而言，改革开放后建立的注册会计师职业团体——中国注册会计师协会（下文简称"中注协"）及各地会计师协会并不是社会中介组织而是隶属于各级政府的行政管理部门，因而独立性很弱。以中注协为例，它并不是职业界自发筹建的行业公会，而是由财政部组建。1989 年财政部在批准其成立的通知中指出"中国注册会计师协会作为财政部领导下的一个事业单位"，对中注协的社会中介组织的地位予以否认。此外，我们以中注协的常设执行机构——秘书处为例，分析中注协目前的独立性。第一，秘书处负责人的选任。中注协秘书长是中注协的法定代表人，其候选人及副秘书长候选人均由财政部推荐且多具有政府官员背景。第

---

① 浙江省会计师公会曾因会员加入两地公会事由向上海会计师公会发函请求减少会费，见《上海会计师公会会刊》1932 年 28、29 合刊，第 7 页。

二，秘书处组织架构由秘书长提出，经理事会审议后，需报财政部批准。第三，中注协各内部职能部门负责人的任命方式，均是按照财政部事业单位处级干部竞聘上岗的有关要求，由秘书长办公室提出，报财政部人事教育司审批通过后实施。因此，目前中注协由于其事业编制使其丧失了行业利益代言人必要的独立性，充其量只是财政部下设的一个事业单位。另外，除中注协办事机构、行政管理与政府机构无异外，中注协的经费供给和党团关系也均挂靠于政府，鉴于此，我们认为当前的中注协很大程度仍是政府实施行业管理的职能部门，而不是实施行业自律监管的社会中介组织。同时各地协会的情况与中注协十分类似，均挂靠于各地方政府。因此改革开放以来注册会计师职业团体从经费来源和人事安排上均完全依靠政府，没有形成必要的独立性。笔者认为协会实施的行业组织管理以及监督并不是其自治力的体现，而是带有浓重的行政管理色彩，很大程度上是代替财政部行使行业监管，因而目前协会进行的行业监管不能被归为自律管理。我们认为从中注协缺失独立性来说，协会作为行业利益代言人的作用十分微弱，因此自改革开放恢复注册会计师制度以来该行业一直处于完全的政府监管模式下。

比较而言，20世纪上半期中国会计师职业团体无论其独立性还是自律管理能力都强于改革开放以来注册会计师职业团体，因而两者对注册会计师制度发展的促进作用是有天壤之别的。究其原因在于职业团体与政府的关系如何调整定位？

历史经验告诉我们在市场发育程度不高，社会信用体系尚未完全建立以及中央集权思想盛行、社会公众的民主意识普遍不强的国家发展注册会计师制度，完全实施政府管理模式或是行业自律管理模式都是行不通的。前者完全忽略了会计师职业团体在处理行业事务中的创新能力及其掌握较多信息便于实施管理的天然优势。而后者忽略了在长期的中央集权政治体制下职业团体自律管理的能力有缺失，同时在实施行业管理时可能过于强调行业利益而损害社会公众利益。从上文分析可知政府与注册会计师职业团体的关系并不能用简单的零和博弈（zero-sum game）来概括，而是一种复杂的共生动态关系。正是在这种共生动态的关系中两者的权利边界在不断地调整并重新界定，最终使得职业团体赢得了部分自治权而政府在一定范围内行使监管权，两者形成制衡作用，达到推动制度发展的共赢状态。而一旦由于政治、经济或是知识储备等原因导致两者中一方的管理能力被抑制，随之这种共生动态关系遭到破坏，最终导致制度推进的速度放缓甚至会偏离制度既有的变迁方向。

笔者认为调整政府与职业团体的关系是解决当前注册会计师制度变迁的最基本问题，这似乎回应了上文中提出的构建国家与社会共生动态关系的问题，20 世纪上半期中国注册会计师制度发展中得出的经验即：国家赋予会计师公会自治权的同时加强监管，维护社会公众利益；另一方面公会具有的独立自治能力，能够较为有效地制衡政府权力过分扩展，促进社会整体利益的提高。因而这些历史经验，似乎能给目前我国注册会计师制度发展提供一些有益的启示。

二　中国注册会计师制度改革的可能方向

第一，确立中注协与政府的独立性。从上文分析我们可以看出注册会计师制度的健全发展离不开政府与职业团体的多层次互动，而这种互动是建立在职业团体具有施行行业自治应有的独立性基础上。而从目前中注协及地方协会的身份来看，恰恰是其与政府的独立性不足，导致了注册会计师行业自律管理的缺失，因此解决目前注册会计师制度遇到的难题最先应理顺两者之间的关系。而这一结论与李长爱（2004）、任寅（2004）、彭兰香（2009）、周恺（2012）等的研究不谋而合。其中李长爱（2004）[①]与任寅（2004）[②] 均是从分析当前财政部监管注册会计师行业成本大且效率不高的问题，得出 "中注协现阶段不应再是财政部下属的事业单位，而应是一个不具有政府行政职能的民间职业组织"。而彭兰香（2009）则从当前中国与英美日德注册会计师制度比较中得出 "应理顺财政部与中注协之间的关系，使注协真正成为行业自律性组织" 的结论。[③] 周恺（2012）从当前中国台湾地区与大陆的比较中指出应 "明确中注协独立的权利能

---

① 李长爱：《政府行政监管与行业自律监管的协调发展——提高我国注册会计师行业监管效率研究》，《审计研究》2004 年第 6 期，第 74 页。

② 任寅：《关于注册会计师行业协会框架体系的构想》，《中国注册会计师》2004 年第 1 期，第 39 页。

③ 彭兰香：《注册会计师行业准入管制制度：国际比较及启示》，《财经论丛》2009 年第 11 期，第 78 页。

力、行为能力及责任能力，从而消除中注协作为政府附属物的弱势地位"①。除此之外，笔者还认为要理顺两者的关系主要从以下两方面着手：关于经费来源，应主要采取收取会员会费的形式逐步实现自收自支，逐步减少直至取消政府的行政补贴。关于人事安排，由协会会员民主选举产生理事会和各委员会成员，而无须向政府报批人事情况，更无须政府提名协会负责人的候选名单。进行以上的改革，使协会具有与政府形式上的独立性。同时明确政府管理部门与协会不存在直接的领导与被领导关系，转变政府行业管理思路，由之前将中注协定位为事业单位转变到明确其社会中介组织地位，使协会具有实质上的独立性。达到注册会计师职业团体能够与政府就行业事务展开互动的充分必要条件——独立性。

第二，明确政府监管与自律管理相结合的混合行业管理模式。只有注册会计师协会具备完全的独立性后才能够实施行业自律，而我国目前仍要采取政府监管和自律管理相混合的管理模式，一方面是基于目前我国处于社会主义市场经济初级阶段的国情。在这种政治和经济制度条件下，市场发育程度不高，因此还需要依靠政府来管理行业事务，同时我们也要看到自律管理模式下具有政府管理模式下无可替代的优势。另一方面20世纪上半期中国注册会计师行业管理模式可以为目前管理模式的选择提供现成经验。当时会计师行业管理模式一直处于政府监管与自律管理相结合的模式，只是不同阶段两者的主次地位有所变化，1927年之前北洋政府执政期间以自律管理为主、政府监管为辅，1927年后国民政府执政期间转变为以政府监管为主、自律监管为辅的模式。而改革开放以来恢复建立的注册会计师行业，其管理模式明显地表现为全方位的政府管理模式，而这种模式对市场造成了一定程度的扭曲，由此成为该服务市场秩序混乱的一个原因，这集中表现在多头监管及服务定价两方面。目前法律赋予了财政部、证监会、中国人民银行、工商行政管理部门及税务部门都拥有监管注册会计师行业的权力，造成了当前多头监管、各自为政、互不认账、反复检查事务所的局面，不仅增加了政府的监管成本和协调成本也使本该专注提高执业质量的事务所疲于应付不同政府部门的检查；再如各级政府对事务所收费的行政性定价无法甄别各事务所服务质量的好坏，以致产生"干

---

① 周恺：《台湾会计师行业监管：形成、发展与启示》，《财贸研究》2012年第1期，第146页。

好干坏一个样"的负激励；意识到行政性定价的弊端后，政府试探着放开服务价格，在非上市国有企业中实行招标审计试点，结果导致各事务所异常激烈的价格竞争，由于当前中国大陆会计师事务所绝大多数采用有限责任制，注册会计师只按其出资额对债务承担有限责任，使得风险和收益极不对称，这使其审计质量的可信度大打折扣。对于中国注册会计师服务市场目前出现的种种问题，笔者认为很大程度上是由于能够代表行业长远利益并有效实施行业自律的职业协会长期缺位造成的。

在强有力的行业自律监管长期处于空缺状态下，政府这样一个处于信息劣势的监管者实施的单一管制，往往会偏离制度变迁既定方向，造成注册会计师服务市场的混乱，而这样的混乱并不能通过市场力量进行纠正。从现有注册会计师市场运行情况看，全方位的政府管理模式在中国是不成功的，但我们也不能采用英美等发达国家实行的以独立管理为主的混合模式。这是因为独立管理模式要求在注册会计师行业与政府之外成立第三方机构来执行监督管理，要求一国的市场化程度非常高，信用体系高度完善，这是中国社会主义市场初级的市场化环境所不具备的。因此无论从历史还是现实的角度，中国注册会计师行业管理模式未来的选择还应是政府监管与协会自律管理相结合的混合模式。究竟两者谁应占据主导作用，本书认为应由两者根据变化的制度环境在持续的互动中相互界定并最终达成均衡。

附 录

附录 A 会计师暂行章程（北洋政府农商部 1918 年 9 月 7 日公布）

第一条 凡中华民国人民年满三十岁以上之男子具备左列各条件者得依本章程呈请为会计师

一、在本国或外国大学商科或商业专门学校三年以上毕业得有文凭者

二、在资本五十万元以上之银行或公司充任会计主要职员五年以上者

第二条 有左列各项情事之一者不得为会计师

一、受禁治产及准禁治产之宣告者

二、受褫夺公权之处分者

三、因损害公私财产受褫职或除名之处分者

四、曾受五等以上之徒刑者

第三条 凡依本章程呈请为会计师者应具呈请书声明行使职务之区域或添附左列各文件呈由农商部核准

一、学校毕业文凭

二、证明第一条第二款资格之文件

第四条 会计师呈请时应先附缴证书费五十元由农商部核准后给予证书；

第五条 凡经核准之会计师开始行使其职务时应向农商部呈请登录列入会计师总名簿，前项名簿应载明左列各事项

一、姓名年岁籍贯住址

二、会计师证书号数

三、行使职务区域及事务所所在地

四、核准之年月日

第六条　会计师受有委托时得办理关于会计之组织查核整理证明鉴定及和解各项事务；

第七条　会计师因受委托办理前条各项事件得向委托人约定受取相当之报酬及旅费；

第八条　会计师对于查核账目事项非经委托者之许可不得宣告；

第九条　会计师对于有关本人或其亲属利害关系之事项不得执行业务；

第十条　会计师如有不正行为，其他对于委托人违背或废弛第六条第八条职务上之义务，及违背第九条之规定者由农商部撤销会计师证书或停止其业务；

第十一条　本章程自公布日施行。

附录 B　会计师暂行章程（北洋政府农商部 1923 年 5 月 3 日修订公布）

第一条　凡中华民国人民年满三十岁以上具有左列各款资格之一者得依本章程呈请为会计师：

一、在国内外大学或专门学校之商科或经济科以会计学为主要课程之一，肄业三年以上，得有毕业文凭并具有相当经验者

二、在资本五十万元以上之银行或公司充任会计主要职员继续五年以上者

（其余条款同 1918 年条款，后略）

附录 C　会计师注册章程（国民政府财政部 1927 年 8 月 22 日颁发）

第一章　职务

第一条　会计师受当事人或其他关系人、法院或公务机关之委托，办理关于会计之组织、管理、稽核、调查、整理、清算、证明、鉴定、清理、公断及和解各项事务。会计师得充任检查人、清算人、清理员、破产

管财人、遗嘱执行人及其他各种信托人。会计师得办理纳税事务、注册手续并代订关于会计及商事各种文件；

第二章　资格

第二条　会计师受国民政府之财政部之监督；

第三条　会计师应具备左列各资格

一、中华民国人民年满 25 周岁

二、国民党党员经党部证明者

三、合格于会计师试验者或合格于第六条之免试审查者

第四条　会计师试验由财政部设立会计师考试委员会行之。会计师考试委员会由财政部长聘任监察院委员 1 人、司法部长官 1 人、大学会计学教授 2 人，富有学识经验之会计师 3 人连同当然委员财政部会计司司长及会计司第一科科长 2 人共同组织之，开会时以会计司司长为主席；

第五条　受会计师试验者应具备左列各条件：

一、在国外大学或专门学校商科或经济科以会计学为主要课程肄业 3 年以上得有毕业文凭者或在国立或经教育部或财政部认可之公立、私立大学或专门学校教授会计主要科目继续 3 年以上者

二、在会计师事务所充任会计事务员 2 年以上得有办理善良之证书或在财政部所认为合格之企业机关、官厅公署或公务机关充任会计事务员 3 年以上得有办理善良之证书者

第六条　具有左列各条件之一者得经财政部之审查免除试验：

一、充会计师后经其请求或有第十五条第十六条之情事撤销其证书者

二、在外国领有会计师证书者但须证明该国之试验及审查其程度与本章程之规定相等者为限

三、在南京国民政府成立之前领有会计师证书曾经呈请财政部覆验合格者，覆验章程另订之

四、具备下列各条件者：

甲、在国外大学或专门学校商科或经济科毕业曾读满会计学科目 20 学分以上成绩优良者。

乙、在财政部所认为合格之企业机关官厅公署或公务机关充任会计主要职员 7 年以上得有成绩证明书者。

第七条　有左列各项情事之一者不得为会计师：

一、受禁治产或准禁治产之宣告者

二、因损害公私财产受褫职或除名之处分者

三、受破产之宣告尚未复权者

四、受褫夺公权之处分者但国事犯已复权者不在此限

五、受五等以上徒刑者但国事犯已复权者不在此限

六、有反革命行为者

七、吸食鸦片者

八、依本章程受除名处分后未满 5 年者

第八条　凡依本章程呈请受会计师试验审查者应具呈请书附以证明第五条或第六条各款之文件呈由财政部核准；

第九条　关于会计师试验及审查之规则另定之。受会计师试验者应缴试验及审查费洋 20 元，受免试审查者应缴审查费 10 元；

第三章　证书

第十条　凡合格于会计师试验者或合格于免试审查者由财政部长发给证书；

第十一条　请领证书者应具呈请书附缴证书费 100 元，呈请财政部核准发给；

第十二条　非依本章程领有证书者不得为会计师并不得用会计师之名义或其他语言、文字、符号等表示其为会计师；

第四章　名簿

第十三条　依本章程核准之会计师应具呈请书声明下列各款，呈请财政部登录于会计师总名簿方得开始行使职务，其遇有职务区域、事务所所在地变更时或任用及辞退会计事务员时亦同；

前项名簿应载明左列各款事项：

一、姓名、年龄、籍贯、住址

二、会计师证书号数

三、行使职务区域及事务所在地

四、会计事务员之人数、姓名及略历

五、核准年月日

六、登录年月日

七、惩戒年月日

第五章　权利义务

第十四条　会计师受托办理职务时得向委托人约定受取相当之报酬及费用；

第十五条　会计师执行职务时不得兼任官吏或其他有俸给之公职，但充国会、地方议会议员或执行官厅特令之职务或充学校教授者不在此限；

第十六条　会计师执行职务时不得兼营商业但如与职务无碍并得会计师公会之许可者不在此限；

第十七条　会计师对于左列事项不得以会计师名义行使其职务：

一、本人兼任官吏、公职律师、公证人时其所兼职务上应办理之会计事项

二、本人兼任董事、无限责任股东、商业使用人时其所兼职务上应办理之会计事项

第十八条　会计师非有正当理由不得谢绝委托；

第十九条　会计师执行职务时不得发生左列情事：

一、不得与非会计师共同行使职务或使非会计师用本人名义行使职务，但其使其会计事务员代理各个事务时不在此限

二、不得受债权人专任索债之委托

三、不得收买职务上所管理之动产或不动产

四、不得宣告办理职务上所得之秘密，但已经委托人许可者不在此限

五、不得因玩忽职务对于受委托事件失其相当管理之义务

第六章　公会

第二十条　会计师集合 20 人以上得设立会计师公会并得联合各公会设立全国会计师公会联合会，但一省区域内至多仅得设立 2 公会。会计师非加入公会不得行使职务；

第二十一条　会计师公会置左列职员：

一、执行委员会 5 至 13 人

二、监察委员 2 人至 5 人

第二十二条　执行委员会为办理事务起见得推出常务委员若干人，主持事务。开会时由各常务委员轮值主席；

第二十三条　会计师公会应设立公会章程呈请财政部核准；

第二十四条　会计师公会会章应规定左列各事项：

一、会员之入会与出会手续

二、职员之选举方法及其职务

三、会员会及职员会之会议方法

四、宗旨事业

五、维持会计师德义之方法

六、其他处置会务之必要方法

第七章　惩戒

第二十五条　会计师有违反本章程及会计师公会会章之行为者付惩戒；

第二十六条　惩戒由财政部审查后行之，但会计师公会得依决议呈请之；

第二十七条　惩戒分左列四种：

一、训诫

二、千元以下之罚金

三、三年以下之停职

四、除名撤销证书

第二十八条　本章程自公布日施行。

附录 D　会计师章程（国民政府工商部制定 1929 年 3 月 25 日颁布实施）

第一章　职务

第一条　会计师受工商部或其他官厅公署之命令及受当事人或其他关系人之委托办理关于会计之组织、管理、稽核、调查、整理、清算、证明、鉴定、公断及和解各项事务。会计师得充任检查员、清算人、破产管财人、遗嘱执行人及其他各种信托人、会计师得受当事人之委托代办纳税事务、注册手续并代撰拟关于会计及商事各种文件；

第二条　凡无限公司之一切公司每届结账应呈报工商部之各种营业书

表应由会计师出具审核证明书；

第三条　会计师受工商部命令办理事件时不得请求报酬但得酌情形给予相当之车马费或旅费；

第四条　会计师受工商部之监督；

第二章　资格

第五条　会计师应具备左列各资格：

一、中华民国人民满二十五岁者

二、合于会计师考试者或合于本章程第八条之免试审查者

第六条　会计师考试由工商部设立会计师考试委员会行之。委员会以工商部商业司司长为主席。会计师考试委员会由当然委员及聘任委员共同组织之，财政部会计司司长、工商部首席参事、商业司司长及商业司注册科科长为当然委员，其余聘任委员由工商部长函请考试院监察院司法行政部各遴派一人并就大学会计学教授及富有学识经验之会计师各聘请一人充任之；

第七条　具有左列各款之一者得受会计师考试：

一、在国内外或专门学校商科或经济科肄业三年以上得有毕业文凭者

二、在国立或教育部认可中学以上之学校毕业充任会计师助理员或在工商部认为合格之企业机关官厅公署或公务机关充任会计事务员两年以上得有办理善良之证书者

第八条　具有左列各款之一者得经工商部之审查免除考试：

一、曾任会计师因有事故或本章程第十八条第十九条之情事自请停止资格或撤销登记后再欲充当会计师者

二、领有外国会计师证书者但能证明该国之试验及审查其程序与本章程之规定相等者为限

三、领有会计师证书曾经呈请国民政府财政部覆验合格或注册领有证书并呈请工商部覆验者

四、具备下列各条件者：

甲、在国立或经教育部认可之公立大学或专门学校教授会计学必修课程继续二年以上者

乙、在国立或教育部认可中学以上之学校毕业并在工商部所认为合格之企业机关官厅公署或公务机关充任会计主要职员继续五年以上得有成绩

优良之证书者。

第九条　有左列各款之一者不得为会计师：

一、受禁治产之宣告者

二、因损害公私财产受褫职或除名之处分者

三、受破产之宣告尚未复权者

四、受褫夺公权之处分者但国事犯已复权者不在此限

五、受宪法之徒刑者但国事犯已复权者不在此限

六、有反革命行为经判决有案者

七、吸食鸦片者

八、依本章程受除名处分者

九、满六十岁者

十、曾经入过外籍者

第十条　凡依本章程呈请受会计师考试或审查者应具呈请书附以证明第七或第八条各类之文件呈由工商部核准。呈请书格式另定之；

第十一条　会计师考试审查及覆验之规则另定之；

第三章　证书

第十二条　凡会计师考试合格者或免试合格者由工商部发给证书；

第十三条　请领证书者应具呈请书附缴证书费银一百元呈请工商部核准发给证书；

第十四条　非依本章程领有证书者不得为会计师并不得用会计师之名义或其他语言之字符号等表示其为会计师；

第十五条　依本章程核准之会计师非具呈请书呈请工商部登记于会计师总名簿并登载工商公报公布后不得开始行使职务，呈请书由工商部制定发用，会计师行使职务以一省为一区域；

第四章　名簿

第十六条　会计师行使职务区域及事务所所在地如有变更或任用及辞退会计师助理员时应呈请工商部查核登记会计师总名簿并刊登工商公报；

第十七条　会计师总名簿应载明左列各款：

一、姓名年龄籍贯住址

二、会计师证书号数

三、行使职务区域及事务所所在地

四、会计师整理员之人数姓名略历

五、核准年月日

六、登记年月日

七、开始职务年月日

八、加入之公会

九、登记事项之变更

十、停止行使职务之原因及年限

十一、曾否受过惩戒

第五章　权利义务

第十八条　会计师执行职务时不得兼任官吏或其他有俸给之公职但充名誉公职或执行官厅特令之临时职务或充学校兼任教员者不在此限；

第十九条　会计师执行职务时不得兼营商业但如与职务无碍并得工商部许可者不在此限；

第二十条　会计师遇有关本人或其他亲属利害关系之事项不得执行业务；

第二十一条　会计师受托办理职务时得向委托人约定受取相当之报酬及费用惟不得于约定报酬及实际费用之外额外需索或与委托人订立成功后另受报酬之契约；

第二十二条　会计师非有正当理由不得谢绝委托；

第二十三条　会计师执行业务时不得发生左列情事：

一、不得与非会计师共同行使职务或使非会计师用本人名义行使职务。但使其会计助理员代理各个事务时不在此限

二、不得受债权人专任索债之委托

三、不得收买职务上所管理之动产或不动产

四、不得宣布办理职务上所得之秘密但已经委托人许可者不在此限

五、不得对于受托事件有不正当之行为及违背或忽略废弛其职务上应尽之义务

六、不得为会计师职务之外之保证人

七、会计师因职务上出庭于法院时不得涉及律师事务

第六章　公会

第二十四条　会计师集合二十人以上得在省政府或特别市市政府所在地设立会计师公会，会计师非加入公会后不得行使职务；

第二十五条　会计师公会置左列职员：

一、执行委员五人至十一人

二、监察委员二人至五人

第二十六条　会计师公会事务由执行委员中推选常务委员若干人主持，至开会时由各常务委员轮值主席；

第二十七条　会计师公会应由会员共同订定章程呈请工商部核准；

第二十八条　会计师公会章程应规定左列各事项：

一、会员之出会入会手续

二、职员之选举方法及其职务

三、会员会及职员会之会议方法

四、宗旨事业

五、维持会计师德义之方法

六、会费

七、职员之年限

八、其他处置会务之必要方法

第二十九条　会计师公会职员姓名住址如有变更应随时呈报工商部查核；

第三十条　会计师公会应将会务及会员概括每半年造具报告呈请工商部备查；

第三十一条　会计师对于受托事件所收之报酬应由会计师公会分别规定数目呈由工商部核准备案；

第七章　惩戒

第三十二条　会计师及会计师公会职员有违反本章程及会计师公会章程之行为者交付惩戒，如其行为触犯刑法正条时仍依刑法规定处断；

第三十三条　会计师惩戒由工商部设立会计师惩戒委员会行之但会计师公会亦得依其决议呈请之。会计师惩戒委员会委员由工商部指派之；

第三十四条　惩戒分左列四种：

一、训诫

二、千元以下罚金

三、三年以下之停职

四、除名撤销证书

第八章　附则

第三十五条　本章程自公布日施行。

第三十六条　十六年八月二十二日财政部公布之会计师注册章程废止之。

附录 E　会计师条例（国民政府立法院制定 1930 年 1 月 25 日颁布）

第一条　会计师受公务机关之命令，或当事人之委托，办理关于会计之组织、管理、稽核、调查、整理、清算、证明及鉴定各项事务。会计师得充任检查员、清算人、破产管理人、遗嘱执行人，及其他信托人。会计师得代办纳税及登记事务。并得代撰关于会计及商事各种文件；

第二条　会计师受工商部之监督但省或不属于省之市之行政官署，依本条例之规定，于不抵触工商部之命令范围内，亦得行使监督权；

第三条　在会计师考试未举行以前，凡中华民国人民、在国立或国内经教育部立案国外经教育部认可之公私立大学、独立学院，或专科学校之商科或经济科毕业；并曾在专科以上学校教授会计主要科目二年以上；或在公务机关，或在有实收资本十万元以上之公司任会计主要职员二年以上；经工商部审查合格者得为会计师。前项审查规则由工商部定之；

第四条　有左列各款情形之一者，不得为会计师：

一、受禁治产之宣告者

二、因损害公司财产被褫职或解雇者

三、受破产之宣告尚未复权者

四、受褫夺公权之处分尚未复权者

五、有反革命行为判决有案者

六、吸用鸦片或其代用品者

七、受除名撤销证书之惩戒者

第五条　审查合格者。由工商部发给会计师证书。前项证书费五十元、印花税一元，于呈请时附缴。审查不合格者发还之；

第六条　工商部置会计师登记簿于核给证书时登记左列事项：

一、姓名、年龄、籍贯、住所

二、资格

三、证书号数

四、发给年月日

第七条　省或不属于省之市之工商行政官署。置会计师登录簿记载左列事项：

一、前条各款所载事项

二、事务所

三、助理人数、姓名、略历

四、开始职务年月日

五、加入之公会

六、登录事项之变更

七、停止执行职务之原因及年限

八、曾否受惩戒

第八条　会计师开始执行职务前，应具申请书连同证书，呈由所在地工商行政官署证明。登录于会计师登录簿；

第九条　会计师遇有本条例第十一条第十二条之情事时。应向所在地工商行政官署自行申请撤销登录，但其事由消灭时得再请登录；

第十条　省或不属于省之市之工商行政官署。于会计师登录时应呈报工商部，并通知该省市各法院备案。撤销登录时亦同；

第十一条　会计师于登录后除第一条所列举外。不得兼任他职，但临时名誉公职及学校讲师不在此限；

第十二条　会计师于登录后不得兼营工商业；

第十三条　会计师对于左列事项不得以会计师名义行使职务：

一、对于其本身或其亲属有利害关系事件所应办理之会计事项

二、在兼任第一条第二项所列举各职时，其所兼任职务上应办理之会计事项

第十四条　会计师受托办理事件，得与委托人约定受取相当公费。其公费章程由工商部定之。公务机关命令会计师办理事件时应酌给费用。第

一项之委托与第二项之命令，会计师非有正当理由不得拒绝；

第十五条　会计师于登录后不得有左列各款情事：

一、与非会计师共同行使职务。或使非会计师用本人名义行使职务。但使有会计师证书之会计事务员代理时不在此限

二、受债权人专任索债之委托

三、为会计师职务外之保证人

四、于合法约定报酬及实际费用外。为额外之需索。或与委托人订立成功报酬之契约

五、收买职务上所管理之动产或不动产

六、未得公务机关命令或委托人许可宣布职务上所得之秘密

七、对于受命受托事件有不正之行为或违背废弛其职务上应尽之义务

第十六条　会计师非加入其所在地或最近之会计师公会不得执行职务；

第十七条　会计师公会置左列职员：

一、执行委员会三人至七人

二、监察委员一人至五人

第十八条　会计师公会应共同订立章程，呈由所在地工商行政官署转呈工商部核准；

第十九条　会计师公会章程应规定左列各款事项：

一、会员之入会出会

二、职员选举方法、职务、任期

三、会员会及职员会之决议方法

四、维持会计师道德及信用之方法

五、会费

六、其他成立会务之事项

第二十条　会计师公会成立后，应将其职员之姓名住所呈报所在地工商行政官署备案。有变更时亦同；

第二十一条　会计师公会应将会务及会员职务概况向所在地工商行政官署每半年呈报一次；

第二十二条　会计师有违反本条例及会计师公会章程之行为者得由会计师公会决议或由关系人举发，向所在地工商行政官署申请交付惩戒。工商行政长官接受前项申请后应呈报工商部，交会计师惩戒委员会，会计师

惩戒委员会之组织由工商部定之；

第二十三条　惩戒分左列三种：

一、训诫

二、六个月以上三年以下之停职

三、除名撤销证书

第二十四条　会计师之惩戒办法如左：

一、违反本条例第十五条第一款至第四款之规定者，应予以训诫或停职之处分

二、违反本条例第十五条第五款第六款之规定者，应予以停职或除名撤销证书之处分

三、违反本条例第十五条第七款之规定者，应予以除名撤销证书之处分

第二十五条　本条例自公布日施行。

附录 F　会计师条例（国民政府实业部修订并于 1935 年 5 月 4 日颁布）

第一条　会计师受公务机关之命令或当事人之委托，办理关于会计之组织、管理、稽核、调查、整理、清算、证明及鉴定各项事务。会计师得充任检查员、清算人、破产管财人、遗嘱执行人及其他信托人。会计师代办纳税及登记事务，并得代撰关于会计及商事各项文件；

第二条　会计师受实业部之监督。但省或直隶行政院之市之实业行政官署，依本条例之规定，于不抵触实业部命令范围内，亦得行使监督权；

第三条　在会计师考试未举行以前，凡中华民国人民，具有左列资格，经实业部审查合格者，得为会计师：

一、在国立或国内经教育部立案，在国外经教育部认可之公私立大学、独立学院，或专科学校之商科或经济科毕业者

二、曾在专科以上学校教授会计主要科目二年以上，或在各级政府，或其所属机关，或在有实收资本十万元以上之公司，任会计主要职员二年以上，或在会计师事务所整理重要会计师事务二年以上

前项资格审查规则由实业部定之；

第四条　有左列各款情事之一者，不得为会计师：

一、受禁治产之宣告者

二、因损害公司财产被褫职或解雇者

三、受破产之宣告尚未复权者

四、受褫夺公权之处分尚未复权者

五、有反革命行为判决有案者

六、吸用鸦片或其他代用品

七、受除名撤销证书之惩戒者

第五条　审查合格者，由实业部发给会计师证书。前项证书费五十元，印花税一元，于呈请时附缴。审查不合格者发还之；

第六条　实业部置会计师登记簿，于核给证书时登记，左列事项：

一、姓名、年龄、籍贯、住所。

二、资格

三、证书号数

四、发给年月日

第七条　省或直隶于行政院置市之实业行政官署，置会计师登录簿，记载左列事项：

一、前条各款所载事项

二、事务所

三、助理之人数、姓名、略历

四、开始业务年月日

五、加入之公会

六、登录事项之变更

七、停止执行业务之原因及年限

八、曾否受惩戒

第八条　会计师开始执行业务前，应具申请书连同证书，呈由所在地实业行政官署验明，登录于会计师登录簿；

第九条　会计师遇有第十一条情事时，应向所在地实业行政官署，自行申请撤销登录。但其事由消灭时，得再请登录；

第十条　省或直隶于行政院之市之实业行政官署，于会计师登录时，应呈报实业部，并通知该省市各法院备案。撤销登录时亦同；

第十一条　会计师不得兼任公务员或工商业之经理人员或董事等；

第十二条　会计师对于有利害关系之事件，不得执行业务；

第十三条　会计师不得利用会计师地位，在工商业上为不正当之竞争；

第十四条　会计师受委托办理事件时，得与委托人约定受取相当公费。其公费章程由实业部定之。公务机关命令会计师办理事件时应酌给费用。第一项之委托，与第二项之命令，会计师非有正当理由，不得拒绝；

第十五条　会计师登录后不得有左列各款情事：

一、与非会计师共同行使职务，或使非会计师用本人名义行使职务，但使有会计师证书之会计事务员代理时不在此限

二、受债权人专任索债之委托

三、为会计师职务外之保证人

四、于合法约定报酬及实际费用外，为额外之需索；或与委托人订立成功报酬之契约

五、收买职务上所管理之动产或不动产

六、未得公务机关命令或委托人许可宣布职务上所得之秘密

七、对于受命受托事件有不正之行为或违背废弛其职务上应尽之义务

第十六条　会计师非加入所在省或市之会计师公会，不得在该省或市内执行业务。所在地省市未设有公会者，应加入附近省市之会计师公会。凡领有会计师证书者，会计师公会不得拒绝其加入；

第十七条　会计师公会置左列职员：

一、理事三人至十五人

二、监事一人或五人

第十八条　会计师公会应共同订立章程，呈由所在地实业行政官署转呈实业部核准；

第十九条　会计师公会章程，应规定左列各款事项：

一、会员之入会出会

二、职员选举方法、职务、任期

三、会员会及职员会之会议方法

四、维持会计师信用之方法

五、会费

六、其他处理会务之要项

第二十条　会计师公会成立后，应将其职员之姓名、住所、呈报所在地实业行政官署备案。有变更时亦同；

　　第二十一条　会计师公会应将会务及会员业务概括，向所在地实业行政官署每半年呈报一次；

　　第二十二条　会计师有违反本条例及会计师公会章程之行为者，得由会计师公会决议，或由关系人举发，向所在地实业行政官署申请交付惩戒。实业行政官署接受前项申请后，应呈报实业部交会计师惩戒委员会。会计师惩戒委员会之组织由实业部定之；

　　第二十三条　惩戒分左列三种：

　　一、申诫

　　二、六个月以上三年以下停止业务

　　三、除名撤销证书

　　第二十四条　会计师之惩戒，依左列之规定：

　　一、违反第十五条第一款、第二款、第三款，或第四款之规定者。应予申诫或停止业务

　　二、违反第十一条、第十二条，或第十五条第五款、第六款或第七款之规定者，应予停止营业或除名

　　三、于执行会计师职务后发现有第四条各款情事之一或第十三条之情事者应予除名

　　第二十五条　本条例自公布日施行。

附录 G　会计师法（国民政府 1945 年 6 月 30 日公布）

　　第一条　中华民国人民经会计师考试及格者得充任会计师；

　　第二条　对于具有左列资格之一者前条考试得以检覆行之：

　　一、高等考试会计审计人员考试及格后分发任用或学习期满审查成绩认为优良者

　　二、曾在公立或经教育部立案或承认之国内外专科以上学校会计银行商业工商管理经济等科系毕业并在政府机关或公司任会计主要职员三年以上或在会计师事务所助理重要会计事务三年以上成绩优良者

　　三、曾在公立或经立案之大学独立学院专门学校任教授副教授讲授会计重要科目二年以上者

　　四、曾任荐任审计职务三年以上者

　　前项检覆办法由考试院会同行政院定之；

第三条　有左列情事之一者不得充会计师其已充会计者撤销其会计师资格：

一、背叛中华民国证据确实者

二、曾受一年有期徒刑以上之宣告者

三、受破产之宣告尚未复权者

四、因损害公司财产被褫职或解雇者

五、受本法所定除名处分者

第四条　经会计考试及格者得请领会计师证书；

第五条　请领会计师证书应具申请书及证明资格文件呈请经济部核发之；

第六条　会计师执行业务之区域以一省或一院辖市为限，但经经济部之许可得兼在其他一省执行业务，会计师开业应向省或院辖市主管经济行政官署申请登录；

第七条　前条主管经济行政官署置会计师名簿其应记载事项如左：

一、姓名性别年龄籍贯政治

二、会计师证书号数

三、学历及经历

四、事务所

五、助理员之人数姓名略历

六、登录年月日及其号数

七、加入会计师公会年月日

八、曾否受过惩戒

九、其他区域之登录号数

第八条　省或院辖市之主管经济行政官署于会计师登录时应报经济部；

第九条　会计师得在登录区域内执行左列业务：

一、受公务机关之命令或当事人之委托办理关于会计之组织、管理、稽核、调查、整理清算、证明及鉴定等事项

二、会计师得充任检察员、清算人、破产管理人、遗嘱执行人，及其他信托人

三、会计师得代办纳税及登记事项并得代撰关于会计及商事各种文件

第十条　会计师受委托办理事件得与委托人约定受取合于规定之酬

金，公务机关命令会计师办理事件得应酌给费用，前两项事件会计师非有正当理由不得拒绝；

第十一条　会计师应于登录所在地置事务所并报告主管经济行政机关；

第十二条　会计师不得与非会计师共同执行业务或使非会计师用本人名义执行业务；

第十三条　会计师不得兼任公务员及工商业组织之董事及常务董事或经理人员，会计师遇有前项情事应呈请撤销登录但其事由消灭得再行申请登录；

第十四条　会计师受省或院辖市主管经济行政官署及经济部之监督；

第十五条　公务员所任职务与本法第九条第三款纳税事项有关者如于离职后在任所在地区域执行会计师业务时在开业两年内不得代办纳税事务；

第十六条　会计师不得有足以损其名誉或信用之行为；

第十七条　会计师不得利用会计师地位在工商业上为不正当之竞争；

第十八条　会计师对其本人有利害关系之事件不得执行业务；

第十九条　会计师不得收买业务上所管理之动产或不动产；

第二十条　会计师不得受债权人专任索债之委托；

第二十一条　会计师不得为会计师业务外之保证人；

第二十二条　会计师不得对于受托事件有不正当之行为或违反废弛其业务上应尽之义务；

第二十三条　会计师不得要求期约或收受规定外之任何酬金；

第二十四条　会计师未得公务机关或委托人许可不得宣布业务上所得之秘密；

第二十五条　会计师登录后非加入省或院辖市之会计师公会不得执行业务，会计师公会亦不得拒绝其加入；

第二十六条　会计师公会于省或院辖市设立之并得设全国会计师公会联合会于国民政府所在地；

第二十七条　省或院辖市会计师公会以在该管区域内开业会计师九人以上发起组织之，其不满九人者得加入附近区域之公会或联合会组织之；

第二十八条　全国会计师公会联合会应由省或院辖市会计师公会七个以上之发起及全体过半数之同意组织之；

第二十九条　会计师公会之主管官署为主管社会行政官署，但其目的事业应受主管经济行政官署之指挥监督；

第三十条　会计师公会设理事监事由会员大会选举之，其名额如左：

一、省或院辖市会计师公会置理事三人至十五人，监事一人至五人

二、全国会计师公会联合会置理事九人至二十一人，监事三人至七人

前项理事监事任期二年连选得连任；

第三十一条　会计师公会章程应规定左列事项：

一、名称区域及所在地

二、理事监事候补理事监事之名额，选举方法及其职务权限

三、会员大会及理事监事会议规则

四、会员之入会及退会

五、会员应纳之会费

六、会计师承办事件之酬金标准及其最高额之限制

七、会计师信用维持之方法

八、其他处理事务之必要事项

第三十二条　会计公会违反法令或会计师公会章程时得由主管官署分别施以左列之处分：

一、警告

二、撤销其决议

三、整理

四、解散

第三十三条　会计师公会之所在地之主管社会行政官署及主管经济行政官署于会计师公会召开会员大会时应派员出席，其他会议得派员出席并得核阅其会议记录；

第三十四条　会计师公会应将左列各款事项呈报所在地之主管社会行政官署及主管经济行政官署：

一、会计师公会章程

二、会员名册及会员之入会退会

三、理事监事选举情形及当选人姓名

四、会员大会理事监事会议开会之日时处所及会议情形

五、提议决议事项

前项呈报由所在地主管社会行政官署分别转报社会部及经济部备案；

第三十五条　会计师有左列情事之一者应付惩戒：

一、有违反本法之行为者

二、有犯罪之行为应受刑之宣告者

三、有违背会计师公会章程之行为情节重大者

第三十六条　惩戒处分如左

一、警告

二、申诫

三、停止执行业务二月以上二年以下

四、除名

第三十七条　会计师应付惩戒者由会计师惩戒委员会处理，会计师公会对于应付惩戒之会计师经会员大会或理事监事联席会议之决议，得申请所在地主管经济行政官署交付惩戒；

第三十八条　被惩戒人对于惩戒委员会之决议有不服者得向会计师惩戒覆审委员会申请覆审；

第三十九条　会计师惩戒委员会及会计师惩戒覆审委员会之组织及程序经济部拟定呈请行政院核定之；

第四十条　凡外国依其法律准许中国人充任会计师者其人民得依中国法律应会计师考试，前项考试及格领有会计师证书之外国人在中国执行会计师职务应得经济部之许可；

第四十一条　外国人经许可在中国执行会计师职务者应遵守中国关于会计师之一切法令及会计师公会章程，违反前项规定者除依法令惩处外，经济部得撤销其许可并将所领会计师证书注销；

第四十二条　本法施行细则由经济部会同社会部拟定呈请行政院核定之；

第四十三条　本法自公布日施行。

参考文献

一　中文资料

档案资料

1. 上海会计师公会档案资料（1924—1949），上海市档案馆。

2. 徐永祚会计师事务所档案（1924—1949），上海市档案馆。

3. 立信会计师事务所档案（1929—1949），上海市档案馆。

4. 正则会计师事务所档案（1930—1949），上海社会科学院经济研究所企业史资料中心。

5. 刘鸿生记账房档案（1926—1949），上海社会科学院经济研究所企业史资料中心。

报刊

1.《会计杂志》（1933—1936）

2.《立信会计季刊》（1933—1949）

3.《立信月报》（1936—1947）

4.《立信月刊》（1947—1949）

5.《公信会计月刊》（1936—1948）

6.《诚信月刊》（1948—1949）

7.《计学杂志》（1941 年创刊号）

8.《现代会计》（1947—1949）

9.《会计读物》（1943）

10.《银行周报》（1917—1949）

著作

1. 北京图书馆编：《民国时期总书目》经济卷，上下册，书目文献出版社 1993 年版。

2. 蔡鸿源编：《民国法规集成》，第 25、56、57、67、68、96 卷，黄山书社 1999 年版。

3. ［美］查特菲尔德：《会计思想史》，文硕等译，中国商业出版社 1989 年版。

4. 程霖：《中国近代银行制度建设思想研究》，上海财经大学出版社 1999 年版。

5. ［美］德勒巴克：《新制度经济学前沿》，张宇燕等译，经济科学出版社 2003 年版。

6. 丁准平：《中国注册会计师：世纪末的回眸（改革卷）》，东北财经大学出版社 2001 年版。

7. 杜恂诚：《金融制度变迁史的中外比较》，上海社会科学院出版社 2004 年版。

8. 方宝璋：《中国审计史稿》，福建人民出版社 2006 年版。

9. 方宝璋：《民国审计思想史》，中央编译出版社 2010 年版。

10. 郭道扬：《会计发展史纲》，中央广播电视大学出版社 1984 年版。

11. 郭道扬：《会计史研究：历史·现实·未来》，第 1—2 卷，中国财政经济出版社 2004 年版。

12. 郭道扬：《中国会计史稿（下册）》，中国财政经济出版社 1988 年版。

13. 韩丽荣：《注册会计师审计制度的经济学分析》，经济科学出版社 2006 年版。

14. 胡寄窗：《中国近代经济思想史大纲》，中国社会科学出版社 1984 年版。

15. ［美］科斯、诺思、威廉姆森等：《制度、契约与组织：从新制度经济学角度的透视》，刘刚等译，经济科学出版社 2003 年版。

16. 李宝震、王建忠：《中国会计简史》，经济科学出版社 1989 年版。

17. 李金华编：《中国审计史》，第 2 卷，中国时代经济出版社 2004 年版。

18. 李若山、周勤业、方军雄：《注册会计师：经济警察吗?》，中国财政经济出版社 2003 年版。

19. 李孝林：《中外会计师比较研究》，科学技术文献出版社 1996 年版。

20. 刘常青：《中国会计思想发展史》，西南财经大学出版社 2005 年版。

21. 罗银胜：《潘序伦传》，上海人民出版社 2007 年版。

22. ［美］诺思：《经济史中的结构与变迁》，陈郁、罗华平译，上海三联书店 1991 年版。

23. 潘秀丽、林启云：《发达国家注册会计师管理制度》，时事出版社 2001 年版。

24. 裘宗舜、张蕊编：《西方民间审计》，中国财政经济出版社 1995 年版。

25. 宋英慧：《中国会计制度经济学研究》，经济科学出版社 2006 年版。

26. 孙大权：《中国经济学的成长：中国经济学社研究 1923—1953》，上海三联书店 2006 年版。

27. 王建忠编：《会计发展史》，东北财经大学出版社 2007 年版。

28. ［美］韦伯：《经济、诸社会领域及权利》，李强译，北京三联书店 1998 年版。

29. ［美］韦伯：《经济行动与社会团体》，康乐、简惠美译，广西师范大学出版社 2004 年版。

30. ［美］韦伯：《社会学的基本概念》，顾忠华译，广西师范大学出版社 2005 年版。

31. 魏文享编：《民国时期之专业会计师论会计师事业（资料汇编）》，湖北人民出版社 2011 年版。

32. 文硕：《世界审计史》，中国审计出版社 1990 年版。

33. 吴之屏、朱龚凤：《律师会计师办案法式大全》，上海法政学院 1933 年版。

34. 项俊波编：《审计史》，中国审计出版社 1990 年版。

35. 徐广德：《会计师责任问题之研究》，徐广德会计师事务所 1930 年版。

36. ［美］徐小群：《民国时期的国家与社会：自由职业团体在上海的兴起，1912—1937》，新星出版社 2007 年版。

37. 徐永祚：《会计师法规草案及说明书》，《银行周报》1926 年版。

38. 徐永祚：《会计师制度之调查及研究》，徐永祚会计师事务所

1923 年版。

39. 徐永祚：《英美会计师事业》，徐永祚会计师事务所 1925 年版。

40. 杨汝梅：《新中华会计及审计》，新国民图书社 1932 年版。

41. 杨汝梅：《新式商业簿记》，中华书局 1922 年版。

42. 易琮：《行业制度变迁的诱因与绩效：对中国注册会计师行业的实证考察》，中国财政经济出版社 2003 年版。

43. 余玉苗、李国运、吴联生：《以史为镜——注册会计师职业发展史》，中国经济出版社 1997 年版。

44. 曾铁兵：《注册会计师职业问题的多视角初探》，中国财政经济出版社 2005 年版。

45. 张静编：《国家与社会》，浙江人民出版社 1998 年版。

46. 张忠亮：《审计学》，上海黎明书局 1937 年版。

47. 赵友良：《中国古代会计审计史》，立信会计图书用品社 1992 年版。

48. 赵友良：《中国近代会计审计史》，上海财经大学出版社 1996 年版。

49. 赵友良：《社会审计理论与实务》，上海财经大学出版社 2000 年版。

50. 中国会计学会会计史料编辑组、中国第二历史档案馆合编：《中国会计史料选编：中华民国时期》，江苏古籍出版社 1990 年版。

学位论文

1. 白晓红：《注册会计师制度论》，财政部财政科学研究所博士学位论文，2005 年。

2. 杜艳娜：《民国时期上海会计师公会研究（1925—1937）》，华中师范大学硕士学位论文，2008 年。

3. 傅瑞盛：《民国时期会计师业务的形成与推广（1918—1941）——以上海为中心》，复旦大学硕士学位论文，2008 年。

4. 梁丽珍：《注册会计师职业道德问题研究》，厦门大学硕士学位论文，2002 年。

5. 刘刚：《注册会计师行业组织治理研究》，财政部财政科学研究所博士学位论文，2013 年。

6. 卢思竹：《注册会计师制度的比较研究》，北方工业大学硕士学位论文，2007 年。

7. 秦道武：《注册会计师行业行政监管机制研究》，中南大学博士学位论文，2007 年。

8. 沈恒超：《行业协会管理体制研究——基于国家与社会关系的分析》，清华大学硕士学位论文，2003 年。

9. 宋丽智：《民国会计思想研究》，中南财经政法大学博士论文，2009 年。

10. 宋雅仙：《潘序伦与近代会计师专业的演进》，华中师范大学硕士学位论文，2008 年。

11. 曾劲：《中华民国时期会计教育研究》，江西师范大学硕士学位论文，2005 年。

12. 张丽艳：《通往职业化之路：民国时期上海律师研究（1912—1937）》，华东师范大学博士学位论文，2003 年。

论文

1. 白晓红：《试论注册会计师制度的三层框架》，中国注册会计师 2005 年第 1 期，第 57—60 页。

2 蔡宝刚：《增进法律信用与塑造法律信仰——法的现代性语境下的分析》，政治与法律 2008 年第 6 期，第 59—65 页。

3. 蔡扬宗：《期待伟大的会计师专业》，上海立信会计学院学报 2009 年第 4 期，第 11—15 页。

4. 陈汉文、韩洪灵：《注册会计师职业道德准则之变迁——基于公共合约观的描述与分析》，审计研究 2005 年第 3 期，第 10—17 页。

5. 陈杰：《我国注册会计师行业管理模式探讨》，会计之友 2008 年第 2 期，第 77—80 页。

6. 陈武朝、郑军：《中国注册会计师行业服务需求的特点及其影响的探讨》，审计研究 2001 年第 1 期，第 51—53 页。

7. 崔宏：《职业特征·规范定位·道德恪守——对"注册会计师为什么要遵守职业道德"问题的一个回答》，审计研究 2006 年第 6 期，第 37—41 页。

8. 邓京力：《"国家与社会"分析框架在中国史领域的应用》，史学月刊 2004 年第 12 期，第 81—88 页。

9. 杜恂诚：《近代的中国的注册会计师》，史林 2008 年第 2 期，第

1—17 页。

10. 范存遥：《中国会计师职业的早期发展与中辍——基于中国会计博物馆藏史料的分析研究》，新会计 2014 年第 8 期，第 73—75 页。

11. 范存遥、宋小明：《中国会计师制度建设早期史事考略》，石家庄经济学院学报 2014 年第 8 期，第 113—116 页。

12. 方宝璋：《论比部》，审计研究 2001 年第 5 期，第 13—16 页。

13. 方宝璋：《论中国古代的审计》，审计研究 2001 年第 2 期，第 11—17 页。

14. 冯卫东、罗梅：《英国特许公认会计师公会执业监管制度及其启示》，会计研究 2004 年第 5 期，第 47—52 页。

15. 高新伟：《近代公司监察人的职能及评析》，石家庄经济学院学报 2006 年第 4 期，第 530—544 页。

16. 郭道扬：《20 世纪会计思想研究概说》，商业会计 1999 年第 11 期，第 20—23 页。

17. 郭道扬：《论 CPA 的社会关系、责任与公德》，财会月刊 1997 年第 6 期，第 3—6 页。

18. 郭道扬：《英美的注册会计师制度（上）》，当代财经 1995 年第 6 期，第 52—56 页。

19. 郭道扬：《英美的注册会计师制度（中）》，当代财经 1995 年第 7 期，第 52—58 页。

20. 郭道扬：《英美的注册会计师制度（下）》，当代财经 1995 年第 8 期，第 44—51 页。

21. 郭道扬：《中国会计教育事业的历史起点与初步演进》，财会月刊 1997 年第 10 期，第 3—6 页。

22. 郭华平、曾劲：《论中华民国时期的会计教育》，中国经济史研究 2009 年第 3 期，第 139—147 页。

23. 胡波：《英国注册会计师行业管制沿革》，中国注册会计师 2004 年第 2 期，第 60—62 页。

24. 朱国泓、杜兴强：《会计职业资格的性质及其角色实现：一个交易成本分析框架》，会计研究 2009 年第 6 期，第 28—34 页。

25. 黄建平：《国家与社会互动关系中的我国社会中介组织》，黑龙江史志 2009 年第 1 期，第 76—78 页。

26. 黄世忠、杜兴强等:《市场 政府与会计监督》,会计研究 2002 年第 12 期,第 3—11 页。

27. 黄炘强:《会计师的来历和演进》,中国注册会计师 2003 年第 5 期,第 22—23 页。

28. 姜朝晖:《20 世纪初知识分子对职业化的心态——评〈教育杂志〉关于学术独立的通信》,华中师范大学学报(人文社会科学版)2008 年第 1 期,第 134—139 页。

29. 金家富、罗银胜:《潘序伦教育思想的渊源探索》,立信会计高等专科学校学报 1999 年第 3 期,第 47—48。

30. 李长爱:《政府行政监管与行业自律管理的协调发展——提高我国注册会计师行业监管效率研究》,审计研究 2004 年第 6 期,第 71—75 页。

31. 李严成:《国家与社会视野下的民国律师公会》,湖北大学学报(哲学社会科学版)2008 年第 9 期,第 78—82。

32. 李玉:《北洋政府时期股份有限公司监察人制度研究》,四川师范大学学报(社会科学版)2008 年第 5 期,第 98—102。

33. 李姿姿:《国家与社会互动理论研究综述》,学术界 2008 年第 1 期,第 270—277 页。

34. 梁晶:《英国三家会计师协会的合并与启示》,中国注册会计师 2005 年第 2 期,第 73—74 页。

35. 林美莉:《专业与政治:上海会计师公会与国民政府的互动,1927—1931》,载朱荫贵、戴鞍钢编《近代中国:经济与社会研究》,复旦大学出版社 2006 年版,第 497—516 页。

36. 林毅夫:《关于制度变迁的经济学理论:诱致性变迁与强制性变迁》,载 R. 科斯等著《财产权利与制度变迁》,上海三联书店 1996 年版,第 371—418 页。

37. 刘常青:《我国传统复式簿记思想改良的探索、实践及启示》,财会通讯 2008 年第 2 期,第 106—107 页。

38. 刘常青:《中国会计记账思想的演进脉络》,郑州航空工业管理学院学报(管理科学版)2004 年第 4 期,第 45—50 页。

39. 刘海英、张宏林、周文钢:《我国注册会计师制度的历史发展及其变革》,山东工业大学学报(社会科学版)2000 年第 1 期,第 52—

53 页。

40. 刘明辉、徐正刚：《注册会计师行业管理模式的现实选择——兼论行业自律》，审计研究 2004 年第 1 期，第 52—56 页。

41. 刘永泽、陈艳：《政府监管与行业自律导向的现实选择——对美国注册会计师行业监管模式的剖析引发的思考》，会计研究 2002 年第 11 期，第 28—31 页。

42. 刘治平：《中美注册会计师制度比较》，中国农业会计 1993 年 11 期，第 40—41 页。

43. 龙小海、黄登仕、朱庆芬等：《我国注册会计师行业管理的经济学分析：制度和机制设计》，会计研究 2005 年第 6 期，第 16—21 页。

44. 卢勇：《中国近代学术研究职业化进程研究》，求索 2007 年第 6 期，第 201—204 页。

45. 闵杰：《近代中国市民社会研究 10 年回顾》，史林 2005 年第 1 期，第 40—49 页。

46. 潘克勤：《英国会计师职业团体发展的历程》，中国注册会计师 2004 年第 5 期，第 67—69 页。

47. 彭兰香：《注册会计师行业准入管制制度：国际比较及启示》，财经论丛 2009 年第 11 期，第 73—79 页。

48. 任明川：《会计职业化的社会学含义》，中国注册会计师 2007 年第 3 期，第 66—70 页。

49. 任寅：《关于注册会计师行业协会框架体系的构想》，中国注册会计师 2004 年第 1 期，第 37—39 页。

50. 宋丽智：《国民政府时期超然主计思想变迁研究》，财经研究 2007 年第 8 期，第 108—117 页。

51. 遆艳霞：《中美注册会计师制度变迁差异的经济学思考》，四川会计 2001 年第 11 期，第 41—43 页。

52. 王德元：《日本公认会计士制度与我国注册会计师制度的比较》，财务与会计 1993 年第 10 期，第 36—38 页。

53. 王笛：《晚清长江上游地区公共领域的发展》，历史研究 1996 年第 1 期，第 5—16 页。

54. 王文彬、林钟高：《注册会计师制度的中外比较》，上海社会科学院学术季刊 1998 年第 1 期，第 23—30 页。

55. 王忠萍：《清末民初的留日学生与中国近代社会变迁》，徐州师范大学学报（哲学社会科学版）2002 年第 6 期，第 10—16 页。

56. 魏文享：《近代职业会计师之诚信观》，华中师范大学学报（人文社会科学版）2002 年第 9 期，第 111—117 页。

57. 魏文享：《近代上海职业会计师群体的兴起——以上海会计师公会为中心》，江苏社会科学 2006 年第 4 期，第 198—205 页。

58. 魏文享：《"昭股东之信任"：近代职业会计师与公司制度》，华中师范大学学报（人文社会科学版）2007 年第 7 期，第 74—83 页。

59. 魏文享：《市场、知识与制度：晚清民初职业会计师群体的兴起》，华中师范大学学报 2012 年第 2 期，第 75—86 页。

60. 谢德仁：《中国会计规则制定权合约安排之变迁——描述与分析》，会计研究 2000 年第 12 期，第 41—52 页。

61. 谢德仁：《注册会计师行业管理模式的国际比较》，审计研究 2001 年第 4 期，第 36—42 页。

62. 谢德仁：《注册会计师行业管制模式：理论分析》，会计研究 2002 年第 2 期，第 12—20 页。

63. 许家林：《我国与西方主要国家注册会计师制度的比较研究》，广西会计 1998 年第 8 期，第 38—41 页。

64. 许家林：《中国注册会计师制度演进的四个基本阶段回顾》，注册会计师通讯 1997 年第 12 期，第 33—39 页。

65. 杨时展：《中国注册会计师制度的沿革与发展（一）》，财会通讯 1995 年第 1 期，第 11—13 页。

66. 杨时展：《中国注册会计师制度的沿革与发展（二）》，财会通讯 1995 年第 2 期，第 21—23 页。

67. 杨时展：《中国注册会计师制度的沿革与发展（三）》，财会通讯 1995 年第 3 期，第 14—16 页。

68. 叶少琴、刘峰：《审计与管理咨询业务：混营抑或分拆?》，审计研究 2005 年第 2 期，第 44—47 页。

69. 尹倩：《中国近代自由职业群体研究述评》，近代史研究 2007 年第 6 期，第 110—119 页。

70. 于波成：《中日注册会计师制度比较》，中国审计 2002 年第 4 期，第 74—75 页。

71. 喻梅：《中国近代两种会计制度长期并存的经济社会原因分析》，甘肃社会科学 2009 年第 5 期，第 120—122 页。

72. 喻梅：《南京国民政府时期会计师入行资格变迁研究——以监管思想和职业化思想的互动为视角》，贵州财经学院学报 2011 年第 2 期，第 18—23 页。

73. 喻梅：《中国注册会计师行业管理模式的历史比较》，生产力研究 2011 年第 6 期，第 201—203 页。

74. 喻梅：《民国时期中国注册会计师制度研究述评》，中国注册会计师 2013 年第 1 期，第 114—119 页。

75. 喻梅：《孔祥熙的注册会计师制度建设思想述评》，中国注册会计师 2014 年第 3 期，第 118—123 页。

76. 喻梅：《民国时期中国注册会计师入行资格变迁研究——基于国家与社会动态共生视角》，中国注册会计师 2015 年第 2 期，第 117—123 页。

77. 袁昊：《英国注册会计师行业管理体制的改革历程与启示》，中国注册会计师 2005 年第 7 期，第 65—69。

78. 曾铁兵：《注册会计师职业发展研究的社会学视角》，财会通讯 2005 年第 11 期，第 6—10 页。

79. 张连起：《怀念"四大"》，中国注册会计师 2004 年第 3 期，第 78—80 页。

80. 张雪南、刘新琳、周兵：《制度、制度供给与注册会计师管理体制的路径选择》，审计研究 2007 年第 1 期，第 81—85 页。

81. 赵友良：《论近代中国的会计学术思想和会计学派的形成》，立信会计高等专科学校校报 1996 年第 3 期，第 1—5 页。

82. 赵玉洁、张廷茂：《我国会计师事务所混业经营的思考》，河北经贸大学学报 2004 年第 9 期，第 89—91 页。

83. 郑成林、魏文享：《"近代中国社会群体与经济组织"国际学术研讨会述评》，近代史研究 2006 年第 2 期，第 154—157 页。

84. 郑汉中：《民国时期的会计师制度》，财会月刊 1994 年第 2 期，第 28 页。

85. 郑榕：《晚清福建地方精英与台湾建省——以林维源为研究对象看国家与社会的互动过程》，漳州师范学校学报（哲学社会科学版）2005

年第 4 期，第 86—89 页。

86．周恺：《台湾会计师法及其启示》，审计研究 2001 年第 1 期，第 60—63 页。

87．朱廷辉、许家林：《中国注册会计师行业发展史研究初步论纲》，中国注册会计师 2011 年第 11 期，第 84—89 页。

88．朱英：《市民社会的作用及其与中国早期现代化的成败》，天津社会科学 1998 年第 2 期，第 88—94 页。

89．朱英：《论清末民初社会对国家的回应与制衡——近代中国国家与社会新型互动关系系列研究之二》，开放时代 1999 年第 2 期，第 59—65 页。

90．朱英：《论清末民初社会与国家的发展演变》，理论月刊 2005 年第 4 期，第 5—9 页。

91．朱英：《近代中国的"社会与国家"：研究回顾与思考》，江苏社会科学 2006 年第 4 期，第 176—185 页。

92．朱英：《近代中国自由职业者群体研究的几个问题——侧重于律师、医师、会计师的论述》，华中师范大学学报（人文社会科学版）2007 年第 7 期，第 65—73 页。

93．邹云丽：《中美注册会计师制度比较及其启示》，财会通讯 1994 年第 4 期，第 26—27 页。

二　英文资料

1. Anderson M. and Edwards J. R. and Chandler R. A. , "Constructing the 'Well Qualified' Chartered Accountant in England and Wales", *Accounting Historians Journal*, 2005, 32（2）：5 – 54.

2. Auyeung P. K, "A Study of Accounting Transition in Early Twentieth Century China：some Scientific Interpretations", *Journal of Accounting and Finance*, 2004, Vol. 3：33 – 52.

3. Bailey D. , "The Attempt to Establish the Russian Accounting Profession 1875—1931", *Accounting, Business and Financial History*, 1992, 2（1）：1 – 23.

4. Ballas A. A. , "The Creation of the Auditing Profession in Greece", *Accounting Organizations and Society*, 1998, 23（8）：715 – 736.

5. Bardhan P., "The New Institutional Economics and Development Theory: A Brief Critical Assessment", *World Development*, 1989, 17 (9): 1389 – 1395.

6. Bocqueraz C., "The Development of Professional Associations: The Experience of French Accountants from the 1880s to the 1940s", *Accounting, Business and Financial History*, 2001, 11 (1): 7 – 27.

7. Caramanis C. V., "The Enigma of the Greek Auditing Profession: Some Preliminary Results Concerning the Impact of Liberalization on Auditor Behavior", *European Accounting Review*, 1997, 6 (1): 85 – 108.

8. Caramanis C. V., "Assessing the Impact of 'Liberalization' on Auditor Behavior: Accounting Research in Politically Charged Contexts", *Accounting, auditing and accountability Journal*, 1998, 11 (5): 562 – 592.

9. Caramanis C. V., "International Accounting Firms versus Indigenous Auditors: Intra-Professional Conflict in the Greece Auditing Profession, 1990—1993", *Critical Perspectives on Accounting*, 1999, 1 (2): 153 – 196.

10. Caramanis C. V., "The Interplay between Professional Groups, the State and Supranational Agents: Pax Americana in the Age of 'Globalization'", *Accounting, Organizations and Society*, 2002, 27 (4 – 5): 379 – 408.

11. Caramanis C. V., "Rationalisation, Charisma and accounting Professionalisation: Perspectives on the Intra-Professional Conflict in Greece, 1993—2001", *Accounting, Organizations and Society*, 2005, 30 (3): 195 – 221.

12. Carnegie G. D. and Edwards J. R., "The Construction of the Professional Accountant: the Case of the Incorporated Institute of Accountants, Victoria (1886)", *Accounting, Organization and Society*, 2001, 26 (4 – 5): 301 – 325.

13. Chua W. F. and Poullaos C. "Rethinking the Profession-State Dynamic: the Case of the Victorian Charter Accountant, 1885—1906", *Accounting, Organizations and Society*, 1993, 18 (7 – 8): 691 – 728.

14. Chua W. F. and Poullaos C., "The Dynamics of 'Closure' Amidst the Construction of Market, Profession, Empire and Nationhood: An Historical Analysis of an Australian Accounting Association, 1886—1903", *Accounting, Organization and Society*, 1998, 23 (2): 155 – 187.

15. Cooper B. J. and Chow L. and Tang Y. W. , "The Development of Auditing Standard and the Certified Public Accounting Profession in China", *Managerial Auditing Journal*, 2002, 17 (7): 383 – 389.

16. Cooper D. J. and Robson K. "Accounting, Profession and Regulation: Locating the Sites of Professionalization", *Accounting, Organizations and Society*, 2006, 31 (4 – 5): 415 – 444.

17. De Beelde I. , "Creating a Profession 'Out of Nothing'?: The Case of the Belgian Auditing Profession", *Accounting Organizations and Society*, 2002, 27 (4 – 5): 447 – 470.

18. Edwards J. R. , "Accounting Regulation and the Professional Process: An Historical Essay Concerning the Significance of P. H. Abbott", *Critical Prespectives on Accounting*, 2001, 12 (6): 675 – 696.

19. Edwards J. R. , *The History of Accounting: Critical Perspectives on Business and Management*, Vol. 4, London: Routledge, 2000.

20. Gao S. , "The Accounting Profession in the People's Republic of China", Pacioli Journal, 1992, October: 15 – 18.

21. Gao S. and Morrison Handley-Schachler M. , "The Influence of Confucianism, Feng Shui and Buddhism in Chinese Accounting History", *Accounting, Business and Financial History*, 2003, 13 (1): 41 – 68.

22. Gardella R. , "Squaring Accounts: Commercial Bookkeeping Methods and Capitalist Rationalism in Late Qing and Republic China", *The Journal of Asian studies*, 1992, 51 (2): 317 – 339.

23. Garnegie G. D. , "Understanding the Dynamics of the Australian Accounting Profession: A Prosopographical Study of the Founding Members of the Incorporated Institute of Accountants, Victoria, 1886 to 1908", *Accounting, Auditing and Accountability Journal*, 2003, 16 (5): 790 – 820.

24. Hao Z. P. , "Regulation and Organization of Accountants in China", *Accounting, Auditing and Accountability Journal*, 1999, 12 (3): 286 – 302.

25. Huang A. and Ma R. , *Accounting in China in Transition: 1949—2000*, Singapore: World Scientific Publishing, 2001.

26. Hunt Ⅲ H. G. and Hogler R. L. "An Institutional Analysis of Accounting Growth and Regulation in the United States", *Accounting, Organiza-*

tion and Society, 1993, 18 （4）: 341 - 360.

27. Jakubowshi S. T. and Chao P. and Huh S. K and Maheshwari S. ，"A Cross-country Comparison of the Codes of Professional Conduct of Certified Chartered Accountants"，*Journal of Business Ethics*, 2002, 35 （2）: 111 - 129.

28. Lee T. ，"The Professionaliztion of Accountantcy: a History of Protecting the Public Interest in a Self-interested Way"，*Accounting*，*Auditing And Accountability Journal*, 1995, 8 （4）: 48 - 69.

29. Lee T. ，"Economic Class，Social Status，and Early Scottish Chartered Accountants"，*Accounting Historians Journal*, 2004, 31 （2）: 27 - 51.

30. Lee T. A. ，"US Public Accountancy Firms and the Recruitment of UK Immigrants: 1850—1914"，*Accounting*，*Auditing And Accountability Journal*, 2001, 14 （5）: 537 - 564.

31. Lin J. Z. ，"Internationalization of Public Accounting: Chinese Experience"，*Managerial Auditing Journal*, 1998, 13 （2）: 84 - 94.

32. Lin Z. ，"Chinese Double-entry Bookkeeping before the Nineteenth Century"，*The Accounting Historians Journal*, 1992, 19 （2）: 103 - 122.

33. Macdonald K. M. ，"Social Closure and Occupational Registration"，Sociology, 1985, 19 （4）: 541 - 556.

34. Macdonald K. M. ，"A Professional Project: the Case of Accountancy"，Chap. 7th，Macdonald K. M. ，*The Sociology of the Profession*，London: Sage，1995.

35. Mo P. L. L. and Tam W. H. and Liu M. C. G. and Shum C. M. Y. ，"China's CPA Examination: Preparing for the Expanding Profession"，J. Blake and S. Gao ed. ，*Perspectives on Accounting and Finance in China*，London and New York: Routledge，1995.

36. Noguchi M. and Edwards J. R. ，"Professional leadership and oligarchy: the case of the ICAEW"，*Accounting Historians Journal*, 2008, 35 （2）: 1 - 42.

37. North D. C. ，"Institutions"，*Journal of Economic Perspectives*, 1991, 5 （1）: 97 - 112.

38. North D. C. ，"Institutions and Economic Growth: An Historical Introduction"，*World Development*, 1989, 17 （9）: 1319 - 1332.

39. Preston A. M. and Cooper D. J and Scarbrouch, "Changes in the Code of the U. S. Accounting Profession, 1917 and 1988: the Continual Quest for Legitimation", *Accounting, Organization and Society*, 1995, 20 (6): 507 – 546.

40. Previts G. J. and Merino B. D., *A History of Accounting in American*, New York: Romald, 1979.

41. Ramirez C., "Understanding Social Closure in Its Cultural Context: Accounting Practitioners in France 1920—1939", *Accounting, Organizations and Society*, 2001, 26 (4 – 5): 391 – 418.

42. Rodrigues L. L. and Gomes D. and Craig R., "Corporatism, Liberalism and the Accounting Profession in Portugal since 1755", *The Accounting Historians Journal*, 2003, 30 (1): 95 – 128.

43. Sakagami M. and Yoshimi H. and Okano H., "Japanese Accounting Profession in Transition", *Accounting, Auditing and Accountability Journal*, 1999, 12 (3): 340 – 357.

44. Seal W. and Sucher P. and Zelenka I., "Post-socialist Transition and the Development of an Accountancy Profession in the Czech Republic", *Critical Perspective on Accounting*, 1996, 7 (4): 485 – 508.

45. Siegel P. H. and Rigsby J. T., "Institutionalization and Structuring of Certified Public Accountants: An Analysis of the Development of Education and Experience Requirements for Certified Public Accountants", *Journal of Management History*, 1998, 4 (2): 81 – 93.

46. Solas C. and Ayhan S., "The Historical Evolution of Accounting in China: the Effects of Culture", (2006), http://www. mufad. org/index2. php? option = com_ docman&task = doc_ view&gid = 43&Itemid = 100.

47. Suddaby R. and Cooper D. J. and Greenwood R., "Transnatioanl Regulation of Professional Services: Governance Dynamics of Field Level of Organizational Change", *Accounting, Organization and Society*, 2007, 32 (4 – 5): 333 – 362.

48. Tang Y. W., "Bumpy Road Leading to Internationalization: A Review of Accounting Development in China", *Accounting Horizons*, 2000, 14 (1): 93 – 102.

49. Walker S. P. , "The Genesis of Professional Organsation in English Accountancy", *Accounting, Organization and Society*, 2004, 29 (2): 127 - 156.

50. Wei L. and Eddie I. , "Accounting Reform in the People's Republic of China: Background and Current Developments", *Accounting Research Study*, Vol. 15, Armidale: University of New England, 1996.

51. West B. P. , "The Professionalization of Accounting: A Review of Recent Historical Research and Its Implications", *Accounting History*, 1996, 1 (1): 77 - 102.

52. Xiang B. , "Institutional Factors in Influencing China's Accounting Reforms and Standards", *Accounting Horizons*, 1998, 12 (2): 105 - 119.

53. Xiao Z. Z. and Yong D. and Dyson, J. and Pan A. X. , "Development of Accounting Standards and Conceptual Framework in China", *Advances in International Accounting*, 1995, Vol. 8: 177 - 199.

54. Xu Y. and Xu X. Q. , "Becoming Professional: Chinese Accountants in Early 20th Century Shanghai", *The Accounting Historians Journal*, 2003, 30 (1): 129 - 153.

55. Yee H. , "Professionalisation and Accounting in China: A Historical Comparative Review", (2006), http: //www. caerdydd. ac. uk/carbs/news_events/events/past/conferences/ipa/ipa_ papers/00197. pdf.

56. Yee H. , "The Re-emergence of the Public Accounting Profession in China: A Hegemonic Analysis", *Critical perspectives on Accounting*, 2009, 20 (1): 71 - 92.

57. Zhen P. H. , "Regulation and Organization of Accountants in China", *Accounting Auditing and Accountability Journal*, 1999, 12 (3): 286 - 302.

58. Yong S. D. , "The Economic Theory of Regulation: Evidence From the Uniform CPA Examination", *The Accounting Review*, 1988, 63 (2): 283 - 291.

后　记

本书是在我的博士论文《20世纪上半期中国会计师制度思想研究（1918—1949）》基础上修改而成的。整个写作过程从框架构思、史料搜集、修改完善并最终出版历时8年，在此期间国内鲜有相同选题的著作出版，因此本书的出版希望能让读者了解民国时期的中国注册会计师职业、其职业化程度以及其制度演进的特点，亦可以从文中贯穿的政府与注册会计师的互动这一主线对20世纪上半期中国是否存在市民社会（或者至少是市民社会萌芽）做出自己的理解。除此之外，在博士论文的基础上本书增加了民国时期与改革开放后这两个时期中国注册会计师制度的对比分析，通过比较研究以期为当前我国注册会计师制度改革提供可借鉴的历史经验。

本书得以最终付梓离不开各位师长的教导，首先要感谢我的两位导师，上海财经大学的赵晓雷教授和曾在英国杜伦大学任教的徐小群教授。赵老师在博士论文选题阶段的点拨和鼓励使我有勇气将中国近代注册会计师制度思想这个较少有人涉足的研究方向作为我的选题，并在论文构思与写作过程中，提出许多建设性的意见，特别是在文献收集方面，指出中国经济思想史的研究不能仅局限于中文文献，应多搜索国外学者的相关研究。由此机缘巧合地在搜索国外文献时有幸结识了徐小群教授，并幸运地得到国家留学基金委的资助前往当时徐老师任教的英国杜伦大学访学。在徐老师的悉心指导下，通过杜伦大学丰富的图书馆资源，我进一步查阅了外文文献并继续修改论文，直至最后成稿。此外，特别感谢两位导师一直关心和支持我博士论文的出版，并欣然在百忙之中为本书作序。因此，没有两位导师的悉心指导与言传身教，本书是不可能呈现给大家的。当然，书中存在的任何缺陷与错误，概由本人负责。

同时要感谢上海财经大学的杜恂诚教授，有幸在博士阶段旁听和选修了杜老师主讲的《中国近代经济史》《史料学》等课程，受益良多。本书在撰写之前经历了断断续续两年多的史料收集工作，查阅史料的过程是枯燥、烦琐以及需要巨大耐心的，因为有杜老师的帮助和以身作则使得如大海捞针般的史料搜索变得相对容易了。

在史料收集期间，感谢上海档案馆、上海社会科学院企业史研究中心以及中国会计博物馆为我提供的大力帮助。尤其是在上海档案馆外滩新馆中手抄档案的那些日子，每天从早到晚沉浸在民国上海会计师公会档案中，耳边是黄浦江上游轮的汽笛声和海关大楼整点的钟声，当夜幕降临档案馆闭馆后我独自徜徉在外滩的万国建筑群中之时，仿佛感觉自己也穿越成为民国中的一员了。现在想来那段苦中作乐的日子确是能够沉静下来做自己喜欢事情的美好时光。

最后我要感谢我的家人始终给予我的坚定支持，特别是我的先生王如丰博士，正是在他的鼓励与帮助下，我才会不断修改博士论文并屡败屡战地申请出版经费而最终得偿所愿。本书得到了浙江省哲学社会科学发展规划办的资助，在此也一并表示感谢。

喻梅

2015 年 9 月 10 日于杭州